VGB

Gustav Sichelschmidt

FRIEDRICH WILHELM II.

Der »Vielgeliebte«
und seine galante Zeit

Eine Biographie

VGB-Verlagsgesellschaft Berg
Berg am See

1. Auflage 1993

Satz: VGB-Satz
Gesamtherstellung: Grafische Kunstanstalt Jos. C. Huber KG, Dießen

ISBN 3 86118 024 3

Bilder: Archiv des Autors

Inhalt

Le roi est mort

Anfang 1786 besteht kaum noch ein Zweifel daran, daß sich das Leben Friedrichs des Großen nach sechsundvierzig Regierungsjahren seinem Ende zuneigt. Der körperliche Verfall des Königs ist kaum noch zu übersehen. Das alte Erbübel der Männer seiner Familie, die Wassersucht, macht auch ihm zu schaffen. Aber noch ist der unbändige Wille, der fast ein halbes Jahrhundert lang diesen Staat geformt und gemeistert hatte, nicht erloschen. Minuziös wie eh und je unterzieht sich der Vierundsiebzigjährige seinen alltäglichen Pflichten. Doch schon bereitet es ihm sichtlich Mühe, mit seinen gichtigen Händen die Schriftstücke, die man ihm vorlegt, zu unterschreiben. Weil seine Kräfte nicht mehr ausreichen, Bücher zu halten, läßt er sie in kleine Bändchen zerstückeln. Sein Geist aber, dieser immer unruhevolle und zupackende Geist, nach dessen Konzept dieses Land und dieser Erdteil neue Konturen angenommen haben, ist rege wie nur je in all diesen Jahren seines Opferganges, als der sich sein ganzes Leben nun, da es zu Ende geht, darstellt.

In der Tat: die ihm zugemessene Zeit scheint abgelaufen zu sein. Vielleicht hat er sich sogar schon selbst überlebt. Eine neue Epoche drängt vehement herauf, und er weiß, daß sie nicht mehr die seine ist und auch nicht sein kann. Es ist also Zeit für ihn, von der Bühne der Welt abzutreten, auf der er lange genug, vielleicht schon allzulange gewirkt hat. Schon wittert er, schon ahnt eine ganze Welt die Geburtswehen einer neuen Epoche, die alle Stukturen menschlichen Zusammenlebens radikal verändern wird. Die Fundamente des absolutistischen Zeitalters sind erschüttert, und es ist nur noch eine Frage der Zeit, wann das

Gebäude, an dem Generationen gebaut haben, zusammenbrechen und eine ganze überalterte Welt mit sich in den Abgrund reißen wird.

Düstere Zukunftsahnungen für einen König, dem die Macht aus den Händen zu gleiten droht. Wie ein Alptraum liegt es auf ihm und läßt ihn nicht mehr zur Ruhe kommen. Was wird aus diesem Land, was in aller Welt wird aus seinem Preußen werden, wenn die Zügel endgültig seinen Händen entglitten sind? Wird sich das Schicksal dieses Staates, der so ganz seine Handschrift trägt, zum Bösen wenden? Wer wird das Steuer nach ihm in seine Hände nehmen? Fragen über Fragen bestürmen seinen rastlosen Geist. Gewiß, er hat es unterlassen, seinen Nachfolger in die Pflichten und Geheimnisse seines Amtes einzuführen. Er hat ihn sogar von allen Amtsgeschäften ferngehalten. War nicht am Ende doch das Ressentiment gegen diesen ungeliebten Neffen und Nachfolger, der um die Gunst des Volkes nicht zu bangen braucht, weil ihm die Herzen wie von selbst zufallen, stärker als sein überlegener Wille, dieses Land und dieses Volk in eine bessere Zukunft hinüberzuretten?

Der unmittelbare Umgang des Königs mit dem Prinzen von Preußen ist mit den Jahren immer mehr abgerissen. Nur noch schriftlich empfängt der Thronfolger die Weisungen und Befehle des Onkels in dessen letzten Lebensjahren. Eine Mauer von Schweigen hat sich unsichtbar zwischen sie geschoben. Das Mißtrauen des alternden Königs hat fast pathologische Züge angenommen. An Voltaire schreibt er damals die vielsagenden, zweifellos auf seinen Neffen gemünzten Worte: »Es gibt Leute, denen ich zu lange lebe und denen meine Gesundheit unlieb ist. Ich bin ihnen nicht gefällig genug, abzutreten, wenn man meiner überdrüssig ist.«

Das Verhalten des Königs seinem Thronerben gegenüber hat in der Tat höchst beklagenswerte Formen angenommen. Selbst Joseph der Zweite berichtet seiner Mutter nach Wien im Anschluß an seine Begegnung mit dem preußischen König und dessen Thronfolger in Neiße am 25. August 1769 nicht ohne einen Unterton von Empörung: »Das knechtische Ansehen, welches sein Neffe, der Thronfolger, bei dem Könige hat, ist ganz unglaublich.«

Im übrigen war der Österreicher von der menschlichen Ausstrahlung des Prinzen sichtlich beeindruckt. Er nannte ihn beiläufig den »schönsten Mann, den man nur sehen kann.« Ähnlich äußerte sich damals auch der Prinz von Teschen über ihn: »Der Kronprinz zeigt in einem starken und riesenmäßigen Körper eine Seele für die größten Strapazen. Er hat eine offene, majestätische Gesichtsbildung und ist voller Heldenmut und Geist.«

Selbst den nahenden Tod vor Augen, der einen Philosophen, für den der König sich hielt, versöhnlicher hätte stimmen müssen, kam es Friedrich nicht in den Sinn, eine Instruktion für seinen »Successor« zu hinterlassen, wie sie sich sein eigener Vater noch mit ungelenker Schrift angesichts der Nähe des Todes von der Seele geschrieben hatte. Im Gegenteil hatte er aus seiner Aversion gegen diesen so anders gearteten Thronfolger, der immer tapfer gegen seine sinnliche Natur anzukämpfen suchte, nie einen Hehl gemacht. Friedrich hatte sich selbst in seiner Jugend in dieser Hinsicht eher weniger Mäßigung auferlegt. Gleichwohl versäumte er keine Gelegenheit, diesen Sohn seines Bruders August Wilhelm, dem er nach der Niederlage von Kolin ein Kommando übergeben und den er dann bei dessen Versagen in aussichtsloser Lage erbarmungslos in den Tod gejagt hatte, als einen »Auswurf der Familie« zu verketzern und ihn in aller Öffentlichkeit abzukanzeln, nur um sein eigenes verlöschendes Licht um so heller erstrahlen zu lassen.

Rückblickend verstärkt sich daher der bereits von vielen Zeitgenossen vermerkte Eindruck immer mehr, der König habe sich im Grunde sogar einen miserabelen Nachfolger gewünscht, damit man ihn nach seinem Tode, wenn die Dinge des Staates einen kritischen Verlauf nähmen, umso mehr vermisse. Eitelkeit und Eigenliebe und nicht zuletzt sein ätzender Sarkasmus haben ihn immer wieder dazu hingerissen, diesen Neffen, der mit seiner Kritik an manchen Maßnahmen und Entscheidungen des Königs nicht hinterm Zaun hielt und beispielsweise gegen die polnische Teilung und den Bayrischen Erbfolgekrieg seine sicher in vielem so berechtigte Kritik anmeldete, mit allen nur erdenklichen negativen Attributen zu versehen. So putzte er ihn als »grossu, tétu, capricieu, débouché, dépravé, sans moeurs, sot et désgréable« herunter, um dann dieses vom schieren Haß diktierte Charakterbild mit der sicher wenig schmeichelhaften Floskel abzurunden: »Cet animal est incorrigible.«

Verständlich daher, daß der gefühlvolle und warmherzige junge Mann, der in Potsdam seinen ungeliebten Gamaschendienst versieht, später bekennen wird, er habe mehr als nur einmal mit dem Gedanken gespielt, Selbstmord zu begehen. Er entzieht sich nun immer mehr der quälenden Nähe dieses Onkels, von dem es bereits heißt, er berausche sich heimlich an dem Gedanken, nach seinem Tode würde es bald heißen: »Lebte Friedrich noch, so hätte dieses oder jenes Unheil niemals geschehen können.« Lord Malmesbury, der englische Botschafter, der die bedrückende Situation am preußischen Hof wie nur wenige überblickt, durchschaut den König ebenfalls und notiert: »Man fühlt sich fast versucht zu glauben, daß der König einen schlechten Nachfolger zu haben wünscht, damit man ihn um so mehr vermisse.«

Der Philosoph von Sanssouci besaß leider keineswegs die gebührende Distanz zu sich selbst, um einzusehen, wie sehr er mittlerweile von diesem Land und diesem Volk als drückende Last empfunden wurde und wie sehr man seinen Tod herbeiwünschte. Die Sympathien der Massen hatten sich längst auf die Person des Prinzen von Preußen konzentriert, an dem er sich so schwer versündigte, indem er ihn sogar von den Staatsgeschäften fernhielt. Er ließ schließlich keine Gelegenheit aus, ihn vor aller Welt zu demütigen, als wollte er die brüderliche Ungnade, mit der er schon August Wilhelm zugrunde gerichtet hatte, nun auch auf dessen Sohn übertragen.

Der eingeschworene Rationalist überläßt sich gegen Ende seines Lebens hemmungslos seiner durch nichts begründeten Aversion gegen den Neffen und handelt somit gegen alle Gesetze der höheren Vernunft und die elementarsten Gebote der Menschlichkeit. Die Eifersucht auf den von der Natur begünstigten, liebenswürdigen und populären Thronfolger, dessen ganzes Wesen jugendlichen Charme ausstrahlt, macht den Alternden zum Sklaven seiner Affekte und Emotionen. Immer wieder gibt er der Versuchung nach, die von ihm als negativ empfundenen Eigenschaften seines Bruders auch im Charakter des Neffen aufzuspüren und sie dann ins Überdimensionale zu steigern, um sein eigenes Licht um so heller erstrahlen zu lassen.

Friedrich versteht sich sogar dazu, den Unglücklichen bis aufs Blut zu peinigen, indem er dessen jüngeren Bruder Heinrich dem designierten Thronfolger vorzog und diesen mit allen Beweisen seiner besonderen Gunst überschüttete. Nur dessen früher Tod, den Friedrich dann aufs Tiefste beklagte, hinderte ihn daran, diesen zum Mitregenten an der Seite Friedrich Wilhelms zu bestimmen, da er ihn für das hohe Amt ungleich mehr qualifiziert hielt.

All das verrät erschreckende Wesenszüge eines von Alter und Krankheit gezeichneten Dämons, der seine Zeit davonjagen sieht und mit dem obskuren Gedanken spielt, nach seinem Tode könnte die große Sintflut aus dem Westen her auch über diesen Staat, der so ganz das Signum seines Geistes trägt, hereinbrechen. In seiner Phantasie malt er sich bereits ein Horrorgemälde von einem zukünftigen Preußen, und seine Prognosen decken sich voll und ganz mit seinen unterschwelligen Wunschvorstellungen.

In seinen »Betrachtungen über die neue Lage« befinden sich dann auch so eindeutige Sätze wie diese: »Wenn nach meinem Tode mein Herr Neffe in Schlaffheit einschläft, wenn er sich für die Geschäfte nicht mehr interessiert, wenn er in seiner Verschwendungssucht das Staatsvermögen verschleudert, wenn er seine Geisteskräfte nicht zusammenrafft, dann sage ich voraus, daß Monsieur Joseph (II.) ihn zu Fall bringen und es in dreißig Jahren weder ein Preußen noch ein Haus Brandenburg mehr geben wird.«

Er hat sich, wie man heute weiß, mit dieser Zukunftsprognose gründlich geirrt. Selbst auf einer seiner letzten Truppenbesichtigungen in Schlesien konnte sich der König, mit sich und aller Welt bereits zerfallen, nicht verkneifen, dem Provinzialminister von Hoym gegenüber bei der Verabschiedung die für seine Einstellung seinem Neffen gegenüber so ungemein aufschlußreichen Worte zu äußern: »Lebe Er wohl. Er sieht mich nicht wieder. Ich will ihm aber sagen, wie es nach meinem Tode gehen wird. Es wird ein lustiges Leben bei Hofe sein. Mein Neffe wird den Schatz verschwenden und die Armee ausarten lassen. Die Weiber werden regieren, und der Staat wird zugrunde gehen.«

Auch diese Voraussage des Königs zielte gründlich an den Realitäten vorbei. Der Staat ging jedenfalls nicht zugrunde, solange Friedrich Wilhelm II. das Steuer in seinen Händen hielt. Gleichwohl spielte der König eine Zeitlang mit dem Gedanken, seinen in Krieg und Frieden erfahrenen und bewährten jüngeren Bruder Heinrich, der wegen seines launischen und mokanten Wesens immer mehr an Popularität verloren hatte, dem Neffen als Tutor zuzuordnen. Am

Ende verwarf er diesen Gedanken nur deshalb, weil er wegen der schlaffen Heerführung des eigenwilligen und von Neidkomplexen heimgesuchten Bruders im Bayrischen Erbfolgekrieg Anlaß zur Klage hatte.

Bei dieser Kampagne hatte sich jedoch der junge Friedrich Wilhelm höchst ehrenvoll nicht nur als Soldat, sondern auch als gewitzter Taktiker ausgewiesen, obwohl er dem Feldzug gegenüber durchaus seine Bedenken angemeldet hatte. Er hatte sich bei Trautenau gegen den österreichischen Feldherrn Wurmser mit beachtlichem Erfolg durchgesetzt. Selbst Friedrich konnte daran nichts herunterhandeln. Dieser mußte sogar in einem Brief an seinen Bruder Heinrich eingestehen, der Prinz habe sich erstaunlich zu seinem Vorteil entwickelt, so daß er Grund hätte, nunmehr in bezug auf seinen Nachfolger hoffnungsvoll in die Zukunft zu blicken.

»Sie haben alles getan, was ich an Ihrer Stelle hätte tun können«, belobigte er damals den Thronfolger vor der versammelten Armee und nannte ihn emphatisch seinen Sohn. Aber schon den damaligen Beobachtern war aufgefallen, daß er bei dieser Gelegenheit den Neffen nicht mit dem Orden »Pour le mérite« ausgezeichnet hatte, den andere schon bei ungleich weniger bedeutungsvollen Anlässen zu erhalten pflegten. Diese Zeit der Gunstbeweisung hielt jedoch nicht lange vor. Noch einmal konnte sich der Neffe allerdings im Glanz der Königlichen Gnade sonnen, als er der Dynastie einen Thronfolger schenkte. Im Jahre 1779 wurde er sogar zum Generalleutnant befördert.

Alle ehrlichen Bemühungen Friedrich Wilhelms, durch Leistungen den König für sich zu gewinnen, hinderten diesen keineswegs daran, diese Anstrengungen bewußt zu ignorieren und fortzufahren, dieses »Tier«, wie er seinen Nachfolger zu nennen beliebte, für unverbesserlich zu halten. Der Menschenverächter mißtraute instinktiv diesem jungen Epikureer, der das Recht der Jugend für sich in Anspruch nahm, nicht nur Zuschauer, sondern auch vollblütiger Akteur des Lebens zu sein. Der vom Schicksal schwer geschlagene König, in dessen Nähe nie ein Platz für Frauen gewesen war, verabscheute diesen Lebenskünstler, dessen strahlende Erscheinung ihn immer mehr zu überschatten begann.

Friedrich verfiel zuletzt auf den Gedanken, seine ganze Hoffnung auf den ältesten Sohn seines Thronfolgers, also auf jenen Friedrich Wilhelm zu setzen, der einmal die Dynastie in ein neues Jahrhundert, das unheilschwanger heraufzog, weiterführen sollte. Für dessen Erziehung hatte er beizeiten Richtlinien entworfen. Wenige Wochen vor seinem Tode ergriff er dann sogar die Gelegenheit, das zu tun, was er seinem unmittelbaren Nachfolger vorenthalten hatte, nämlich wenigstens diesem Jungen das Vermächtnis seines Lebens ans Herz zu legen.

Er beorderte zu diesem Zwecke den eben Sechzehnjährigen zu einer letzten Unterredung, und es entwickelte sich damals im Park von Sanssouci eine rührende Szene, die der spätere König Friedrich Wilhelm III., unter dem sich das preußische Debakel dann vollziehen sollte, mit folgenden Worten protokollierte: »Als mich Friedrich entließ, sprach er: »Nun, Fritz, werde was Tüchtiges par excellence. Es wartet Großes auf Dich. Ich bin am Ende meiner Karriere, und mein Tagewerk ist bald absolviert. Ich fürchte, nach meinem Tod wird' s bald Pelemele geben. Überall liegen Gärungsstoffe in der Luft, und leider nähren sich die regierenden Herren, vorzüglich in Frankreich, statt zu calmieren und zu exstirpieren. Die Massen fangen schon an, von unten auf zu drängen, und wenn dies zum Ausbruch kommt, ist der Teufel los. Ich fürchte, Du wirst mal einen schweren, bösen Stand haben. Habilitiere, rüste Dich; sei firm, denke an mich. Wache über unsere Ehre und unseren Ruhm. Begehe keine Ungerechtigkeit; dulde aber auch keine!«

Unter solchen Äußerungen war er in Sanssouci bis zum Abgang gekommen, wo der Obelisk steht: »Sieh ihn an«, sprach er zu mir, »schlank, aufstrebend und hoch, und doch fest im Sturm und Ungewitter. Die Pyramide spricht zu Dir: »Ma force est ma doiture!«

Der Kulminationspunkt, die höchste Spitze überschauet und krönet das Ganze, aber trägt nicht, sondern wird getragen von allem, was unter ihr liegt, vorzüglich von unsichtbaren, tief unterbauten Fundamenten. Das tragende Fundament ist das Volk in seiner Einheit. Halte stets mit ihm, daß es Dich liebe und Dir vertraue; darin nur allein kannst Du stark und glücklich sein.« Er maß mich mit festen Blicken und entließ mich mit den Worten: ›Vergiß diese Stunde nicht!‹ Ich habe sie nicht vergessen.«

In diesem letzten Sommer seines Lebens läßt der große König seinen Blick über sein bewegtes Leben zurückschweifen. Noch einmal regt sich der Philosoph in ihm, der nun sprachlos vor den großen Rätseln des Lebens steht, ohne sie lösen zu können. Auf die große Menschheitsfrage nach dem Woher und Wohin findet er zuletzt nur die lakonische Antwort: »Ich weiß es nicht.«

Nun bleibt ihm nur noch dieser lastende Raum von Einsamkeit, durch den niemand mehr hindurchdringt. Es gibt überhaupt nicht einmal mehr einen Weg, der ihn aus seiner selbstverschuldeten Verlorenheit zu den anderen hinüberführt; nicht einmal seinen Geschwistern gelingt es, nun, da die Summe eines großen Lebens gezogen wird, bis zu seinen Gemächern vorzudringen, die er dem Tod nicht mehr verwehren kann. Noch sind seine geliebten Windspiele um ihn, mit denen er all diese Jahre die wachsende Einsamkeit geteilt hat und unter denen er auf den Terrassen von Sanssouci zum Entsetzen der Menschen, dieser »mechanten« Rasse, beigesetzt sein möchte. Vielleicht ist dieser ausgefallene Wunsch der letzte Affront, den sich dieser Menschenverächter hat einfallen lassen, der es nun leid ist, länger über Sklaven zu herrschen.

Längst ist dieser König, von dessen Taten alle Welt spricht, als der »Alte Fritz« in die Legende seines Volkes eingegangen. Und doch bietet dieser Souverän, vor dem einmal eine Welt von Feinden zitterte, nur noch ein Bild des Jammers. Ein durchreisender ausländischer Besucher, der Marquis de Bouillé, hat noch einmal ein plastisches und menschlich anrührendes Bild von diesem alt gewordenen König mit dem eingefallenen Mund, dessen Nähe die Menschen seiner Umgebung zu fürchten beginnen, gezeichnet.

»Er war von kleinem Wuchs und ging gebückt an seinem Krückstock«, berichtet der Franzose. »Er trug einen ziemlich abgenutzten blauen Rock, eine Weste aus gelbem Tuch, sehr weite und schmutzige Stiefel, die ihm bis über die Knie gingen. Ferner trug er eine ziemlich schlecht frisierte Perücke mit einem langen Zopf und einen einfachen Hut mit Federn, die vor Alter ganz grau geworden waren. So kleidete er sich das ganze Jahr außer bei großen Festlichkeiten und an seinem Hofe. Er gebrauchte viel Tabak, und Gesicht und Kleidung waren immer davon verschmiert.«

Manchmal läßt sich der König in diesem Sommer, ehe der Tod ihm die letzte Gnade erweist, in seinem Lehnstuhl auf die Terrasse hinaustragen, um für einige Augenblicke die Sonne zu genießen, ein bleicher, in sich zusammengesunkener Greis, mit einem von Schmerzen entstellten Gesicht, einer der mächtigsten Männer dieser Welt immerhin, der seine Arbeit verrichtet und sein Haus bestellt hat und der nun endlich ausruhen will, da der Tod bereits seine langen Schatten wirft.

In der Nacht vom 16. zum 17. August, zwanzig Minuten nach zwei Uhr, tut der König, unsagbar müde von einem langen Leben, unter der Büste des von ihm vergötterten Marc Aurel in seinem grün gepolsterten und verschlissenen Lehnstuhl seinen letzten Atemzug. »Cela sera bon, la montagne est passé«, so lauten seine letzten Worte. Der Thronfolger, der in der Nähe von Sanssouci sein Domizil bezogen hatte, um den letzten Willen des Sterbenden ohne Verzögerung entgegennehmen zu können, wird nicht herbeigerufen. Er wartet abermals vergebens auf ein Zeichen der königlichen Gnade. Selbst den sicheren Tod vor Augen, findet dieser König kein versöhnliches oder ermutigendes Wort für seinen Nachfolger, der ein so schweres Erbe aus seinen Händen zu übernehmen hat.

Ganz allgemein wird der Tod dieses Monomanen der Pflicht, der nicht Philosoph sein durfte, weil er zum Königsamt berufen war, und an dessen Einzigartigkeit sich ein ganzes Volk fast ein halbes Jahrhundert lang zu messen hatte, wie eine Erlösung empfunden. Endlich hatte er sich aus dem Leben gestohlen, keine persönlichen Besitztümer zurücklassend. Nicht einmal ein sauberes Hemd fand man unter seinen Habseligkeiten. Man begrub ihn im Hemd eines seiner Lakaien.

Sogleich nach Empfang der Todesnachricht hatte sich Friedrich Wilhelm nach Sanssouci begeben. Als er sich im Morgengrauen im Sterbezimmer über den schmächtigen Körper des Toten neigte, über den ein alter Militärmantel gebreitet war, blickte er lange in dieses vom Leben unerbittlich gemeißelte Gesicht, und er konnte sich seiner Tränen kaum erwehren. Von einem Kammerdiener ließ er sich ein Band des Schwarzen Adlerordens reichen und zeichnete damit den Minister von Herzberg aus, von dem er sich in kommenden schweren Tagen, die er heraufziehen sah,

Rat und Hilfe versprechen mochte; denn die Ausschaltung Preußens aus dem Konzert der Großmächte war ein schweres außenpolitisches Erbe, das der Tote seinem ungeliebten Nachfolger hinterlassen hatte.

Noch am Todestage berichtete der russische Gesandte, Graf Sergej Romanczow, seiner Regierung in Moskau: »Die Todesnachricht hat hier nicht das Aufsehen gemacht, das man hätte erwarten können. In der Stadt herrscht die größte Ruhe, und das Bedauern scheint äußerst gering zu sein.«

Nach dem Ableben des Königs hatte man dessen Testament seinem Nachfolger übergeben. »Unser Leben ist ein flüchtiger Übergang vom Augenblick unserer Geburt zu dem des Todes«, liest man da. »Während dieser Spanne Zeit hat der Mensch die Bestimmung, zu arbeiten für das Wohl der Gesellschaft, der er angehört.

Ich gebe willig und ohne Schmerz den Lebensatem, der mich beseelt, an die wohltätige Natur zurück, die ihn mir gnädig verliehen hat, und mein Körper an die Elemente, aus denen er zusammengesetzt ist. Als Philosoph habe ich gelebt, und als Philosoph will ich bestattet sein, ohne Pracht, ohne Pomp. Ich will weder geöffnet noch einbalsamiert werden.

Man begrabe mich zu Sanssouci, oben auf den Terrassen, in einer Gruft, die ich mir habe bereiten lassen. Wenn ich in Kriegszeiten oder auf Reisen sterbe, so soll man meine Leiche am ersten besten Orte beisetzen und sie im Winter nach Sanssouci überführen...«

Der neue König widersetzte sich bedenkenlos diesem letzten Willen eines Gewalthabers, der zu seinen Lebzeiten nie Widerspruch geduldet hatte, und ließ ihn in der Potsdamer Garnisonskirche beisetzen. Als der Sarg neben dem seines Vaters in die Gruft versenkt wurde, wurden Friedrich Wilhelm II. die königlichen Insignien überreicht.

Erst am 9. November fand die offizielle Trauerfeier für den toten König mit äußerstem Pomp statt. Man konnte sich dabei nicht des Eindrucks erwehren, mit diesem Souverän wäre eine große, wahrscheinlich sogar die glanzvollste Epoche Preußens zu Grabe getragen worden. Doch die Beobachter dieses Ereignisses fanden übereinstimmend, daß eigentlich niemand Grund hatte, aus tiefstem Herzen über diesen Tod, der ein wahrhaft großes Leben ausgelöscht hatte, betrübt zu sein. »Nicht ein Bedauern, nicht einen Seufzer, nicht ein Lob bekam man zu hören«, bekräftigte ein Augenzeuge die allgemeine Stimmung unter den Massen, »weil Friedrich diejenigen mehr geliebt hat, denen er zugehörte, als diejenigen, die ihm zugehörten.«

Nicht wenige aber mochten damals dem Dichter Wieland in Weimar innerlich zugestimmt haben, der die lange Regierungszeit des großen Königs als eine »buntscheckige Mischung von Barbarei und Humanität« bezeichnete und damit dann wohl auch intuitiv den wahren Tatbestand getroffen hatte, wenn er drastisch genug schrieb: »König Friedrich ist zwar ein großer Mann; aber vor dem Glücke, unter seinem Stocke (sive Szepter) zu leben, bewahre uns der liebe Herrgott!«

Nun blickte ein verstörtes Volk, das lange genug unter seiner Fuchtel gestöhnt hatte und von dem nun ein unerträglicher Druck genommen war, hoffnungsvoll in eine Zukunft und auf einen neuen König, der in allem und jedem den Gegentyp zu dem verblichenen Despoten darzustellen schien. Dieser Monarch, dem bereits der Ruf eines »Vielgeliebten« vorauseilte, bestach durch seine natürliche Liebenswürdigkeit und einen Charme, wie er in diesem Lande ungewöhnlich war. Man richtete sich auf herrliche Zeiten, zumindest aber auf ein menschenwürdigeres Leben ein.

Der »gute König«

Auf die Nachricht vom Tode Friedrichs des Großen hatten sich die Berliner auf den Schloßplatz begeben. Auch der neue König hatte sich vom Sterbezimmer seines Vorgängers sogleich nach Berlin aufgemacht und wurde auf dem Wege dorthin bereits begeistert begrüßt. Noch ehe er in seiner Hauptstadt eintraf, hatten die Truppen schon den Fahneneid auf den neuen Souverän geleistet. Dieser versicherte ihnen sogleich, er wäre kein Freund drakonischer Maßnahmen und Strafen und würde sich unverzüglich daranmachen, manche einschneidende Maßnahme des Reglements zu lockern, doch erwarte er, daß jeder wie bisher seine Pflichten freiwillig nach besten Kräften im Interesse der gemeinsamen Sache erfülle.

Wohin er auch in diesen Tagen kam, überall schlug ihm eine Welle von Sympathie und echter Begeisterung entgegen. Allgemein nannte man ihn damals den »neuen Titus«, von dem man ein menschlicheres Regiment erwartete. Dabei zeigte sich sogleich, daß die Liebenswürdigkeit, die man ihm nachrühmte, keineswegs gespielt war. So hatte er schon längst die abschätzige Anrede »Er«, deren sich der Alte Fritz immer noch im Umgang mit seinen Untertanen bedient hatte, durch das persönlichere und menschlichere »Sie« ersetzt. Sein natürlicher Charme bezwang nun auch die Skeptiker, die den neuen Herrscher des Landes nur unter der vergröbernden Optik Friedrichs zu sehen gewohnt waren.

James Boswell konnte zum Beispiel noch in seinen bekannten Reisebüchern versichern, die Preußen hätten vor ihrem König wie vor einem »wilden Tier« gezittert. Nun schien eine verängstigte Nation fast hörbar aufzuatmen und dem neuen König wie einem Erlöser zuzujubeln.

Hatten die zu jedem Spott aufgelegten Berliner über den Onkel noch lustig drauflosgereimt: »Grot von Gestalt was hei just nich; dat Grote saß ihm innerlich«, so repräsentierte sein Nachfolger diesen Staat bereits würdig durch seine imposante äußere Statur.

»Seine Gestalt ist groß und vollkommen proportioniert«, so zeichnete der unter Friedrich in Ungnade gefallene und beim Regierungswechsel wieder in den Besitz seiner preußischen Güter gesetzte Friedrich von der Trenck ein wohl authentisches Porträt des neuen Königs. »Seine Miene ist majestätisch; sein Blick kündet keinen Mann von Genie an, allein die deutsche Redlichkeit glänzt auf seiner Stirn. Er ist freundlich, ohne es sein zu wollen, und liebenswürdig im Umgang. In weiblicher Gesellschaft zeugen seine Artigkeit und Galanterie, daß er sinnlich sei, hier ist er immer lebhaft, immer vergnügt. Wenn er sich in der Würde eines Königs zeigen muß, so ist er edel, groß und stolz. Sein Herz ist empflindlich für alle Gefühle, die der Menschheit Ehre machen... Seine Stimme ist laut, sein Gang fest und gewiß, seine Seele ist stets geneigt, ihr Glück im Vergnügen anderer Menschen zu suchen... In der Hitze der Jugend hat er Hang zur Ausschweifung gezeigt, denn seine Freigiebigkeit war ohne Grenzen. Das Alter und die Überlegung haben diese Neigung gemäßigt, und die Vernunft hält sie in Schranken.«

In der Tat besaß Friedrich Wilhelm bei den Massen einen unabwägbaren Kredit an Popularität, von dem er noch lange zehren konnte. Wo immer er sich auch der Öffentlichkeit stellte, löste er spontane Begeisterungsstürme aus, so etwa, als er am Beisetzungstage seines Vorgängers der Gemeinde Charlottenburg einen Besuch abstattete und ihn auf Anhieb frenetischer Jubel umbrandete.

Der Charlottenburger Pfarrer Dressel hat die Ereignisse dieses für die Gemeinde so denkwürdigen Tages dann auch bis in alle Einzelheiten hinein für die Nachwelt überliefert: »Die Bürger waren ihm zum Teil entgegengeritten, und an vierzig Jungfern überreichten ihm auf einem atlassenen Kissen ein Carmen, welches ich in aller Eile gefertigt hatte. Der König, der schon von diesem Empfange unterrichtet war, nahm ihn gnädigst auf, und so waren die Charlottenburger auf mein Anraten die ersten von allen seinen Untertanen, die ihn solenniter empfingen. Die Offiziere von der hier stehenden Esquadron Garde du Corps, der Magistrat und ich erwarteten die Ankunft des Königs auf dem Schlosse.

Als er ankam, traten wir an ihn heran und beklomplimentierten ihn. Allein trotz des schlechten Wetters war doch der Andrang von Menschen von allen Seiten so stark, daß kaum die Mädchen ihr Carmen abgeben konnten; ich u.a. wurde ganz fest an seinen Bauch herangedrückt, so daß mir angst und bange wurde. Aber der gute König schien ganz außer sich vor Rührung und Freude zu sein und sagte, indem er sich durchwand und über und über mit Blumen unter ständigen Vivatrufen bestreut war, einmal übers andere: »Ich danke! Ich danke!« Am nächsten Tag brachte er diesen Dank über den so überaus herrlichen, ihm unerwarteten Empfang in einer besonderen Kabinettsorder zum Ausdruck.«

Eine Woche darauf bereiste Friedrich Wilhelm bereits Ostpreußen, das von seinem Onkel sträflich vernachlässigt worden war. Er hatte dieser Provinz nie vergessen können, daß sie sich im Siebenjährigen Krieg ohne Widerstand den Russen ausgeliefert hatte. Im übrigen stürzte sich der neue König mit Berserkerkräften auf Reformarbeiten, wobei er bewußt an die Verwaltungspraktiken seines Großvaters, des Soldatenkönigs, anknüpfte, mit dem ihn nicht nur sein Regentenname verband. Ganz allgemein distanzierte er sich von vielen Maßnahmen, die sein Vorgänger in die Wege geleitet hatte.

Geradezu bestürzend sah sich der nunmehr Zweiundvierzigjährige aus seiner anonymen Existenz im Schatten eines Königs herausgerissen, zu dem Europa, zu dem eine ganze Welt emporgesehen hatte. Und doch: der Glanz der Macht, die ihm endlich zugefallen war, schien ihn keineswegs zu blenden. Achtundzwanzig Jahre hatte er nach dem frühen Tod seines Vaters ausgiebig Gelegenheit gehabt, in die Rolle des Thronfolgers hineinzuwachsen, und in all diesen Jahren hatte er die durchdringenden Blicke Friedrichs musternd, ja fast feindselig auf sich gerichtet gefühlt, als wäre der König geradezu darauf versessen gewesen, negative Charakterzüge aufzudecken, die er von seinem unglücklichen Vater geerbt haben mochte.

Bereits den Dreijährigen hatte der König daher dem Einfluß seiner Mutter und der Frauen überhaupt entzogen. Auch setzte er alles daran, den Heranwachsenden nicht seinen frondierenden jüngeren Brüdern Heinrich und Ferdinand auszuliefern. Beide sahen ihren Lebensinhalt vor allem darin, jeder Fehlleistung ihres regierenden Bruders nachzuspüren, der den Staat oft genug bis an den Rand des Abgrundes brachte, dessen Name aber schon bald in aller Munde war. Selbst nach dessen Tod unterließen die beiden nichts, seinen Nachruhm zu schmälern.

Im Berliner Schloß wurde der kleine Friedrich Wilhelm, der als gutwillig, wenn auch als jähzornig und cholerisch galt, der Obhut einiger Pädagogen unterstellt, die das Vertrauen des Königs genossen. Die Kontakte zur Mutter, der Prinzessin Luise Amalie von Braunschweig-Wolfenbüttel, der eher noch farbloseren Schwester der glücklosen Gemahlin Friedrichs des Großen, die ihre eheliche Misere mit einigem Anstand zu ertragen versuchte, rissen immer mehr ab. Mit seinem um drei Jahre jüngeren Bruder Heinrich verband ihn nur wenig, und es war längst ein offenes Geheimnis, daß die allzu ostentativ bezeigte Sympathie und Zuneigung des Königs diesem Neffen galt, den er lieber als den älteren Bruder auf dem Throne gesehen hätte. Als Heinrich dann mit zwanzig Jahren plötzlich starb, war der Schmerz des Onkels über diesen frühen Tod echt und sogar erschütternd. Er sang ihm sogar einen Nekrolog übers frische Grab nach.

Im Jahre 1750 übernahm der bedeutende Pädagoge Beguelin, Lehrer am Joachimsthalschen Gymnasium, die Erziehung des eben sechsjährigen Thronfolgers. Später trat noch der bekannte Geograph Anton Friedrich Büsching, Direkter des Gymnasiums zum Großen Kloster, hinzu, während der Hofprediger Sack die religiöse Erziehung des Prinzen übernommen hatte.

Damals legte der König diesen Erziehern auch die von ihm selbst konzipierten und eigenhändig niedergeschriebenen Direktiven für die Erziehung seines Nachfolgers vor. Was ihm vor allem am Herzen lag, war die Anwendung äusserster Härte, ohne die niemand, wie er betonte, zur Übernahme von Verantwortung für andere berufen sei. Daß er als Rationalist in allen Fragen der Religion äußerste Toleranz forderte, kann weiter nicht verwundern. Auch bestand er darauf, ein regierender König habe schon früh enge Kommunikation mit allen Schichten des Volkes aufzunehmen. Ganz besonders aber sollte dieser von der Geschichte als der untrüglichsten Lehrmeisterin der Könige praktische Lehren empfangen, um bereits früher einmal begangene Fehler nicht noch einmal aus Unkenntnis zu begehen.

In realistischer Erkenntnis künftiger Entwicklungstendenzen wollte Friedrich das Schwergewicht der geschichtlichen Unterweisung auf die soziale Frage gerichtet sehen, da er, seiner Zeit weit vorauseilend, bereits den Aufstand der Volksmassen gegen die alten gesellschaftlichen Ordnungen vorausahnte, der seinem Nachfolger einmal gehörig zu schaffen machen könnte.

Logik und Philosophie aber sollten vor allem das Denkvermögen eines Zöglings stählen, dem einmal die Last schwerwiegender Entscheidungen zufallen würde. Dem analysierenden Verstand aber sprach er die alleinige Kompetenz in allen Fragen der Religion zu. Dem Philosophen von Sanssouci, der immer nur der Stimme seines Dämoniums zu folgen gewohnt war, verbietet es sich aber von selbst, eine »übertriebene Achtung vor dem Prediger zu haben«. Die reine Verunft war und blieb für ihn allein die letzte Instanz, wenn es sich um säkulare Entscheidungen handelte.

Das Kernstück dieser Instruktion für die prinzlichen Erzieher konzentrierte sich aber auf die sittliche Erziehung, die nicht nur intellektuelle Anlagen entscheidend fördern, sondern vor allem die Persönlichkeit des Zöglings zur höchsten Harmonie entfalten soll. Nicht die anmaßende herrscherliche Pose soll nämlich den künftigen Souverän über die Masse erheben, sondern seine selbstverständliche königliche Würde, die menschliche Größe und Noblesse einschließt. Adel verpflichtet, und jedes Privileg - wer wüßte das besser als der König selbst? - kann nur durch eine höhere Leistung, durch eine gesteigerte moralische Integrität erworben werden. Da vor Gott nun einmal alle Menschen gleich sind, doziert er, hat nämlich niemand das Recht, sich über andere zu erheben; ganz im Gegenteil soll der künftige Monarch zu betonter Höflichkeit angehalten werden und seine Untertanen als Menschen respektieren. Als Fazit seiner pädagogischen Maximen setzt der Stoiker Friedrich schließlich die für ihn so bezeichnenden Worte unter diese Instruktion: »Tout ce que peut l'éducation c' est modérer la violance des passions.«

Dem Sechsjährigen teilte Friedrich den Major von Borcke als militärischen Gouverneur zu. Dieser war durchaus ein Mann von Geist, der, ehe er den bunten Rock anzog, bei dem damals bekanntesten deutschen Philosophen Christian Wolff in Halle studiert hatte. Borcke wurde vom König persönlich auf die strikteste Befolgung der von ihm autorisierten Richtlinien vereidigt, um »nicht einen Theaterkönig heranzubilden, sondern einen König von Preußen, der sich nach der eigenen Einsicht zu richten vermag«.

Die Fortschritte des Prinzen sind dann auch erstaunlich. Beguelin, der französischer Schweizer ist, lehrt ihn ein klassisches Französisch, und diese Sprache bleibt dann auch das Idiom, in dem er sein Leben lang seine amtlichen und privaten Schriftstücke abzufassen pflegte. Von 1750 ab führte Friedrich Wilhelm auf Wunsch seiner Lehrer sogar ein Tagebuch, zunächst in französisch, später in lateinischer Sprache.

Während des Siebenjährigen Krieges übersiedelte der Prinz im Jahre 1757 mit dem Hof für einige Zeit nach Magdeburg, um der Besetzung der Residenzstadt zu entgehen und nicht in die Hände der Feinde zu fallen. Drei Jahre später beordert ihn der König zu sich ins Winterquartier nach Leipzig, um ihm Gelegenheit zu geben, dort beizeiten soldatisches Leben betrachten zu können und einen Hauch militärischen Geistes zu verspüren. Im Januar 1762 konfirmiert ihn der Domprediger Sack in Magdeburg. Bei dieser ersten Kommunion umgürtet man ihn mit dem Degen seines verstorbenen Vaters und fordert ihn auf, ihn immer für die gute Sache des Vaterlandes und für die Gewissensfreiheit, zum Schutz der Schwachen und Unterdrückten und nicht zuletzt zur Verteidigung der Gerechtigkeit zu zücken. Im März des gleichen Jahres kann der Marquis d'Argens dem Onkel berichten: »Sie müssen mit dem Prinzen von Preußen sehr zufrieden sein; jeder, der ihn in Magdeburg gesehen, sagt unzählig Gutes von ihm.«

Gleichwohl beobachtete Friedrich ihn weiterhin voller Mißtrauen. Kein Wunder, daß der Prinz sich immer mehr dem Umgang mit dem Onkel zu entziehen versucht. Bei gelegentlichen Begegnungen pflegt er sich in ein beredtes Schweigen zu hüllen, um sich keine Blöße zu geben und seine wahre Gesinnung, die nicht selten mit der des Königs divergiert, zu verbergen. Das alles kann den König, der selbst einmal unter der Knute eines tyrannischen Vaters zu leiden hatte, kaum dazu bewegen, dem Prinzen mit dem Wohlwollen des Überlegeneren zu begegnen.

Anfang 1762 wird Friedrich Wilhelm ein zweites Mal ins Feldlager, diesmal nach Schlesien, beordert. Viele Wochen verbringt er im Winterquartier in Breslau, und von hier aus schreibt er hilfesuchend Briefe an seinen Lehrer Beguelin, aus denen seine ganze Verzweiflung spricht. Sicher hat er Grund, an der rechten Zuneigung seines Onkels zu zweifeln. Immer wieder überfällt den Achtzehnjährigen in der Trostlosigkeit dieses schlesischen Winters ein lähmender Zustand von Melancholie. Immer wieder auch muß er die düsteren Gedanken an das schmähliche Endes seines Vaters verdrängen.

Der freudlose Spartanergeist Friedrichs, die ungastliche Jahreszeit und zahlreiche Todesfälle in seiner Umgebung verdunkeln das sonst so heitere Gemüt des Prinzen, der immer wieder seinen Kummer seinem Lehrer vorträgt, von dem er Trost und Zuspruch erwarten kann. Die Straße, in dem er Quartier bezogen hat, scheint ihm von so makabrer Häßlichkeit zu sein, daß sich sein Schönheitssinn beleidigt fühlt. Die Wohnung, in der er in quälender Einsamkeit hausen muß, bezeichnet er als »Hundeloch«. Sein einziger Trost sind in dieser Zeit die Briefe Beguelins, der ihm einzureden versucht, im Grunde wäre der König eben doch sein bester Freund, und wer etwas anderes behauptet, erweise sich damit als erklärter Feind des Prinzen.

Immerhin bietet dieser Aufenthalt in Schlesien dem religiös ungemein ansprechbaren Prinzen eine willkommene und gern wahrgenommene Gelegenheit zu ersten Berührungen mit dem Katholizismus. Der katholische Kultus, zeigt sich nun, regt seine religiöse Phantasie lebhaft an. Bald schon kennt er die römische Litanei auswendig. Vor allem zeigt er sich aber von der geistlichen Musik in diesen so überaus reich ausgestatteten Kirchen fasziniert. Im Breslauer Dom, so wird berichtet, knien einmal sogar ein kleiner Junge und ein noch kleineres Mädchen vor der riesigen und strahlenden Gestalt des Prinzen wie vor einer überirdischen Erscheinung nieder und lassen andächtig die Rosenkränze durch ihre Finger gleiten.

In den folgenden Jahren, während Friedrich Wilhelm in Potsdam seinen Garnisondienst ableistet, gibt er sich alle erdenkliche Mühe, nicht den Unwillen des Onkels zu erregen, der ihm eine äußerst knappe Apanage beimißt. Er bezieht 33 000 Taler, während Friedrich selbst ein Menschenalter zuvor von seinem als knauserig verschrienen Vater 57 000 Taler erhalten hatte. Oft kann der Prinz fällige Rechnungen nicht begleichen, so daß die Handwerker ihm drohen, die Angelegenheit vor den König zu bringen.

Immer wieder versucht Friedrich Wilhelm vergeblich, sich diesen unerträglichen Druck des Onkels, dessen Geschöpf er ist, zu entziehen. Er schafft sich mit der Zeit daher selbst seinen Freiheitsraum, in dem er sein jugendliches Temperament austoben kann. Oft reitet er mit den Kameraden abends in die Weinberge rings um Potsdam und genießt den sicher nicht gerade erlesenen Wein dieser Landschaft. Sein bevorzugtes Ziel aber ist Punschels Landhäuschen am Heiligen See. Er soll bereits damals den Plan gefaßt haben, an dieser Stelle sein Refugium zu errichten, wenn er erst einmal König in Preußen wäre.

Selbst als er lange schon verheiratet war, mußte er vom König jedesmal eine besondere königliche Genehmigung erwirken, sooft er den Bannkreis von Potsdam überschreiten und sich nach Berlin begeben wollte. So bittet er am 29. Oktober 1769 den König schriftlich, an der Geburtstagsfeier seiner Tante Amalie in Berlin teilnehmen zu dürfen. »Sire, J'ose suplier Votre Majeste de permettre que je reste ici jusqu'au jour de naissance de la Princesse Amelie et de la reine, qui font le 8 et le 9 du mois prochain. Je suis avec le plus profond respect, Sire, de votre Mejesté le très humble et obéissant serviteur et neveu Frédéric Guillaume.«

Die Antwort des Königs, auf die Rückseite dieses Briefes gekritzelt, lautet vielsagend: »Moncher, Vous n'avez rien à perdre ici, et ma soeur Amelie n'est pas en état de voir celébrer son jour de naissance. Le pretexte était mal imaginé. Un autre fois trovez en un meilleur. Fr.«

Gleichwohl macht der in seiner Bewegungsfreiheit arg eingeengte Prinz gute Miene zum bösen Spiel des Königs. Um ihm zu imponieren, führt der Sechsundzwanzigjährige sogar einen Briefwechsel mit dem ihm sicher nicht so ganz geheuren Voltaire, dem er versichert, immer »seinen weisen Ermahnungen Ehre machen zu wollen«. Aber der Wahrheitssucher, der in diesem Hohenzollern steckt, läßt sich mit der plump rationalistischen Weltdeutung dieses Franzosen keineswegs abspeisen. Daher schreibt er ihm, er werde mit der Lösung der Menschheitsprobleme so lange warten müssen, »bis der Vorhang sich hebe und in die Ewigkeit blicken lasse«.

Als entschiedener Gegenaufklärer hat dieser junge Mann, dem man bestenfalls das Zeug für einen couragierten Soldaten zutrauen mochte, bereits früh eine klare und unmißverständliche weltanschauliche Position bezogen, die dem Freigeist Friedrich, der vor bitterem Spott und sogar vor Frivolitäten nicht zurückschreckte, kaum ins Konzept passen konnte. Je mehr Friedrich Wilhelm aber seine Individualität entwickelte, umso mehr entfernte er sich von den geistigen Positionen des Königs, der seine Antipathie gegenüber seinem »bigotten« Neffen kaum noch zügeln konnte.

Jahrelang ist der Prinz von Preußen daher gezwungen, ein Doppelleben zu führen. Immer wieder muß er sich neue Finten ausdenken, um sich der Beobachtung des Königs zu entziehen und die Spione, die dieser auf ihn ansetzt, zu kaufen. Er muß tatenlos zusehen, wie ihn der König provoziert, indem er demonstrativ seine braunschweigischen Neffen an seinen Hof zieht. Diese verstehen es, nicht nur literarisches Interesse zu heucheln, sondern betätigen sich auch selbst als Verseschmiede, die das Blaue vom Himmel herunterreimen. Beständig zieht er sie zu seiner Tafel hinzu, während er seinem Nachfolger besondere geistige Qualifikationen abspricht. Von 1774 bis 1776 wird Friedrich Wilhelm grundsätzlich von der Tischgemeinschaft mit dem König ausgeschlossen.

Darüber hinaus zwingt er den Prinzen, als künftiger Herr der Großmacht Preußen in einem einfachen Kavaliershaus in Potsdam, dessen schlechter baulicher Zustand ständig Reparaturen erforderlich machte mit seiner Familie zu wohnen. Dazu bietet dieses fragwürdige Domizil nicht einmal ausreichend Raum, um auch die Pagen unterzubringen, die sich in einem bescheidenen Quartier bei einem benachbarten Bäckermeister in der Breiten Straße einmieten müssen.

Da der Prinz sich als exzellenter Cello-Spieler erwiesen hat, kann der König allerdings nicht darauf verzichten, ihn hin und wieder zu seinen Hofkonzerten in Sanssouci hinzuzuziehen. Dabei ist die künstlerische Überlegenheit des Jüngeren kaum zu übersehen. Während der König seinen Flötenpart nicht einmal allein halten kann, sondern seinen Flötenvirtuosen Quantz zur Unterstützung hinzuziehen muß, erweist sich Friedrich Wilhelm immer mehr als ein Meister seines Instruments, das er im Winterlager zu Breslau in nur wenigen Tagen spielen und beherrschen lernte, nachdem er zuvor Bratsche gespielt hatte. Schließlich nimmt der König seinen Thronfolger auch mit zum Empfang Kaiser Joseph II. in Neiße und ein Jahr darauf zu einem Gegenbesuch in Mährisch-Ostrau. Bei diesen Anlässen droht allerdings Friedrich Wilhelm jedesmal durch seine imposante männliche Erscheinung und sein ungezwungenes Auftreten, das überall als wohltuend vermerkt wird, dem König die Schau zu stehlen.

Friedrich, der sich als Schöngeist von Rheinsberg jede nur erdenkliche Extravaganz erlaubte und damit den Zorn seines cholerischen Vaters erregt hatte, ließ sich nun keine Gelegenheit entgehen, den Neffen wegen ungleich weniger schwerwiegender Delikte zur Ordnung zu rufen. So wurde diesem nach Beendigung eines Mahles von einem Diener ein größerer Hut mit der Begründung gereicht, er habe sich vorschriftsmäßig zu kleiden und den gleichen Hut wie alle Offiziere der Garde zu tragen.

Nicht genug zu lobende Meriten aber erwarb sich der Prinz, als der König ihn im Herbst 1780 in besonderer Mission nach Petersburg schickte, um durch eine enge Freundschaft mit dem Zarewitsch Paul und dessen württembergischer Gemahlin das russisch-preußische Bündnis zu stärken. Der türkische Krieg, den die Zarin Katharina gemeinsam mit Joseph II. plante, um sich eine dominierende Stellung im Orient zu verschaffen, ließ nämlich eine Isolierung Preußens als geradezu alarmierend erscheinen.

Friedrich hatte dem Neffen detaillierte Instruktionen mit auf den Weg gegeben. Er sollte am russischen Hof dem Stolz und der Eitelkeit der Zarin schmeicheln und ihrem Günstling Potemkin alle nur erdenkliche Hochachtung bezeigen, ihm sonst aber mit aller gebotenen Vorsicht begegnen. Auch sollte er, über viele Unzulänglichkeiten großzügig hinwegsehend, die russischen Verhältnisse loben, um so die Russen um jeden Preis für ein künftiges Bündnis zu gewinnen. Warnen sollte er aber in jedem Fall vor dem unzuverlässigen und sprunghaften österreichischen Kaiser.

Besondere Erfolge für diese Mission konnte der König bei einigem Realismus angesichts der schwierigen Umstände kaum erwarten. Der preußische Botschafter am russischen Hof hatte sogar von diesem Unternehmen wegen seiner Zwecklosigkeit dringend abgeraten. Und wirklich schien die Reise zunächst unter keinem günstigen Stern zu stehen. Da man die Termine nicht mit dem in Rußland geltenden gregorianischen Kalender abgestimmt hatte, traf Friedrich Wilhelm zehn Tage früher als geplant in der Hauptstadt ein, zu einem Zeitpunkt, als sich die Zarin noch in der Provinz befand. Auch geriet er in große Geldverlegenheit, so daß er sich Geld borgen mußte, weil der sparsame König den Aufwand viel zu niedrig angesetzt hatte.

Gleichwohl war der Eindruck, den der Thronfolger hinterließ, bestechend. Jedenfalls konnte Graf Goertz, der Botschafter Preußens, als scharfer Beobachter der Mission seinen Eindruck in das Fazit zusammenfassen: »Alle Welt sagt das Beste von dem Prinzen.« Dieses Urteil wurde durch einen Bericht bestätigt, den der französische Botschafter an seine Regierung sandte, in dem es hieß: »Der Prinz ist hochgeschätzt von jedem, der ihm begegnet.« Und wirklich schenkte ihm die Zarin wertvolle Pelze und verlieh ihm einen Orden, um ihre Zuneigung zu beweisen. Allerdings stellte sich heraus, daß Preußen zur Zeit für die russische Politik nicht der geeignete Verbündete sein konnte. Kein Wunder also, daß die russischen Freundschaftsbeteuerungen rein deklamatorischen Charakter besaßen.

Immerhin hatte Friedrich allen Grund, mit der geschickten Verhandlungsführung des Neffen zufrieden zu sein.

»Ich habe ihn im Kriege und Frieden geprüft«, ringt er sich schließlich ein durchaus positives Urteil über ihn ab. »Er hat mir in Rußland die größten Dienste geleistet.«

Konsequenzen zog er allerdings keineswegs aus dieser Bewährungsprobe seines Nachfolgers. Weiterhin wurde der Prinz von Preußen, der sich auf ein verantwortungsvolles Amt vorbereitete, vorsätzlich von allen Geschäften ferngehalten. Er ließ sich daher von seinem späteren Minister Wöllner in die Regierungskunst einführen. Minister jedoch, die ihn über die Lage bestimmter Ressorts zu unterrichten gewagt hätten, hatten die Ungnade des Königs zu fürchten. Für diesen scheint unumstößlich festzustehen, dieser herkulisch wirkende junge Mann, der nach ihm den Thron besteigen sollte, wäre bestenfalls für Kriegsdienste geeignet.

Das galante Berlin

Das galante Zeitalter, das Friedrich Wilhelm II. noch ein glanzvolles Dezennium lang in Preußen repräsentieren und nachholen konnte, war im 18. Jahrhundert eine gesamteuropäische Erscheinung, allerdings beim Tode Friedrichs schon merklich im Abklingen begriffen. Lediglich der frauenlose Hof in Potsdam hatte sich auch weiterhin, eine ganze kulturgeschichtliche Epoche ignorierend, dem preußischen Gesetz der innerweltlichen Askese und der Pflichterfüllung bis zum Äußersten unterstellt. Während Europa sich amüsierte und gegen die Diktatur einer längst muffig gewordenen Moral anrannte, legte sich in Potsdam ein Monomane der Macht äußerste Abstinenz auf und trug in hartem Tagewerk Stein um Stein für den Bau einer Großmacht zusammen.

Nach Friedrichs Tod stellte sich aber schon bald heraus, daß man den Zeitgeist nicht ungestraft ignorieren konnte. Der König hatte das preußische Ethos zweifellos überstrapaziert. Ein Volk hatte sich in vielen mörderischen Kriegen ausgeblutet und seine Lebensansprüche nun schon mehr als ein Menschenalter lang drastisch beschneiden müssen. Nun hatte die Auflärung an die Autonomie der menschlichen Vernunft appelliert und den Leuten den Star gestochen. Sie wagten wieder, sich ihres Lebens zu freuen, ohne sich vom heuchlerischen Moralismus der mit falschem Zungenschlag redenden Kanzelprediger einschüchtern zu lassen. Man sehnte sich mit einem Wort überall in diesem Lande und vor allem in seiner Kapitale Berlin nach Jahren der äußersten physischen und psychischen Anspannung wieder nach einem ungezwungenen Leben, das dem Menschen im Menschen einen angemessenen Spielraum gönnte.

In ganz Europa hatte das Rokoko seine bukolischen Spiele mit Anmut und mit gespielter Unschuld bis hin zur unverblümten Frivolität getrieben. Das Leben war wieder ein Wert für sich geworden, und die Mätressenwirtschaft der Höfe hatte reichlich Stoff für eine nie abreißende Chronique scandaleuse, die jene Zeit mit zierlichem Griffel schrieb, geboten. Die Augen der Welt waren vor allem auf Versailles gerichtet, und das Beispiel des galanten Frankreich machte überall Schule. Die absolutistischen europäischen Herrscher setzten sich selbst, allen christlichen Traditionen Hohn sprechend, neue Maßstäbe für ihr anrüchiges Verhalten. Wie Theater, Lakaien oder Perükken gehörten von nun an auch Mätressen zur unumgänglichen Komparserie eines Hofstaates. Legitime Ehren unter Fürstlichkeiten, so wollte es ein ungeschriebenes Gesetz, standen nur noch unter dem Zeichen politischer Zweckmäßigkeiten. Liebe pflegte jedenfalls bei ihrem Abschluß keine Rolle zu spielen.

Die Haremswirtschaft der europäischen Höfe erreichte damals geradezu orientalische Ausmaße und übertraf diese stellenweise sogar noch wie etwa im Falle Augusts des Starken, der mit seinen 364 gezählten illegalen Kindern in dieser Hinsicht den Vogel abschoß.

Während man sich bei Hofe amüsierte und sich mit Empfängen, Redouten, Bällen oder Reisen so angenehm wie möglich die Zeit vertrieb, traf die Prinzessinnen jener Zeit ein wenig beneidenswertes Los. Ihnen war das Schicksal zugefallen, Kinder - vor allem natürlich Söhne - von einem ungeliebten Partner zur Welt zu bringen, um den Fortbestand der Dynastien zu sichern.

Aber keineswegs nur an Fürstenhöfen galt die Mätresse als Prototyp einer Frau von Welt. Ein Mann, der auf sich hielt, schuldete es seinem Ansehen, sich neben seiner Ehefrau eine solche Gespielin zu halten. Es galt sogar als

Manko einer gehobenen bürgerlichen Existenz, sich diesen Luxus nicht erlauben zu können. Die Rolle einer Mätresse wurde nur dann problematisch, wenn ihr Galan nicht mehr imstande war, sie mit Geschenken zu überhäufen und ihr einen geradezu fürstlichen Lebensstandard zu garantieren. Natürlich hatte ein kluger Ehemann seinerseits auch über gelegentliche außereheliche Eskapaden der eigenen Frau großzügig zur Tagesordnung überzugehen.

Auf die Dauer blieb auch das im östlichen Kolonialgebiet gelegene Preußen von der allgemeinen Aufweichung der Sitten nicht verschont. Die Demoralisierung im ganzen Lande war eine Tatsache, über die man auf die Dauer nicht hinwegsehen konnte und der man später das preußische Finale von Jena und Auerstedt anlastete. Daß man diese Entwicklung kurzerhand Friedrich Wilhelm II. und seinem Hof in die Schuhe schob, ist, wie sich ohne Not nachweisen läßt, eine der großen Geschichtslügen unserer deutschen Historiographie. Bereits nach Beendigung des Siebenjährigen Krieges wurden die Massen von einer geradezu hektischen Lebenslust und Vergnügungssucht ergriffen, als hätte man viel Versäumtes nachzuholen.

Friedrich Wilhelm sah diese neue Zügellosigkeit durchaus als eine Gefahr, die er durch seine »reaktionäre« Kirchenpolitik abzufangen versuchte. Er hatte auch in dieser Hinsicht ein schweres Erbe übernommen. Schon unter der Regentschaft des großen Königs versicherten Berlin-Besucher nämlich immer wieder, die preußische Metropole habe sich in ein veritables Sündenbabel verwandelt. Selbst bei allen gebotenen Abstrichen und Retuschen an dieser Art tendenziöser Berichterstattung bietet bereits das späte friderizianische Berlin ausreichend Stoff für pikante Sittenschilderungen, die damals nicht anders als heute einen reißenden Absatz fanden. Vom Geist des klassischen Preußentums, der dieses Land einmal so ehrenvoll vor aller

Welt repräsentiert hatte, war, traut man den Tatarennachrichten literarischer Kolporteure, kaum noch etwas zu ahnen. Statt dessen machte sich unverblümt eine »Freigeisterei der Leidenschaft« breit.

Natürlich kam dem zu jedem Spott über die heiligsten Dinge geneigten König ein gut Teil Schuld an dieser Sittenlosigkeit zu. Er hatte die Autorität der Kirche bewußt untergraben und bekam nun die Quittung für seinen auf diese Weise praktizierten Skeptizismus präsentiert. Aufklärerisches Gedankengut hatte selbst die Einfalt und Bravheit der ländlichen Bevölkerung unterminiert. Die Folge war eine Verlotterung der öffentlichen Moral, die schließlich alarmierende Ausmaße annahm.

Kurz vor dem großen Fiasko des Jahres 1806, das den Staat Friedrichs liquidierte, schrieb der klug vorausschauende Friedrich Gentz an den Historiker Johannes von Müller folgende Zeilen, welche die wahre geistige und sittliche Situation jener Tage schlagartig erhellen: »Eigentlich nenne ich Friedrich II. le plus grand et le plus immoral des hommes de son temps und klage ihn als den Urheber alles Unglücks an vor der Welt und Nachwelt.«

Der weitblickende Historiker stimmte ihm in dieser Auffassung der miserablen moralischen Verfassung des preußischen Volkes durchaus zu und antwortete ebenso eindeutig: »Ihr Urteil über Friedrichs Immoralität nehme ich keinen Augenblick Anstand auch zu unterschreiben. In dem Gefühl seiner Größe hielt er die Moral des Staatsrechts für einen Behelf, den er nicht brauche, und sein Spott auch darüber hat unendlich geschadet.«

Im gleichen Verhältnis, wie sich die Kirchen damals nicht ohne Schuld des Königs leerten, füllten sich die Vergnügungsstätten und Bordelle im Lande, wie damals ganz allgemein festgestellt wurde. Auch der Autor des Buches »Geist des neueren Kriegssystems«, Adam von

Bülow, einer der mutigsten Zeitkritiker, der seinen Freimut schließlich auch mit einem Freiheitsentzug zu bezahlen hatte, gab 1798 zu Protokoll: »Die Ursache der Ignoranz liegt größtenteils im Atheismus und in der Demoralisation, welche die Regierung Friedrichs II. zur Folge hatte. Die so laut gepriesene Aufklärung in den preußischen Staaten besteht nur in der Abklärung von aller Kraft.«

Gleichwohl wurden all diese authentischen Zeugnisse glaubwürdiger Zeitgenossen, die über die Ursachen des merklichen Verfalls reäsonierten, von den Historikern später vorsätzlich ignoriert. Die Fridericus-Legende ließ und läßt auch heute noch unpopuläre Wahrheiten über den großen König einfach nicht zu, obwohl sie nun einmal unabdingbar zu seinem Persönlichkeitsbild gehören und seiner einmaligen Größe keinen Abbruch tun. Stattdessen suchte und fand man in Friedrich Wilhelm II., der sich nicht wehren konnte, den geeigneten Sündenbock, dem man den rapiden Niedergang Preußens unwidersprochen anlasten konnte.

Unter dem Regiment des Freigeistes Friedrich priesen sich ausländische Beobachter der preußischen Verhältnisse glücklich, nicht als Bürger dieses Sklavenstaates, der ihnen als eine einzige Kaserne »mit vielen Tausenden bezahlter Satelliten« erscheinen mochte, geboren worden zu sein. Der englische Gesandte, Lord Malmesbury, konnte angesichts der unübersehbaren Spuren eines schleichenden Verfalls schon 1772 Berlin als eine Stadt bezeichnen, die in einem wahren Erdrutsch der Sittenlosigkeit höchst kritischen Zeiten entgegensähe.

»Eine totale Sittenverderbnis beherrscht beide Geschlechter aller Klassen«, berichtet er seiner Regierung, »wozu noch die Dürftigkeit kommt, die notwendigerweise teils durch die von dem jetzigen König ausgehenden Bedrükkungen, teils durch die Liebe zum Luxus, die sie seinem

Großvater abgelernt haben, herbeigeführt worden ist. Die Männer sind fortwährend damit beschäftigt, mit beschränkten Mitteln ein ausschweifendes Leben zu führen. Die Frauen sind Harpyen, die mehr aus Mangel an Scham als aus Mangel an etwas anderem so weit gesunken sind. Sie geben sich dem preis, der am besten zahlt, und Zartgefühl und wahre Liebe sind ihnen ganz unbekannte Gegenstände.

Allem, was ich zu Gunsten der Berliner sagen kann, ist, daß das Beispiel einer irreligiösen Vernachlässigung aller moralischen und geselligen Pflichten, womit ihr König ihnen vorangeht, in Verbindung mit dem Glück bei allen seinen Unternehmungen und der Achtung, die ihm ganz Europa zollt, ihr besseres Urteil abgestumpft hat und ihnen das Laster in einem so günstigen Licht gezeigt wird.«

Auch die Stimme des weitgereisten Georg Forster, der zu Beginn des Jahres 1779 fünf Wochen in Berlin verbrachte, kann in diesem Zusammenhang nicht unterschlagen werden. Damals faßte er seine Eindrücke in seinem Brief an Jacobi so zusammen: »Ich habe mich in meinen mitgebrachten Begriffen von dieser großen Stadt sehr geirrt. Ich fand das Äußerliche viel schöner, das Innerliche viel schwärzer, als ich's mir gedacht hatte. Berlin ist gewiß eine der schönsten Städte Europas. Aber die Einwohner! Gastfreiheit und geschmackvoller Genuß des Lebens, ausgeartet in Üppigkeit, Prasserei, ich möchte sagen Gefräßigkeit - freie aufgeklärte Denkungsart - in freche Ausgelassenheit und zügellose Freigeisterei...

Endlich ist mir's ärgerlich gewesen, daß alle, bis auf die gescheitesten, einsichtsvollsten Leute, den König vergöttert und so närrisch angebetet, daß selbst, was schlecht, falsch, unbillig und wunderlich an ihm ist, schlechterdings als vortrefflich und übermenschlich proniert werden muß.«

Im Jahre 1783 läßt sich ein unbekannter Franzose in seinen »Anonymen Briefen eines reisenden Franzosen durch

Deutschland« über die skandalösen sittlichen Mißstände in Preußens Residenz so aus: »Die Unzucht ist einer der Hauptvorwürfe, die man dem hiesigen Publikum macht. Unter anderen Metropolen gibt es hier öffentliche, privilegierte Bordelle, die kraft ihrer Privilegien das Recht haben, dem Publikum ausschließlich das Bedürfnis zu stillen, das bei gesunden Leuten nach dem Essen und Trinken gemeiniglich das erste ist ...

Jedes alte Weib der unteren Klasse, jeder Lohnlakei, jeder Kellner in einem Wirtshaus und fast jeder Wirt selbst kuppelt, ich kenne auch einige Ärzte, die sich damit abgeben und viel mehr dadurch verdienen als durch ihre Kunst. Es gibt hier unter anderen vortrefflichen Polizeianstalten auch ein Adreßkontor für Dienstmägde, das die frischere Ware in die Privathäuser als auch in die öffentlichen Magazine liefert.«

Selbst der Partnerwechsel scheint im damaligen Berlin keineswegs als schockierend empfunden worden zu sein. »Die Eheleute sind durch nichts zusammengebunden als durch ihr gegenseitiges augenblickliches Interesse«, gibt unser Anonymus aus Frankreich zu Protokoll. »Sobald ein Teil dem anderen zur Last wird oder einer die Aussicht hat, eine bessere Partei treffen zu können, so kostet es ihn nur eine Anzeige am gehörigen Ort, um seine beschwerliche Hälfte loszuwerden. Auch der förmliche Weibertausch ist hier nichts Seltenes. Zwei Ehemänner, deren jeder mit des anderen Weib bekannt geworden ist, tauschen ihre Gattinnen gegeneinander mit einer Kaltblütigkeit, die in unserem Weltteil kein Beispiel hat.«

Zwei Jahre vor dem Tode Friedrichs erschien in Berlin die »Stimme eines Kosmopoliten in der Wüste, geschrieben an einem schönen Frühlingsabend im letzten Viertel dieses Jahrhunderts«, eine heftige Philippika gegen den allgemeinen Verfall der guten Sitten und zugleich eine Art

Sittengeschichte der späten friderizianischen Ära. Hier werden die verheerenden Folgen der aufklärerischen Emanzipationsbestrebungen schonungslos aufgedeckt. Der anonyme Autor weiß über die »physische Natur der Berliner« folgendes zu berichten: »Nicht an der Natur, nicht am Klima liegt es, daß man so wenig blühende starke Menschen hier antrifft. Die schlechte Erziehung, der Luxus, die Modesucht, französische Weichlichkeit und Torheit haben dafür gesorgt, daß die Zeit der Blüte kurz und die Jugend schon eine Stufe des Greisenalters betritt, wenn sie kaum die Knabenschuhe abgelegt. Unter den Eingeborenen findet man sehr häufig verwollustigte Bildung, einen entnervten Körper, verfallene Wangen, Todesblässe. Die Jugend stürmt rasend auf die Gesundheit ein, noch ehe die Natur zur Reife gedeiht. Der Knabe, kaum den Kinderschuhen entronnen, schielt schon nach steigenden und fallenden Busen und schwatzt von der cyprischen Göttin, ehe er noch einmal lesen und schreiben kann. Er fängt frühe an, onanitische Sünden zu treiben, weil Eltern und Lehrer zu nachlässig sind, darauf zu merken und davor zu warnen. Man kann sich daher leicht vorstellen, wie es mit der Unschuld steht, die man denn wohl mit der Laterne des Diogenes suchen muß...«

Auf konkrete Fakten muß der gleiche Verfasser sich jedenfalls berufen, wenn er beschreibt, wie sehr die Gedanken der sonst so nüchternen Berliner um Bälle und Picknicks kreisen. Der jugendliche Playboy jener Tage muß seiner Darstellung zufolge seine Nächte durchschwelgt haben, um sich darauf am hellichten Tag auszuschlafen.

»Da geht er hin in die Häuser der Unzucht«, stimmt er sein makabres Lied von der Berliner Halbwelt an, »schlingt seinen Arm um die Tochter der Freude und schlürft das Gift ein, was sie ihm in vollen Schalen darbietet. Da geht er hin, blaß und mager, mit verloschenen Wangen, mit schlotternden Knien, den einen Fuß schon ins Grab gesteckt. Was kann er, was wird er dem Staat nutzen?

Nimm auch den größten Teil der hiesigen Mädchen - schon frühe in den Künsten der Buhlerei unterrichtet - eingeweiht in die Geheimnisse der cyprischen Göttin, ehe noch die Natur vollends zur Reife gediehen... Alles tot und leer - da sucht das ausgeartete deutsche Mädchen das Blut durch Lieder der Wollust, die ein Voltaire, Grécour und Rost malen, noch mehr zu entflammen - da geht sie hin, in seidenen Stoff gehüllt, frech in Gang und Mienen - den Busen entblößt, mit den Augen hierher und dorthin schielend, um das männliche Geschlecht zu fesseln und das flatternde Stutzerchen an die Leimrute zu locken - opfert Tugend und Unschuld in einem Nu auf, da der Griffel der Natur das Wort »feile Dirne« in alle Züge gegraben, das nie kann verwischt werden. Da geht sie hin, verblüht und saftlos, mit hohlen Augen und vertrocknetem Blick - die Wangen eingefallen - die Röte durch die Sünden der Nacht erloschen, Busen und Hände welk und mager - der Gang schleichend; kurz, schon im achtzehnten Jahr durch Wollust vertilgt, ein kahler Rumpf, an dem geschrieben steht: haut ihn ab, denn was nützt er?«

Mit den Herren der Schöpfung geht unser sichtlich empörter Kosmopolit nicht weniger hart zu Gericht. Seine ganze sittliche Entrüstung aber richtet sich gegen Berlins öffentliche Häuser. »Im vorigen Jahrhundert gehörten Bordelle unter die Terras incognitas, und man rottete sie aus, wo sie irgendwo eingeschlichen«, behauptet er. »Unsere Sitten haben sich so verschlechtert, das moralische Gefühl ist erloschen, daß der Staat öffentliche Häuser der Unzucht neben seinen Tempeln entstehen läßt, weil er kein anderes Mittel findet, die zügellose Brut im Zaume zu halten.

Auch hier, wo die Wollust so despotisch herrscht, gibt's eine große Zahl öffentlicher Hurenhäuser, die vom Staat nicht nur geduldet, sondern auch privilegiert werden. Einige der vornehmsten sind unter dem Namen der Tanzböden bekannt, wo täglich eine ganze Schar der feilen Nymphen sich einfinden und man nicht bloß die berlinische Jugend, sondern auch Ehemänner und Greise findet. Hier werden die ganze Nacht Bacchanale gehalten, und jeder sucht sich eine Phryne und geht berauscht mit ihr nach ihrem Logis.«

In den 1782, also vier Jahre vor dem Regierungsantritt Friedrich Wilhelms II. erschienenen »Briefen über die Galanterie in Berlin« war bereits ein ähnliches düsteres Sittenbild entworfen worden. »Bekanntlich sind die Herren vom Militär wie Alkibiades - auf dem Schlachtfeld sowohl als im Alkoven. Da Berlin mit Helden dieser Art sozusagen überschwemmt ist, urteilen Sie selbst, bester Freund, welch blutige Bataillen tagtäglich die armen Männer in ihrem Haus mit ansehen müssen. Ich kann Ihnen kaum beschreiben, wie gewaltig das Militär das schöne Geschlecht hier in Bewegung setzt. Alles atmet, hört und empfindet für die Soldaten.«

Über die in Berlin weit verbreiteten »Tabagien« schreibt der gleiche Autor folgendes: »Was Berlin vielleicht vor allen Städten Deutschlands auszeichnet, das ist die Toleranz, durch die alle Ausschweifungen in öffentlichen Bordells nicht nur gestattet, sondern auch durch eine polizeiliche Ordnung reguliert werden. Es existieren in Berlin beinahe hundert »Tabagien«, wie der Provinzialausdruck für Bordelle lautet.«

Ein anderer kritischer Beobachter des Berliner Nachtlebens gelangt etwa zur gleichen Zeit zu folgendem nicht gerade schmeichelhaften Urteil über die Berliner: »Der Verstand ist bei dem hiesigen Geschlechte ein Ding, das man bloß auf französisches Radebrechen, Epigramme enthüllen und Liebesromane anzetteln reduziert. Suchst du weiter, so findest du alles versperrt, alles wüst und leer.

Ihre Sprache kennen sie nicht, und wenn sie auch affektieren, einen Wieland oder Goethe zu lesen, so verstehen sie ihn nicht und saugen Gift aus dem Veilchen. Die Geschichte ihres Landes ist ihnen völlig unbekannt, und sie belustigen sich mit Stadtmärchen und altem Weiberklatsch, was auf dem Fischmarkt und Trödelkram zur Existenz kommt und in den großen Assembleen eindringt. Sie besuchen das Schauspiel, um zu glänzen, plaudern mit ihrem Civisbeo, der sie dahin zum Rendezvous bestellt, und empfinden garnichts.«

Der Dichter Friedrich zu Stolberg, der von 1789 bis 1791 als dänischer Gesandter in Berlin weilt, nimmt vor allem die außer Rand und Band geratenen Berlinerinnen unter seine kritische Sonde. Er schildert diese als forciert, gespreizt, affektiert und »wie Schlittenpferde mit Federn besteckt«. Ein anderer aufmerksamer Berlin-Besucher alteriert sich vor allem über das schändliche Verhalten der Berliner Damen vom Adel, die tief verschleiert Kokottenlokale aufsuchen, um bei den Schönen der Halbwelt in die Schule zu gehen und von ihnen die Kunst, Männer zu fesseln und Eroberungen zu machen, zu lernen. Weiter weiß er zu berichten, daß sich junge mittellose Offiziere als männliche Mätressen zu Dienstleistungen bei zahlungskräftigen Damen anheuern lassen.

Vor allem aber ist es immer wieder die Jugend, die sich einer erbarmungslosen Kritik ausgesetzt sieht. Traut man den Chronisten jener Tage, so waren die jungen Berliner damals eher für alle Art von Galanterie als für nutzbringende Beschäftigungen zu erwärmen. Dieser hoffnungsvolle Nachwuchs hatte nur noch den Putz im Kopf. Auch die Lesesucht, die damals in der Stadt grassiert haben muß und sich begreiflicherweise ausschließlich auf seichte und triviale Kolportageliteratur beschränkte, wird hart attackiert, da sie, wie es heißt, »zu niedrigen Passionen« verleitet.

Die Folgeerscheinungen dieser allgemeinen Demoralisierung sind dann auch verheerend genug. Der Verfasser eines »Gemäldes von Berlin«, notiert dementsprechend, daß damals »zwei Drittel des Ganzen (hat mir ein bekannter Arzt gesagt) venerisch waren oder doch wenigstens gewisse Symptome des venerischen Übels« besaßen.

Im wesentlichen ist das geplante Zwischenspiel, das Preußen unter Friedrich Wilhelm II. erlebte, dann eben doch nur noch ein Nachklang jener Exzesse, die dann schon bald in Frankreich eine so blutige Reaktion auslösen sollten. Während es in diesem Lande bereits im Gebälk des Ancien régimes heftig zu knistern begann, die Straße der französischen Hauptstadt vom befeuernden Rhythmus der Marseillaise widerhallte und die Guillotine auf dem Place de la République Aristokratenköpfe rollen ließ, huldigte man jenseits der Elbe noch höchst fragwürdigen Liebesfreuden.

Der erste Intellektuelle, der sich damals darin gefiel, alle nur ihm zur Verfügung stehenden publizistischen Register zu ziehen, um Friedrich Wilhelm II. in die Rolle eines preußischen Schreckensmannes zu drängen, war der mit einem galligen Temperament und einer üppigen wuchernden Phantasie ausgestattete Kriegsrat Friedrich von Cölln, der noch ganz unter dem Eindruck der verlorenen Schlacht von Jena und Auerstedt sein Pamphlet »Vertraute Briefe über die inneren Verhältnisse am preußischen Hof seit dem Tod Friedrichs II.« unter die Leute brachte. Seit 1805 Redakteur des »Preußischen Staatsanzeigers«, vergriff sich Cölln in seiner Kritik an den preußischen Verhältnissen so sehr im Ton, daß er sich damit eine Inhaftierung auf der Festung Glatz einhandelte.

Cölln hatte ein wahrhaft apokalyptisches Bild des vornapoleonischen Berlin entworfen, indem er unter anderem folgendes zu Protokoll gab: »Man konnte Berlin das große

Bordell des preußischen Staates nennen, worin wenig Weiber ihren Männern und umgekehrt getreu waren, wenige Mädchen unschuldig ins Ehebett kamen, ja selbst das unnatürliche Laster der Sodomie täglich üblicher wurde.«

Wie das Gemälde eines neuen Sodom und Gomorrha malt Cölln dann weiter das Sittenbild des neuen Berlin in allen Details so aus: »Die Weiber sind so verdorben, daß selbst vornehme adlige Damen sich zu Kupplerinnen herabwürdigen, junge Weiber und Mädchen von Stande an sich ziehen, um sie zu verführen, wobei sie die Kunst verstehen, leichte Ansteckungen zu kurieren, für Schwangerschaften aber künstliche Präservative verkaufen. Manche Zirkel von ausschweifenden Weibern von Stande vereinigen sich wohl und mieten ein möbliertes Quartier, wohin sie ihre Liebhaber bestellen und ohne Zwang Bacchanalien und Orgien feiern, die selbst den Regenten von Frankreich unbekannt und neu gewesen wären. Das Verderben der Sitten hat sich auf diese Weise allen Ständen mitgeteilt.

Der Offiziersstand hat es am weitesten unter allen in der Genußfreudigkeit gebracht. Sie treten alles mit Füßen, was sonst heilig genannt wurde: Religion, eheliche Treue, alle Tugenden der Häuslichkeit. Ihre Weiber sind unter ihnen Gemeingut geworden, die sie verkaufen und vertauschen und sich wechselweise verführen. Kein ehrlicher Bürgersmann kann ein Weib mehr bekommen, was jene Schmeißfliegen nicht schon verunreinigt hätten. Selbst der Bauernstand ist durch den Luxus verdorben worden. Er ist der Hurerei und Völlerei, dem Spiel und allen Lastern ergeben. Er achtet keine Sittenlehren seiner Pfarrer mehr; die Gesetze sind ihm zum Gelächter geworden. Alle Bande, die das Volk fesselten, sind aufgelöst.«

Natürlich kreidet Cölln dem desolaten Zustand der Armee die eigentliche Ursache der preußischen Niederlage an. Aber er macht es sich dann doch wohl zu einfach, wenn er das Offizierskorps pauschal so verteufelt: »Die adligen Offiziere, schon verdorben, ehe sie in den Dienst kamen, fanden hier nur den Auswurf ihres Geschlechts als Vorbilder; der Dienst war ihnen Nebensache. Ihre Vorgesetzten waren ihnen ein Gespött, Subordination ein lästiger Zwang, Uniformität dumme Etikette, der Gemeine ein Klotz, an dem sie ihr Mütchen kühlten, wenn sie üble Laune hatten. Die Nächte in den Hurenhäusern, in Sauf- und Spielgesellschaften zugebracht, machten sie den Tag über für jedes ernste Studium unfähig. Nur Romanleserei und Weiberintrigen machten ihre Beschäftigung aus.

In den Provinzstädten dachten sie an Verführung anderer Eheweiber, an Eheversprechungen, unschuldige Mädchen zu täuschen und an Betrügereien im Spiel, oder wie sie Schulden machen könnten, die sie nie zu bezahlen gedachten. Dabei waren sie herrisch und arrogant, verachteten alle anderen Stände und despotisierten sie, so es nur möglich war, und dachten nichts weniger als an das Studieren militärischer Wissenschaften. Ihre militärischen Übungen waren nur praktisch; ihnen fiel es nicht ein, die Beweggründe aufzusuchen. Jedes neue Mänöver lernten sie wie der Handwerker einen neuen Handgriff seiner Kunst. Sie waren die größten Ignoranten in der ganzen Nation. Müßiggang, den Faulheit erzeugt, und Ausschweifungen, die Nervenschwäche zur Folge haben, machen sie selbst für jene kleinen Übungen unfähig, für den Krieg unbrauchbar.«

Mit einer so globalen Diffamierung der preußischen Armee und ihres Offizierskorps will Cölln deren Versagen bei der ersten Feuerprobe mit den Heeren der Revolution motivieren. Es paßt dann in dieses Konzept, wenn er kurzerhand Friedrich Wilhelm II. mit dem römischen Kaiser Severus vergleicht, der ebenfalls durch seine sprichwörtliche Gutmütigkeit die Disziplin im Heer untergrub. Auch dieser räumte seinen Soldaten Privilegien ein, die sie zu ausschweifendem Lebenswandel verführten, der sie schließlich kampfunfähig machte.

»Bei seinem Tode«, so simplifizierte Cölln die diffizilen Tatbestände, »imponierte dieser Staat nur noch durch den Nachklang des Ruhmes Friedrichs II., durch äußeren glänzenden, die Welt täuschenden Schein.« Er vergleicht diese Armee mit derjenigen Hannibals von Capua und kommt zu dem Schluß: »Von ihr erwarte ich nichts! Sie hat von außen viel Schimmer, blendendes lackiertes Wesen; dahinter ist wurmstichiges Holz.«

Cölln hätte sich statt des schwunglosen Friedrich Wilhelm III. einen eher despotischen Geist wie Friedrich den Großen als Nachfolger des »guten Königs« gewünscht, einen starken Mann, der gnadenlos mit dem »Geschmeiß« aufgeräumt und die Hälfte der Verantwortlichen zum Teufel gejagt hätte.

»Krieg müßte entstehen«, so lautet sein Postulat zur Regeneration dieses morbiden Staates, »um so viele Krüppel und Friedensgenerale zu entfernen, die nur in den Gamaschendienst eingeweiht waren und mit einem martialischen Gesicht in der Garnison die Parole auszugeben verstanden, ihren Bauch aufgeschwemmt hatten und ihre von Podagra angelaufenen Füße mit sich herumschleppten.

Krieg müßte jahrelang die Armee von so vielen halbverfaulten jungen Greisen reinigen, die ihre Leichname nur in bunte Lappen zu stecken verstanden, keine Idee vom Kriegswesen hatten und bei der ersten Kampagne wie die Fliegen hinfallen würden. Krieg müßte entstehen, um in der Armee die Genies und kräftigen Jünglinge emporzubringen, die in dem bisherigen Schlamm sonst erstickt wären.«

Die Bibliographie der pikanten Literatur jener Tage, die das galante Preußen unerbittlich aufs Korn nahm, bietet eine reiche Palette von farbigen Darstellungen des Verfalls, die, zusammengefaßt, eine frappierende Sittengeschichte Berlins gegen Ende des 18. Jahrhunderts ergeben.

Im Mittelpunkt dieser phantasiereichen und sensationellen Enthüllungen des Intimlebens stadtbekannter Persönlichkeiten steht neben der Gräfin Lichtenau die ominöse Madame Schuwitz, ihres Zeichens Bordellbesitzerin für die High Society des alten Berlin, als die sie in die kleine Berliner Unsterblichkeit eingegangen ist. Diese »Schuwitzin« hatte 1784 an der Ecke Behren- und Friedrichstraße ein Haus erworben, in dem sie vor allem Hofchargen, Offiziere und Diplomaten auf ihre Fasson bediente; selbst Prinzen - so hieß es - hätten ihr Etablissement inkognito besucht. Als sie im Jahre 1798 starb, gehörte sie zu den reichsten Frauen Berlins.

Die zünftigen Pornographen jener galanten Tage erlaubten sich offenbar nur jede erdenkliche dichterische Freiheit bei der Ausschmückung ihrer Pikanterien, die sie ihren Lesern schuldig waren. Sie scheuten dabei keineswegs vor Verleumdungen zurück und ließen ihrer oft perversen Phantasie die Zügel schießen. So fingierten sie etwa Briefe der Gräfin Lichtenau und schürten auf diese Weise die Stimmung gegen eine wehrlose Frau. Mit deren wahren Persönlichkeitsbild haben diese Phantasmagorien aber so gut wie nichts zu tun. Immerhin befriedigten solche Trivialreißer das Sensationsbedürfnis eines breiten Publikums. Sie erschienen unter so attraktiven Titeln wie »Spaziergänge von Berlin«, »Briefe über die Galanterien von Berlin«, »Raritäten von Berlin und merkwürdige Geschichten einiger Berliner Freudenmädchen«, »Die schöne Diane, Berlins erstes öffentliches Mädchen«, »Camera obscura von Berlin« oder »Berlinische Nächte« und fanden einen reißenden Absatz.

Das große Debakel von Jena brachte dann die große Ernüchterung. Ein nationaler Regenerationsprozeß bahnte sich an, der auch eine Wiedergeburt des alten preußischen Ethos in sich einschloß. Allerdings auf das Konto des neuen Königspaares ist diese Wandlung kaum zu buchen, wie die Luisen-Legende wissen will. Diese mecklenburgische Prinzessin zeigte sich vielmehr keineswegs opulenten Festlichkeiten abgeneigt. Feste waren sogar das Lebenselement dieser lebenslustigen jungen Frau, die neben einem zugeknöpften Ehepartner nur schwer ihr Temperament zügeln könnte.

Der Biograph Friedrich Wilhelm III., Friedrich Paulig, korrigierte dann auch die Vorstellung vom verschwenderischen Friedrich Wilhelm II., wenn er über das Hofleben nach dessen Tod folgendes zu berichten weiß: »Es wird viel von den prunkvollen Festen Friedrich I. und der Vergnügungssucht Friedrich Wilhelms II. erzählt, aber es ist erwiesen, daß in den ersten zehn Jahren der Ehe Friedrich Wilhelms III. die Vergnügungen die aller ihrer Vorgänger an Zahl und Pracht überboten. Es gehörte zu den Schwächen der Königin, nicht bloß zu tanzen, sondern sich auch tanzen sehen zu lassen. Es wurde als anstößig angesehen, daß die Königin sich so in Szene setzte, um vor einem Zuschauerpublikum von 2 000 Menschen zu figurieren. Die Damen auf den Sofas, in antiker Freiheit gelagert, scherzten, entzückten und überboten sich, von den Herren bewundert zu werden. Hier war alle Etikette verbannt.«

Natürlich brach auch der unverbesserliche Moralist von Cölln seinen Stab über diesen Hof. Seine Vision vom »großen Babylon Berlin« krönt er mit dem Hinweis darauf, daß in allem, »was Luxus, Üppigkeit und Sittenlosigkeit genannt wird«, der Hof voranging. Über die Koketterie der Königin, deren griechisches Kostüm eine neue Mode kreierte, die mehr enthüllte als verschleierte, begann sich die

Öffentlichkeit bald zu mokieren. Ein Genießer verglich dieses Empire-Gewand mit einer »wehrlosen, unbefestigten Stadt«, und man war sich darüber einig, daß es ihre sicher beabsichtigte Wirkung auf die Männerwelt nicht verfehlte.

Über die Amouren des Prinzen Louis Ferdinand und der Prinzessin Friederike, der Schwester der Königin, die nach dem Tode ihres Gatten, des Prinzen Ludwig, von einer Hand in die andere wanderte, haben die Chronisten lange den Schleier äußerster Diskretion gebreitet.

Der Freiherr vom Stein, der 1804 als Chef der preußischen Finanzen nach Berlin kam, war über die Ausgaben für die luxuriöse Hofhaltung geradezu entsetzt. Dieser »Rheinpreuße« sah der weiteren Entwicklung des Landes mit Unbehagen entgegen, da er es mit einem König zu tun hatte, von dem er meinte, es fehlte ihm an »Tätigkeit und Kraft des Geistes«, und mit einer Königin, der er Oberflächlichkeit, mangelnde Bildung und Koketterie vorwarf.

»Die Nation war durch den langen Frieden, durch den vermehrten Wohlstand verweichlicht, genußgierig. Der religiöse Sinn war durch Friedrich II. und den Geist der Zeit verderbt. Ungebundenheit und Freiheit in den Meinungen hielt man für Liberalität, Geistesfreiheit, Aufklärung, Leserei für Kenntnisse und Gründlichkeit, da sowohl Universität als auch Gymnasium kärglich dotiert waren.«

Von einer sittlichen Regeneration konnte daher erst die Rede sein, als der deutsche Idealismus neue Idole aufstellte.

Glanz und Elend der Prinzessinnen

Als Sieger aus dem Siebenjährigen Krieg heimkehrend und nur knapp der Katastrophe entronnen, verzichtet Friedrich darauf, sich in der Pose eines Triumphators von seinem Volke feiern zu lassen. Er hatte eine ganze Welt herausgefordert und sich bei seinem kriegerischen Abenteuer oft am Rande des sicheren Untergangs entlangbewegt. Am Ende aber hatte das Schicksal dann doch für diesen Dämon von einem König entschieden, der sich dem Staate zum Opfer gebracht hatte.

Die sieben Jahre, die wie ein böser Traum nun hinter ihm liegen, haben ihn unübersehbar gezeichnet, allerdings auch den Ruhm seines Namens um den gesamten Erdball getragen. In der Tat hat er rational nicht zu deutende Wunder an Charakterstärke vollbracht, als er auch in aussichtslos erscheinender Lage zu seiner Sache stand. Nun ist er heimgekehrt, aber nicht, um sich seiner Sehnsucht nach Ruhe hinzugeben und den Rest seiner ihm zugemessenen Erdentage in aller Zurückgezogenheit über Gott und Welt zu meditieren. Das hündische Leben, zu dem er sich selbst verurteilt hat, nimmt vielmehr seinen vorgeschriebenen Fortgang, als wäre er dem Tod in all seiner Unerbittlichkeit nicht ständig begegnet. Nach den »heroischen Schwachheiten« jener sieben Jahre hat er nunmehr Wunden zu heilen, die dieser mörderische Krieg geschlagen hat. Seine Erwartungen von einem kontemplativen Alter bleiben wieder einmal die reine Fiktion.

Eine der Hauptsorgen, die den Alten Fritz in diesen Tagen bedrängen, gilt dem Fortbestand der Dynastie. Da er selbst ohne Erben ist, treibt er die Heiratspläne für seinen Neffen Friedrich Wilhelm mit äußerster Konsequenz voran. Selbstredend wird dieser nach der Gewohnheit der Zeit bei den Überlegungen des Königs selbst nicht zu Rate gezogen. Er hat sich wie stets auch in dieser Angelegenheit, die sein persönliches Leben zutiefst tangiert, widerspruchslos zu fügen. Denn schon ist die Wahl Friedrichs auf seine Nichte Elisabeth, Tochter seiner Schwester Charlotte, die mit dem Herzog von Braunschweig-Wolfenbüttel vermählt ist, gefallen. Man rühmt der eben siebzehnjährigen Prinzessin nicht nur Geist nach; sie verfügt auch über ein ungewöhnliches Maß an Charme. Vielleicht stralt sie sogar die geheimnisvolle Faszination aus, den Prinzen, der dem König immer geheimnisvoller erscheint, so an sich zu fesseln, daß der Fortbestand der Dynastie garantiert ist.

Friedrich läßt dann auch keine Zeit verstreichen, die Verhandlungen über den geplanten Eheschluß abzuschließen. Bereits wenige Wochen nach Beendigung des mörderischen Krieges reist er mit seinem Neffen, der sich nicht gerade im Überschwang jugendlichen Glücks zu sonnen scheint, nach Braunschweig. Im Schloß Salzdaluhm bei Wolfenbüttel, der damaligen Prunkresidenz der Braunschweiger Herzöge, die inzwischen längst vom Erdboden verschwunden ist, begegnet der Prinz zum ersten Mal seiner Kusine. Diese Begegnung mit der ihm aufgezwungenen Frau vollzieht sich kühl und in aller Förmlichkeit. Große Leidenschaften hat der König nun allerdings von seinem Neffen auch nicht erwartet; dafür besteht er umso unabdingbarer auf absoluter Subordination.

Am Tage der Vermählung schreibt er ganz in diesem Sinne an seine Vertraute, die Gräfin Camas, einen Brief, der sein äußerst distanziertes, ja sogar gespanntes Verhältnis zum Sohn seines Bruders verrät: »Meine Schwester kommt in dieser Stunde an; ich gestehe Ihnen, das macht mir großes

Vergnügen. Wir werden den langen Prinzen vermählen. Seine Liebe ist ebenso kalt wie seine ganze Person.«

Das Naturell dieses vollblütigen jungen Mannes, der vor allem nach seiner Fasson leben möchte, scheint dem so ganz anders gearteten Onkel ein ewiges Rätsel zu bleiben. Dieser verhehlt seine Aversion gegenüber diesem Prinzen, den er nun auch in einer ihm aufgezwungenen Ehe seinem Schicksal überläßt, bei keiner sich ihm nur bietenden Gelegenheit.

Am 14. Juli 1765 wird im Charlottenburger Schloß die Vermählung vollzogen. Über diesen denkwürdigen Tag im Leben Friedrich Wilhelms berichtet der Kammerherr von Lehndorff: »Die Hochzeit wird in Charlottenburg gefeiert. Die Neuvermählten sehen reizend aus und erscheinen zufrieden. Der König bleibt in seiner Uniform und sieht gütig aus, was allgemeine Freude erregt. Die Königin flattert herum und schreit unbarmherzig, wiewohl sie nichts zu sagen hat... Die königliche Tafel zeigt eine erstaunliche Pracht, alles Gerät ist von Gold, und die zweiundzwanzig Prinzen und Prinzessinnen, die sich daran befinden, sind mit Schmuck überladen...

Die Menge der Zuschauer ist so groß, daß man hin und hergestoßen wird. In der Orangerie sind drei große Tafeln gedeckt. Die Ordnung ist aber so mangelhaft, daß gerade, als man die Schüsseln aufträgt, die Tafel aufgehoben wird. So bleiben wir alle an diesem Tage ohne Abendessen.

Nach aufgehobener Tafel begibt sich die ganze königliche Familie in die Galerie zum Fackeltanz. Danach führt man das junge Paar ins Schlafgemach; der König entkleidet selbst den Prinzen und bringt ihn zu Bett, und das mit so gütiger Miene, daß alle Anwesenden davon gerührt sind...«

Zwei knappe Jahre darauf wird dem jungen Paar eine Tochter geboren. Jedoch zeigt sich von Anfang an: echte

Liebe für seine junge Frau will sich beim Thronfolger nicht einstellen. Er vernachlässigt fast demonstrativ diese lebenssprühende Kusine, die man ihm gegen seinen Willen aufgezwungen hat und mit der ihn nichts verbindet, obwohl sie gewohnt ist, alle Herzen spontan für sich zu erobern.

Friedrich Wilhelm verbringt seine Nächte nach wie vor mit Wilhelmine Encke, die die große Leidenschaft seines Lebens ist und es auch bleiben wird. Die Prinzessin von Preußen, die einmal den Platz neben Preußens König einnehmen soll, ist aber keineswegs gesonnen, diese provokative Demütigung passiv hinzunehmen. Sie hält sich vielmehr in der Gesellschaft von Offizieren der Potsdamer Garnison schadlos und fordert damit ein Schicksal heraus, das ihr Leben zerstören soll.

Mit der Zeit ist der Skandal nicht länger zu vertuschen. Die doppelte Moral jener Zeit will es, daß Prinzen sich jede nur erdenkliche Freiheit erlauben können, Fürstinnen aber unerbittlich dem Gesetz ehelicher Treue unterstehen. Das ist schon deswegen der Fall, um keinen Augenblick Zweifel an der Legitimität des männlichen Nachwuchses einer Dynastie aufkommen zu lassen. Und in der Tat: Schon erklären des Königs Brüder Heinrich und Ferdinand, unter keinen Umständen zugunsten eines Bastards auf ihre Thronrechte verzichten zu wollen.

In dieser Lage greift Friedrich selbst schließlich zu einem letzten Mittel, das damals an europäischen Höfen als keineswegs ungewöhnlich galt. Von den verzweifelten Anstrengungen des Königs, doch noch zu einem legitimen Thronerben zu gelangen, berichtet der französische Hofmeister des Grafen von der Mark, eines natürlichen Sohnes des Kronprinzen und der Trompeterstochter Wilhelmine Encke, Dampmartin, in seinen Erinnerungen: »Züge aus dem Leben Friedrich Wilhelms II.«

»Friedrich der Große«, so liest man da, »treu seiner tiefen Menschenverachtung, überredet sich leicht, daß eine leichtfertige Frau auch ohne alles Ehrgefühl sei. Ein alter Kammerherr eröffnet der Prinzessin, er ersuche sie im Auftrag des Königs, den Leutnant der Leibgarde N.N., der durch die Schönheit seiner Formen und seinen ausgezeichneten Mut die Aufmerksamkeit Sr. Majestät auf sich gezogen hat, zu vertraulichem Umgang bei sich aufzunehmen. Der Kammerherr wendet seine ganze Beredsamkeit auf, aber weder guter Rat noch Bitten, noch die angedrohten Folgen einer Weigerung machten den geringsten Eindruck.

Als er seine Äußerungen verdoppelte, unterbrach ihn die Prinzessin mit den Worten: »Mein Herr, wenn Sie es wagen, eine Unterhaltung fortzusetzen, die mich so sehr verletzt, so werde ich Ihnen selbst auf der Stelle befehlen, für den Thronfolger zu sorgen, den der König so sehr begehrt. Harte Strafe würde folgen, wenn Sie sich ungehorsam bezeigten.«

Der Kammerherr, hoch in die Sechzig, entfloh vor Schrekken und kam bleich zum König zurück. Dieser beschloß daraufhin die Scheidung.«

Über die näheren Umstände dieses Eklats, der in der gesamten europäischen Öffentlichkeit, vor allem an den Höfen viel Staub aufwirbelte, berichtete Thiébault in seinen »Souvenirs de vingt ans de séjour à Berlin«.

»Die Prinzessin«, so heißt es in diesem Bericht, »glaubte Ursache zu haben, sich über ihren Gemahl beklagen zu dürfen. Er bevorgzugte die Gräfin Holstein und suchte gemeinsam mit Soltikow und Pepieha allerlei andere Freuden. Zum Unglück war sie zu stolz, um sich nicht gekränkt zu fühlen, zu offen, um nicht ihre Empfindlichkeit zu zeigen, zu exaltiert, um sich nicht zu rächen, und sie trieb die Sache bald so weit, unverhohlen die Zeichen der Nichtachtung ihrem Hasse hinzuzufügen. Ihr Bruder, Prinz

Wilhelm, gab sich alle Mühe, sie zu ruhigeren und gemäßigteren Gesinnungen zurückzuführen und zugleich ihren Fehltritt zu verbergen. Ich spreche hier mit Schmerz das Wort Fehltritt aus, das in dem Prozeß eingestanden wurde.

Der Gemahl wußte noch nichts, als er auf einem glänzenden Balle, den Prinz Heinrich alle Jahre am 24. Januar zur Feier des Geburtstages der Königs zu geben pflegte, unter die Versammelten trat, wie eine der anwesenden Masken ihn beiseite zog und, mit hinlänglichen Beweisen versehen, den Schleier von seinen Augen lüftete. Der erzürnte Prinz trug sogleich auf Scheidung an. Friedrich der Große liebte seine Nichte sehr; ihr Geist, ihre Lebhaftigkeit, ihre Offenheit gefielen ihm nicht minder als ihre Schönheit und Anmut. Aber der Prinz hatte den Schritt einmal getan und wollte ihn nicht zurücknehmen. Er ging sogar so weit, die Drohung fallen zu lassen, eine Memoire an alle Höfe Europas zur Rechtfertigung seines Schrittes zu senden und feierlich zu erklären, daß er die Prinzessin nie mehr für seine Gemahlin anerkennen werde.«

Man leitete daraufhin unverzüglich ein Verfahren ein, dessen Ergebnis die Ehescheidung durch Schuld der Prinzessin war. Diese legte den Titel »Königliche Hoheit« ab, nahm von neuem den Titel »Durchlaucht« an und erhielt strenge Weisung, den Rest ihres Lebens in der Festung Küstrin zu verbringen. Sie trat, obwohl sie nicht einmal ihre Tochter mitnehmen durfte und ihr nur eine geringe Pension angewiesen wurde, diese Gefangenschaft bei erstaunlich guter Laune an und verlor auch in den kommenden Jahren nur wenig von ihrer natürlichen Heiterkeit.

»Ein Zeitvertreib, den sie in Küstrin sich häufig leistet«, so berichtet Thiébault weiter, »bestand darin, eine Menge Stühle in zwei Reihen in einen Saal zu setzen, diese für Tänzer und Tänzerinnen anzusehen und dann zwischen ihnen hindurch die Touren einer Anglaise zu tanzen, ein

Vergnügen, das sie leidenschaftlich liebte, weil sie dabei die ganze Leichtigkeit und Anmut ihrer Bewegungen zeigen konnte. Doch zuletzt schlich sich bei ihr die Langeweile ein; wie man sagt, soll sie nach einigen Jahren versucht haben, sich nach Venedig abzusetzen. Die Angelegenheit soll aber entdeckt und ein Husarenoffizier, der ihr als Begleiter hatte dienen wollen, verschwunden sein.«

Charlotte, die Braunschweiger Herzogin, zeigte sich von den Berichten, die sie über die Affäre ihrer Tochter aus Berlin erhielt, zutiefst betroffen. In ihrer Verzweiflung wandte sie sich an den Bruder: »Sie können sich nicht den unendlichen Schmerz vorstellen, den ich empfinde, wie ich von Ihnen die empörenden Umstände erfahre, über das schlechte Benehmen meiner Tochter. Ich bin verzweifelt, daß sie sich soweit vergessen hat, sich zu so großen Niedrigkeiten und Unwürdigkeiten hinreißen zu lassen, die sie entehren und die ein ewiger Fleck auf dem Ehrenschild der Familie sein werden. Ich begreife nicht, wo sie diese schlimmen Neigungen her hat, für die sie niemals Beispiele gesehen hat. Ich schulde Ihnen noch vielen Dank, daß Sie mit Ihr soviel Güte und Schonung haben, die sie nicht verdient.«

Das Unvermeidliche vollzog sich schnell. Nach vierjähriger Ehe wurde der Thronfolger am 18. April 1769 geschieden und die Prinzessin verbannt. Sie starb erst im Jahre 1840 in Stettin im 95. Lebensjahr. Die aus ihrer Ehe mit dem Prinzen von Preußen hervorgegangene Tochter Friederike wurde zunächst bei ihrer Großmutter Luise Amalie, der Witwe August Wilhelms, erzogen, dann bei der Königin. Eine Verlobung mit dem dänischen Kronprinzen Frederik zerschlug sich wieder. Später heiratete sie den Herzog von York.

Noch im gleichen Jahr, nur knapp drei Monate nach dieser Scheidung, wurde die Hochzeit des Prinzen von

Preußen mit Friederike Luise von Hessen-Darmstadt, der Tochter der geistvollen und von Goethe so hochgeschätzten Landgräfin Caroline, begangen. Dem Minister Graf Schulenberg war die Aufgabe zugefallen, die geeignete Partnerin für den Prinzen an den europäischen Höfen zu suchen. Er fand sie schließlich unter den vier noch unverheirateten Töchtern des hessischen Landgrafen. Sie waren allesamt nicht mit Schönheit gesegnet, noch waren sie geistreich; man rühmte ihnen jedoch ein gutes Herz nach.

Luise hatte bereits vor einigen Jahren die Reise nach Moskau mit ihren Schwestern angetreten, wo sie als Heiratskandidatin für den Zarewitsch von der allmächtigen Zarin Katharina gemustert worden war. Ihre Schwester Wilhelmine blieb damals in Rußland; Friederike und Luise, die dann später mit Goethes Herzog Karl August eine höchst fragwürdige Ehe einging, wurden mit reichen Geschenken wieder auf die Reise geschickt. Als man Jahre danach in Preußen die Möglichkeit einer neuen Ehe des Thronfolgers erwog, wurde eine Wahl getroffen, von der man annahm, sie würde durch verwandtschaftliche Bindungen das Verhältnis zu Rußland wesentlich stabilisieren.

Die Darmstädterin, die von dem Schicksal ihrer Vorgängerin ebenso wie von den zahlreichen Amouren des preußischen Thronfolgers unterrichtet gewesen sein mußte, begab sich nur schweren Herzens auf Wunsch ihrer Mutter nach Berlin, wo sie dann in der Tat ein Leben lang eine Scheinexistenz im Schatten ihrer großen Rivalin, die das Herz des Prinzen besaß, zu führen hatte. Aber angesichts ihrer kaum wegzuleugnenden Umzulänglichkeiten fügte sie sich schließlich ihrem Schicksal, das sie mit so vielen Prinzessinnen teilen mußte. Immerhin konnte sie zufrieden sein, eine so gänzende Heirat zu machen, und so erfolgte die Zusage auf den Heiratsantrag Friedrich Wilhelms, dem der Onkel wenigstens diesmal einräumte: »Es ist nicht leicht, einer Person einen Heiratsantrag zu machen, die man nie gesehen hat.«

Friedrich Wilhelm, für weibliche Reize allzu leicht entflammbar, muß von der Gattin, die man ihm zuführte, nicht gerade entzückt gewesen sein. Trotzdem hat er die ihm angetraute Frau zeit seines Lebens stets ritterlich behandelt. Daß sich keine Liebe einstellen konnte, wird man begreifen, wenn man der Charakteristik dieser preußischen Königin, die Friedrich August Ludwig von der Marwitz in seinen Erinnerungen von ihr entwarf, trauen darf.

»Sie war eine höchst seltsame Person«, berichtet er aus eigenem Augenschein. »Sie sah Gespenster und Geister und schlief am Tage, wachte bei Nacht, hatte immer zu große Hitze, so daß sie des Nachts im Sommer und im Winter im Hemde am offenen Fenster saß. Sie wurde vor der Zeit krumm, so daß sie, erst einige vierzig Jahre alt, schon den Kopf mit der Hand in die Höhe halten mußte, wenn sie jemanden ansehen wollte. Kurz, sie war ein unangenehmes Frauenzimmer, von niemandem geliebt.«

Dieses Charakterbild deckt sich übrigens mit Bemerkungen der Fürstin Radzwill, der Schwester des Prinzen Louis Ferdinand, die in ihren Memoiren über die damalige Königin von Preußen schrieb: »Sie ermangelte so sehr des Ordnungssinnes in ihrer Zeiteinteilung, ihrer Toilette und all ihren Gewohnheiten, daß der Prinz von Preußen sich dazu entschlossen hatte, die Verfügung über ihre beiderseitigen Tage völlig zu trennen. Er nahm sein Diner und Souper stets bei sich selbst ein. Friedrich II. deutete der Prinzessin an, was für Folgen daraus entstehen könnten; doch als sie wieder einlenken wollte, war es zu spät. Auch ihre Mutter, die »Große Landgräfin«, hatte sie gewarnt. In ihren Briefen aus Darmstadt mahnte sie die Tochter immer wieder, sie solle sich die Zähne putzen, reine Wäsche tragen, sie solle sich die Haare gleich nach dem Aufstehen machen lassen, sie solle sich nicht den Kopf kratzen, nicht in der Nase bohren.«

Immerhin kann man dieser skurrilen Frau nicht das Verdienst absprechen, zur Erhaltung der hohenzollerischen Dynastie Ungewöhnliches geleistet zu haben. Im September 1770 gebar sie den späteren Friedrich Wilhelm III., und bis 1783 kamen noch fünf andere Kinder zur Welt. Nur einmal im Leben setzte sie ihren Willen durch: nach der Geburt ihres sechsten Kindes und vierten Sohnes verweigerte sie dem König die weitere eheliche Gemeinschaft, da sie bei weiteren Geburten um ihr Leben zu bangen hatte.

Immer wenn sie angesichts ihrer vielen Rivalinnen mit dem Gedanken einer Scheidung spielte, wurde sie von ihrer Mutter an ihre Pflichten erinnert. »Bedenke den Ernst dieses Schrittes«, bekam sie zu hören. »Man wird Dir Deine Kinder rauben als einer Unfähigen für die Übermittlung von Einsicht und guten Grundsätzen. Du wirst nicht wagen, sie zu sehen als nur von Zeit zu Zeit. Du bringst Dich und mich in eine grausame Lage. Wenn ich in diesem Augenblick sterben müßte, so würde ich darüber keine Betrübnis empfinden.«

Trotz aller Spannungen ließ Friedrich Wilhelm es seiner Gemahlin gegenüber nicht an Großmut fehlen. Zuweilen erschien er sogar bei ihr zum Diner und erwies sich bei solchen Anlässen stets als Kavalier. Nach dem Tode seiner Mutter schenkte er ihr das Schloß Monbijou, wo sie nach freiem Ermessen Hof halten konnte. Ihre Apanage wurde damals drastisch erhöht, und der König zögerte auch nicht, zusammen mit den Schulden, die er selbst als Kronprinz gemacht hatte, auch die ihren mit Hilfe des Berliner Bankhauses Itzig zu bezahlen.

Die Erziehung ihrer gemeinsamen Kinder, die Friedrich Wilhelm augenscheinlich weniger als seine natürlichen Kinder am Herzen lagen, hatte Friedrich der Große selbst in seine Hände genommen. Er hatte sogar drakonisch verfügt, beide Eltern hätten sich in Erziehungsfragen nicht einzumischen. Er befürchtete nämlich, sein Nachfolger würde in seinen Erziehungsgrundsätzen eine entschieden religiöse Richtung bevorzugen. Er hatte sich nicht geirrt. In der Tat wurde nach dem Tode Friedrichs des Großen die Erziehung der preußischen Prinzen sogleich dem Grafen Brühl, einem Rosenkreuzer, übertragen.

Die Lebensgefährtin

Während seines Garnisondienstes in Potsdam ist der preußische Thronfolger gezwungen, so etwas wie ein Doppelleben zu führen. Immer wieder versucht er, aus der Monotonie Potsdams auszubrechen, um sich mit Kameraden in Berlin zu amüsieren. Der Hofklatsch will sogar wissen, daß er seine Nächte oft mit zweifelhaften Kumpanen und nicht weniger zweideutigen Mädchen zu verbringen pflegte. Auf solche Gerüchte hin, denen er nur zu gern sein Ohr leiht, läßt es sich der Onkel in Sanssouci einiges kosten, diese nächtlichen Unternehmungen seines Nachfolgers durch seine Spione beobachten zu lassen, die der Prinz dann mit Geld zu bestechen versucht.

Der damalige englische Gesandte James Harris, der die Berliner Szene genauestens überblickte, berichtete 1774 an seine Regierung nach London, der Prinz habe mehr als dreihunderttausend Taler Schulden und sogar die englische Vertretung um eine Anleihe ersucht.

»Es ist unmöglich, die Geldverlegenheit des Prinzen zu schildern«, vermerkt er in seinen Tagebüchern. »Sein Kredit ist ganz erschöpft, und dies in Verbindung mit dem Zustand von Unterwürfigkeit, in dem er sich befindet, drückt seinen Geist schon merklich nieder, und als ob das Schicksal nicht müde würde, ihn zu verfolgen, hat sein Ungestüm ihn während des Karnevals in eine schlimme Geschichte verwickelt, deren unangenehme Wirkung er noch fühlt und die er auch wahrscheinlich noch nicht so bald wieder loswerden wird, da sein Onkel vielleicht boshafterweise ihn nötigt, seinen militärischen Obliegenheiten weit strenger als gewöhnlich nachzukommen.«

Über die galanten Abenteuer des Prinzen weiß der Botschafter ein Jahr später bereits, zwischen Dichtung und

Wahrheit schwankend, folgendes zu berichten: »Der Prinz von Preußen bringt in jeder Woche vier bis fünf Stunden in Berlin zu, und seine französischen und deutschen Mätressen beschäftigen ihn so sehr, daß er an nichts weiter denkt. Die niedrigsten Auftritte fallen zwischen diesen Heldinnen vor. Die Französin zeichnet sich durch List und Koketterie aus, während die andere auf ununterbrochene Herrschaft pocht, die sie durch Drohungen und offene Gewalttätigkeit zu behaupten sucht.«

In diese Zeit seines Sturmes und Dranges fällt dann auch die schicksalhafte Begegnung des Prinzen mit der Musikantentochter Wilhelmine Encke. Wie es damals hieß, lernte er die erst Zwölfjährige im Haus des polnischen Grafen Matuschka kennen, dessen Geliebte Wilhelmines Schwester Renate Christiane war. Diese war von ihrem Vater als Figurantin an der Oper untergebracht worden. Friedrich Wilhelm pflegte mit anderen Offizieren der Berliner und Potsdamer Garnison im Hause des polnischen Grafen zu verkehren. Hier soll dem zufällig gerade eintretenden Prinzen eines Tages Wilhelmine, die wegen einer Nebensächlichkeit von ihrer Schwester gemaßregelt worden war, schluchzend in die Arme gelaufen sein. Friedrich Wilhelm tröstete sie und nahm sich von diesem Augenblick ab des hübschen Mädchens mit nie nachlassender Aufmerksamkeit und Zärtlichkeit an.

Es kann kaum daran gezweifelt werden, daß das frühreife und kluge Mädchen die einzige wahre und große Liebe des späteren Königs war und es auch bis zu seinem Ende geblieben ist. Auch Wilhelmine muß von Anfang an so etwas wie eine karmische Verbundenheit mit dem Prinzen empfunden haben. Jedenfalls ließ die gegenseitige Anziehungskraft zeit ihres Lebens nie nach. Die instinktsichere Wilhelmine traf dann sicher auch den wahren Tatbestand, als sie ihr Verhältnis zu ihrem »Herrn und Gebieter«, das sie alle Enttäuschungen und Demütigungen so vieler Jahre unangefochten überstehen ließ, so formulierte: »Die Freundschaft mit dem Könige beruht auf der Stimmung unserer Seelen auf einen Ton.«

Friedrich Wilhelm, der der unvergleichlichen weiblichen Ausstrahlung Wilhelmines vom ersten Augenblick an so unwiderstehlich verfallen war, setzte in den kommenden Jahren alles daran, sie nicht nur zu einem ihm bedingungslos ergebenen Geschöpf, sondern auch zu einem ihm durchaus ebenbürtigen geistigen Partner zu erziehen. Er bemühte sich daher redlich, ihre Bildungslücken zu schließen. Daher studierten sie in schöner Gemeinsamkeit Geschichte und Geographie, lernten fremde Sprachen, lasen antike Autoren und beschäftigten sich sogar mit der »Nouvelle Héloise« des französischen Umstürzlers Jean Jacques Rousseau, der heftig für eine Teilung der Gewalten plädierte und schon unbekümmert das bevorstehende Ende des absolutistischen Systems voraussagte. Schließlich krönte der Prinz die Erziehung der Geliebten zur königlichen Mätresse, indem er sie mit ihrer Schwester, der inzwischen von ihrem Mann getrennt lebenden Gräfin Matuschka, nach Paris schickte.

Die sechs Monate, die Wilhelmine in Paris verbrachte, um ihre Sprachkenntnisse zu vervollkommnen und bei dem damals berühmten Tanzlehrer Vestris im Tanz ausgebildet zu werden, waren für sie eine höhere Schule der gesellschaftlichen Bildung. Wenn sie später nach einem meteorhaften Aufstieg als Dame der Gesellschaft wie nur wenige auf dem Parkett brillierte, so hat sie diese Sicherheit nicht zuletzt diesen Wochen in der Lichterstadt an der Seine zu verdanken.

Mit gutem Recht kann sie später nach ihrem spektakulären Fall in ihrer »Apologie«, die sie nach dem Tode ihres Königs verfertigte, um jeden Schuldzuspruch mit guten

Argumenten von sich zu weisen, über ihren ungewöhnlichen Bildungsgang berichten: »Es ist keine Prahlerei, wenn ich sage, daß unter tausend Geliebten der Fürsten nicht eine ist, die sich mit mir vergleichen läßt. Sie können mich an Reizen des Körpers und an Vorzügen des Geistes bei weitem übertroffen haben, aber ihr Geist war nicht durch den Geliebten selbst gebildet. Es entstand ein ungleich edleres Band, als das physische knüpfen kann.

Gleich im ersten Jahr unserer Bekanntschaft bei Gelegenheit dieses Unterrichts geschah es, daß sich einst das Herz des Kronprinzen auf eine äußerst liebevolle Weise gegen mich ergoß. Indem er mir gestand, daß er viele Fehler und mitunter Laster gegen mein Geschlecht begangen, gab er mir die heilige Versicherung, daß er mich nie verlassen werde. Bei seinem fürstlichen Ehrenworte beteuerte er mir, wenn ich früher als er sterben sollte, mir als derselbe zärtliche Freund wie bisher die Augen zuzudrükken. Mit einem Federmesser, das er eben, um meine Fehler zu korrigieren, in der Hand hielt, machte er sich einen Ritz in den Ballen der linken Hand, drückte das Blut aus und schrieb mir diese Versicherung auf einen kleinen Zettel von ungefähr drei Zeilen nieder. Diese Handlung erschütterte mich so sehr, daß ich mich hierüber nicht zu fassen wußte. Er verlangte von mir ein Gleiches. Die Worte, die ich mit meinem Blute niederschrieb, waren die Erwiderung seiner eigenen, nämlich, daß ich ebenfalls bis zu seinem Tode seine unveränderliche Freundin bleiben und ihn nie verlassen wolle. Nach seinem Tode wird man zuverlässig unter seinen Papieren meinen Zettel gefunden haben.«

Die Worte, die der Prinz damals in der glücklichen Eingebung eines besonderen Augenblicks niederschrieb, lauteten: »Bei meinem fürstlichen Ehrenwort, ich werde dich nie verlassen. Fr.W., Prinz von Preußen.«

Noch als Gräfin Lichtenau zeigte Wilhelmine am Ende ihres bewegten Lebens, das ganz ihrer großen Liebe gehörte, die Narbe der Wunde an ihrer linken Handfläche, aus der sie damals das Blut entnommen hatte. Die geschichtliche Gerechtigkeit muß ihr bestätigen, daß sie ihrem damaligen Schwur bis zum letzten Atemzug des Königs treu geblieben ist.

Im Jahre 1752 in Dessau geboren, war Wilhelmine elf Jahre später nach Berlin verschlagen worden, wo ihr Vater eine Berufung als Waldhornist in der Hofkapelle Friedrichs des Großen erhalten hatte. Dieser Vater muß demnach ein besonders versierter Musiker gewesen sein, der sich durchaus auf höfischem Parkett zu bewegen verstand. Die Mutter Wilhelmines, aus Freiburg im Breisgau stammend, gehörte sogar der Familie des Feldmarschalls Freiherrn von Bender an, der in österreichischen Diensten eine steile Karriere gemacht hatte.

Die Chronik der Romanze des preußischen Thronerben mit der Waldhornistentochter läßt noch einmal alle Höhen und Tiefen menschlichen Schicksals hell aufleuchten. Obwohl beide wie auf einen Ton gestimmt erscheinen, bleiben ihnen Haß, Anfeindungen und Verleumdungen nicht erspart. Bereits im ersten Aufflammen ihrer Liebe mußte Friedrich Wilhelm die jugendliche Geliebte 1767 vor den Spitzeln seines mißtrauischen Onkels in einem einsamen Heidedorf bei einem Förster verbergen. In wilden nächtlichen Parforceritten, die von der unverwüstlichen körperlichen Konstitution Friedrich Wilhelms zeugen, pflegte er sie für ein paar glückliche Stunden von Potsdam aus aufzusuchen. Am frühen Morgen mußte er sich dann jedesmal wieder pünktlich bei der Truppe im Lustgarten einfinden.

Hier in Falkenhagen bei Finkenkrug brachte Wilhelmine ihr erstes Kind zur Welt. Es folgten dann noch zwei weitere, die kurz nach der Geburt starben. Die Briefe, die beide in diesen Wochen und Monaten austauschten, sind Dokumente einer großen Leidenschaft, die sich mit den Jahren immer mehr zu einer unverbrüchlichen menschlichen Verbundenheit steigerte.

»Mein allerliebster, charmanter Engel«, schreibt der empfindsame junge Mann, der einmal als preußischer König einer der mächtigsten Herren dieses Erdteils sein wird. »Ich bin ganz glücklich gestern Abend um acht Uhr hier angekommen. Ich hätte noch eher kommen können, aber weil ich mir nicht viel daraus machte, ein fatales Pflaster zu sehen, so habe ich mich eben nicht sehr gesputet. Ich habe diese Nacht recht viel von Dir geträumt, daß wir beieinander wären und viele Tauben um uns hatten. Ich glaube, das ist gut. Es ist mir recht ängstlich vorgekommen, so alleine ohne Dich in dem Bette zu liegen, und es hat mir entsetzlich gefroren.

Tue mir den Gefallen, mein Engel, an Christian die Maße von Deinem Finger zu geben, um daß er für Dich den Ring bestellt. Sage nur Christian, wie Du ihn haben willst, ob er mit oder ohne Blume sein soll, und im Ring wollen wir uns setzen lassen: Berlin, d. 27. Januar 1770, L.P.G.

Du kannst dieses von Christian abschreiben lassen, um daß er es bestellt. Aber wenn er fertig ist, so mußt Du mir den Ring schicken. Du wirst auch den noch behalten, den Du für mich bestellt hast, bis wir uns wiedersehen. Dann werden wir unsere Ringe miteinander wechseln.

Morgen werde ich die beiden atlassenen Kleider nach Berlin schicken. Sage nur Christian, daß er die Kleider um acht Uhr des Abends von dem Bauern abholt. Die beiden neuen Proben, die Du Dir gestern ausgesucht hast, werde ich auch heute abend wegschicken, um die Kleider bald zu kriegen.

Ich danke Dir noch tausendmal für all die Freundschaft und Liebe, die Du mir erzeigt hast während der glücklichen

Zeit, die Du hier gewesen bist. Deine Liebe macht mich zum glücklichsten Menschen von der Welt, und solange noch ein Blutstropfen in meinen Adern sein wird, so werde ich all mein Möglichstes tun, um mir Deine Liebe und Treue allzeit würdig zu machen, und werde Dich zum wenigsten so lieben, als Du mich liebst, und werden von keinen fremden Leuten Ringe annehmen. Adieu, schönstes, allerliebstes Riekchen. Vergesse Deinen treuen Diener nicht, der Dich aus Herzens Grunde anbetet.«

Am 27. Januar 1770, also nur wenige Monate nach seiner Vermählung mit der Darmstädterin, tauscht Friedrich Wilhelm mit der damals achtzehnjährigen Wilhelmine die Ringe. Wenig später gelingt es ihm auch, sie bei Leuten seines Vertrauens in Potsdam unterzubringen, um sich die anstrengenden und oft lebensgefährlichen Ritte durch die Nacht zu ersparen. Sie wohnt vor dem Berliner Tor im Hause des Schloßgärtners Rietz, dessen Sohn dann später noch in ihrer beider Leben eine bestimmende Rolle spielen wird. Nach Einbruch der Dunkelheit, so wird erzählt, machte er oft mit Wilhelmine Bootsfahrten auf dem Heiligen See, wobei der erst zwölfjährige Hannes Rietz den Kahn ruderte und Zeuge dieses preußischen Liebesidylls wurde.

Mit diesem Ortswechsel ist Wilhelmine zunächst einmal den Blicken der Aufpasser des Königs entzogen. Madame Girard von der französischen Kolonie erteilt ihr in dieser relativ unbeschwerten Zeit Unterricht, und wie immer erweist sich Wilhelmine als eine besonders gelehrige Schülerin. Sie ist inzwischen zu einer Schönheit herangereift, wie sie die bekannte Berliner Malerin Anna Dorothea Therbusch - Lizewska der Nachwelt überliefert hat.

Im Jahre 1776 gibt Lord Malmesbury ein anschauliches Bild der Favoritin des Prinzen von Preußen. Da heißt es dann: »Sie ist groß von Person, munter im Aussehen, nachlässig in ihrer Kleidung und gewährt eine wahrhaftige

Vorstellung von einer vollkommenen Bacchantin... Der Prinz ist ihr gegenüber äußerst freigiebig, und sie allein vertut das ganze Einkommen, das er vom König erhält. Sie erwidert allerdings diese Großmut auf die beste Weise, die in ihren Kräften steht, denn, indem sie ihm versichert, daß er im alleinigen Besitz ihrer Liebe und Zärtlichkeit stehe, verlangt sie keineswegs dieselbe Treue von ihm, sondern bemüht sich im Gegenteil, soviel sie kann, seine Wünsche zu befriedigen, so oft dieselben aus Unbeständigkeit oder Übersättigung an einem neuen Gegenstande haften. Dabei ist sie so gewandt, daß sie ihm niemals einem Frauenzimmer bekannt werden läßt, von dem zu erwarten stände, sie werde ihr den Rang streitig machen in der Herrschaft über den Prinzen. Ihre Wahl und glücklicherweise für sie auch die seinige fällt gewöhnlich auf Frauenzimmer von der niedrigsten Gattung. Diese Vergnügungen, die einzigen, an denen er Geschmack findet, nehmen den größten Teil seiner Muße in Anspruch; der Rest seiner Zeit vergeht entweder auf der Parade, in Begleitung des Königs oder mit der Toilette, welche er, sooft es ihm möglich wird, seine Uniform beiseite zu legen, mit raffinierter Kunst handhabt.

Er ist sogar genötigt, einen Kammerdienser zu halten, der Espère en Dieu heißt und beständig zwischen Potsdam und Paris unterwegs ist, um die zeitigste Nachricht von jeder Änderung in den Moden zu bringen. Da nun Espère en Dieu seine Erkundigungen bloß bei seinen Kollegen, den Friseuren einzieht, so ist es sehr leicht möglich, daß die, welche seinen Instruktionen folgen, fälschlich als zu dieser Klasse gehörig betrachtet werden.«

Natürlich sind auch diese Ausführungen des ehrbaren Lord nicht frei von jenen tendenziösen Verdrehungen, die sich ein ausländischer Hofberichterstatter damals als unumgängliches Pflichtpensum auferlegen mußte, um kreditwürdig zu erscheinen. Von einem verschwenderischen

Leben dieser preußischen Mätresse konnte jedenfalls kaum die Rede sein. Im Gegenteil scheinen die finanziellen Miseren des Prinzen und seiner Geliebten gerade damals höchst beklagenswerte Formen angenommen zu haben. Wilhelmine war oft sogar gezwungen, für sich und die Kinder ihre spärlichen Mahlzeiten aus einem öffentlichen Speisehaus zu beziehen. »Eine ärmere Geliebte eines künftigen Thronerben hat es schwerlich hier und irgendwo gegeben«, erinnert sie sich daher auch später in ihrer »Apologie« an diese Zeit. »Ich war Mutter und litt nicht selten Not. Andere verstanden es besser, indem sie sich erst von Pluto reiche Opfer bringen ließen, ehe sie der paphischen Gottheit aufopferten.«

Ihre Lage verbesserte sich erst, als der König selbst gestaltend in ihre Verhältnisse eingriff. Er hatte sich nämlich mit dem Gedanken abgefunden, daß sein langer Neffe nicht ohne eine Mätresse leben könnte, und so zog er das kleinere Übel dem größeren vor; denn die Vorstellung, daß Friedrich Wilhelm mit ausländischen, vornehmlich aber französischen Sängerinnen und Aktricen Umgang pflegen könnte, hätte ihn ungleich mehr beunruhigt. Immun gegen solche Versuchungen war der Prinz nämlich keineswegs, wie man allgemein wußte, und so konnte im Frühjahr 1776 der in Potsdam stationierte Leutnant von Bayern an Goethes Freund Knebel, der damals gerade von Berlin nach Weimar übergesiedelt war, folgenden Lagebericht übermitteln: »Sie wissen, daß schon zu Ihrer Zeit Mademoiselle Encke sehr in Gunst stand. Das ging gut, bis vor etwa drei Monaten Mlle. Valmore erschien. Sie goutierte im letzten Karneval. Alle Welt war von ihrer Erscheinung und ihrer angenehmen, wenn auch kleinen Stimme entzückt... Schließlich hatte sie sehr viel Schmuck, hielt eine großartige Equipage, prunkvolle Dienerschaft, hatte zwei Häuser, Köche und lebte überhaupt auf großem Fuße. Wer nicht hinter die

Kulissen schaute, war überrascht, so viel Aufwand bei einer Schauspielerin zu sehen.

Plötzlich verschwand sie aus Berlin, man sagt, auf Befehl des Königs, kam aber bald wieder und lebte mit demselben Aufwand weiter. Rietz hat sie am hellen Tage im Schlitten gefahren. Eben ist alles offenbar geworden, und die Encke, die Mutterfreuden entgegensieht, droht, die Valmore zu erdolchen, wo sie sie träfe. Man spricht übrigens unterschiedlich über die Encke, die durchaus nicht völlig in Ungnade ist. Andere sagen, daß sie sogar wieder ausgesöhnt sei. Die ganze Situation erinnert sehr an Fernando, wie er zwischen Stella und Cecilie steht, und es ist sehr wohl möglich, daß das Ende des Stückes auch das gleiche ist. Die Valmore soll übrigens die Mätresse des Prinzen Conti gewesen sein.«

Der König, der durchaus Verständnis für den Geist oder Ungeist seines galanten Zeitalters aufbrachte, ohne an ihm zu partizipieren, hatte sich wohl oder übel mit der Existenz der Encke abgefunden und versuchte, das Beste aus der für ihn so unangenehmen Situation herauszuschlagen. Da er eingesehen haben mochte, daß sein Neffe »merkwürdigerweise ohne Liebe nicht auszukommen vermag«, wie er sich auszudrücken beliebte, gab er zu erkennen, »daß es ihm seinerseits bedeutend angenehmer ist, Seine Königliche Hoheit schenke seine Huld einem einfachen preußischen Frauenzimmer als irgendeiner Hure vom Theater oder aus dem Auslande, die doch nur spionieren. Seine Majestät sind gewillt, Mademoiselle Wilhelmine Encke als offizielle Mätresse des Prinzen von Preußen anzusehen und haben derhalben die Gnade, für Mademoiselle Encke zwanzigtausend Taler auszuweisen zum Bau und zur Ausstattung eines Hauses, welchem sie würdig repräsentieren kann.

Selbstverständlich möchte Seine Majestät der künftigen Gemahlin, Luise von Hessen - Darmstadt, die freie Entscheidung überlassen, wie sie sich gesellschaftlich zur Mätresse ihres Gemahls zu stellen wünscht. So macht Seine Majestät die Bedingung, daß Mademoiselle Encke sobald wie möglich mit einem angesehenen, ihrem Stande angemessenen Manne eine bürgerliche Ehe eingeht, mag es um diese bestellt sein, wie es will. Seine Majestät stellt dafür eine passende Assiette und eine exquisite Aussteuer in Aussicht!«

Nach langen Überlegungen über die Wahl einer geeigneten Persönlichkeit für diese Scheinehe fiel die Wahl auf den schon bekannten Hannes Rietz, der als Kammerdiener eingestellt worden war und es dann später noch zum besonderen Günstling und Tresorier Friedrich Wilhelms bringen sollte.

Wegen eines juristischen Formfehlers konnte diese Ehe, die auch formell niemals vollzogen wurde, nach dem Regierungsantritt des Prinzen dann ohne Mühe wieder aufgelöst werden. Rietz aber blieb eine unauswechselbare Figur in der Biographie des Königs. Er begleitete diesen auch auf seinen Kampagnen, und in Frankreich traf er sogar mit Goethe zusammen, der von der naiven Bonhomie dieses Potsdamers ein treffendes Bild entwarf: »An der langen sehr besetzten Wirtshaustafel saß ich an einem Ende, der Kämmerer des Königs von Preußen, Rietz, an dem anderen, ein großer, wohlgebauter, starker, breitschultriger Mann, eine Gestalt, wie sie dem Leibdiener Friedrich Wilhelms II. ganz wohl geziemte. Er mit seiner Umgebung waren sehr laut gewesen und standen frohen Mutes von der Tafel auf, ich sah Herrn Rietz auf mich zukommen, er begrüßte mich zutraulich, freute sich meiner langgewünschten, endlich gemachten Bekanntschaft, fügte einiges Schmeichelhafte hinzu und sagte sodann: Ich müsse ihm verzeihen, er habe noch ein persönliches Interesse, mich hier zu finden und zu sehen. Man habe gegen ihn bisher immer behauptet, schöne Geister und Leute von Genie müßten klein und hager, kränklich und vermickert aussehen, wie man ihm denn dergleichen Beispiele genug angeführt. Das habe ihn immer verdrossen, er glaube doch auch nicht auf den Kopf gefallen zu sein, sei aber dabei gesund und stark und von tüchtigen Gliedmaßen; aber nun freue er sich, an mir einen Mann zu finden, der doch auch nach etwas aussehe und den man deshalb nicht weniger für ein Genie gelten lasse. Er freue sich dessen und wünsche uns beiden lange Dauer eines solchen Behagens.«

Nach der formellen Eheschließung mit Rietz erhielt »Madame Rietz« als die sie nunmehr im Bewußtsein ihrer Landsleute und der Welt auftrat, ein Landhaus in Charlottenburg, das vordem eine zeitlang dem nach Ostpreußen in eine entlegene Garnison versetzten Grafen Schmettau gehört hatte. Das Haus wurde für 20 000 Taler erworben, darüber hinaus erhielt Wilhelmine eine jährliche Zulage von 30 000 Talern. Von nun an konnte der Prinz mit offizieller Erlaubnis des Königs, der die Rietz endlich aus seinem Potsdamer Umkreis entfernt hatte, aufsuchen, sooft er nur wollte. Vom Charlottenburger Schloß aus war dieses Liebesnest, das unmittelbar am Ufer der Spree lag, ohne besondere Mühe schnell zu erreichen.

In diesem Charlottenburger Idyll verlebte Wilhelmine die sicher sorglosesten und glücklichsten Jahre ihres Lebens. Hier gebar sie dem Thronfolger ihre Kinder, den Grafen Alexander von der Mark, und zwei Jahre darauf die Gräfin Marianne von der Mark, die sie als einziges ihrer Kinder überleben sollte.

Gleichwohl gab es zuweilen merkliche Eintrübungen dieses sonst ungestörten Verhältnisses, so etwa als Wilhelmine um Erhöhung ihrer Apanage einkam und mit einem Rittmeister Guarneri, einem ihrer vielen Verehrer, flirtete, um Friedrich Wilhelm aus seiner Reserve zu locken. Die

Antwort des Prinzen fiel dann auch entsprechend herzerfrischend aus:

»Zwanzigtausend Taler sind für Sie wohl ein Frühstück?« donnert er temperamentvoll drauflos. »Einige Tonnen Goldes wären nicht hinreichend für Sie. Erinnern Sie sich an Paris. Ich bin nicht geizig... Ich schrieb lange nicht, weil ich keine Lust hatte, meine Briefe zu des Herrn Rittmeisters Lektüre zu schicken...

Aus Ihrem Brief mach' ich zwei Schlüsse, nämlich, daß Sie so grausam als ein Geier das Leben und mein Herz aus dem Leibe herauskratzen wollen, um mir schon auf Erden einen Vorgeschmack der Höllenpein zu geben. Da Sie es aber einmal darauf angelegt haben, so könnte es ja durch ein Döschen Gift, in Tee oder Milch präpariert, geschehen, wenn ich nach Hause zu Ihnen komme, um mir ein Vergnügen zu machen; oder wenn ich in Ihrem Bette ruhig schlafe, können Sie mir gleich eine andere Macbeth ein Schermesser an der Gurgel applizieren oder ein Kügelchen in den Kopf! Das wären promptere und zugleich menschlichere Mittel zu Ihrem Ziel als das, was Sie erdacht haben, um mich durch Ihren abscheulichen Humor auf die Bahre zu bringen. Warum sind Sie denn so lange vernünftig gewesen, um sich an jetzo in eine solche schändliche Raserei zu stürzen? Wenn ich mich in diesem Schluß irren sollte, so muß Ihre Raserei wieder von Kanaillen herrühren, die Ihnen neue Dinge weisgemacht haben, und da sind Sie wieder in Ihren alten Fehler geraten, alles blindlings zu glauben, was Ihnen Galgenschwengel weismachen.

Sie glauben wohl, daß ich sehr vergnügt leben muß, wenn mich die schwere Not nicht auf der Stelle rühren soll, wenn ich solche Furienbriefe von Ihnen bekomme zur Antwort auf einen, in dem ich Ihnen alles Tendre sage. Sie verjagen mich noch eher aus meinem Vaterlande als der vermaledeite F. Ich hätte nicht gedacht, daß eine Person, die ich so liebe, mich so außer mir bringen könnte. Den ersten Juni gehe ich weg und fliehe diesen verdammten Ort und alle wilden Tiere, die hier meine Folter waren.

Lassen Sie ja diesen Brief nach Ihrer löblichen Gewohnheit auf allen Tischen herumliegen, daß ihn die ganze Welt liest. Tun Sie es ja, um noch einen Nagel mehr an meinem Sarge zu schlagen.«

Nach dieser so herzerfrischenden phantasiereichen Philippika besänftigt sich das cholerische Temperament des Prinzen schnell wieder. Er ist kein Mann, der anderen etwas nachträgt, und hat ein weites Herz. Bald taucht er schon wieder in seinem Liebesnest an der Spree auf. Dabei überließ er es großzügig der Phantasie seiner Untertanen, vor allem der spottsüchtigen Berliner, sich auszumalen, welche Orgien sich hinter den verhangenen Fenstern dieses Charlottenburger Hauses abspielen. In Wirklichkeit verhält es sich so, daß Wilhelmine über beachtliche kommunikative Talente verfügt, die das nicht gerade glanzvolle gesellschaftliche Leben in Berlin auf ein merklich höheres Niveau heben. Trotzdem schildern die fingierten Briefe, die man in ihrem Namen erscheinen läßt, von rauschenden Ballnächten, die es in diesen Räumen nie gegeben hat. Man versucht, mit allen nur erdenklichen unfairen Mitteln gegen diese Tochter des Glücks Stimmung zu machen.

»Alles erscheint in leichten Anzügen«, heißt es da etwa in solchen Kolportageschriften, »um die Sinne des Königs zu reizen. Den Anfang der Lustbarkeiten macht eine italienische Vorstellung, Hymens Nachtwache genannt. Tänzer und Tänzerinnen ahmen hier im strengen Stil die schöne Natur nach. Nach der Vorstellung ist Ball. Ein Ball ist ein herrliches Mittel, die Sinne zu reizen. Dann bring' ich den König in eine Zaubergrotte, wo meine Ottomane à la Pompadour ihre Wirkung tun soll. Ich hab' die kleine Tänzerin Schulzin dazu abgerichtet, die eine badende Venus vorstellen und den König in die Grotte begleiten wird. Das soll ein Fest sein! Neulich schon hat der König zu mir gesagt: Du bist doch ein gutes Weib, Minchen! Mit Aufopferung Deines Vergnügens sorgst Du für das meine!«

Besser kommt »Madame Rietz« in der Schrift »Die preußischen Staaten vor und nach dem 16. November 1787« davon. Der anonyme Autor läßt sich darin folgendermaßen über das gesellschaftliche Leben im Umkreis der Encke aus: »In der Tat hatte sie einen guten Geschmack, verfeinerte Sitten, Menschenkenntnis, eine große Fertigkeit in den vorzüglichsten modernen europäischen Sprachen, sowie sich Kenntnisse in der Malerei, Dichtkunst und Musik zu eigen gemacht. Sie hatte sich daneben in alle die tausend Kleinigkeiten hineingelebt, die eine Dame von feinem Weltton, Anstand und Würde ausmachten. Sie dachte richtig und scharf, empfand tief und stark und wußte ihre Gefühle und Ideen mit Anmut an den Mann zu bringen. Eine Menge von Anekdoten aus dem Gebiet der schönsten Künste und Wissenschaften, des Hof- und Weltlebens stand ihr neben einer Fülle von Bonmots, geistreichen Einfällen und drastischen Bemerkungen jederzeit zu Gebote. Im Verlaufe eines herzlichen Gespräches wußte sie damit jeden ihrer Gedanken am gehörigen Orte und zur gehörigen Zeit zu schmücken und ihm das Gepräge zu geben, als komme er aus einem unbefangenen und naiven Herzen...

Der König fand bei ihr allezeit warme Teilnahme, geistige Anregung, Herz und feine Gefühle. Sie hatte dem König gleichsam das Idealbild, das er sich von einem Weibe gemacht hatte, aus dem Herzen gestohlen und suchte dieses Ideal darzustellen und in sich zu verwirklichen. Ein solches Weib muß gefallen, fesseln und bezaubern.«

Tatsächlich scheint der unbekannte Verfasser dieser Schrift die heimlichen Absichten dieser einfühlsamen Frau getroffen zu haben. In ihrer »Apologie« konnte sie jedenfalls ihr Verhältnis zum König auf folgende Formel bringen: »Friedrich Wilhelm II. hatte an mir einen Freund, ohne alle Rücksicht auf das Geschlecht, einen Freund, den er sich selbst gebildet, nicht um ihm regieren zu helfen, sondern um bei ihm in freien Stunden die Sorgen der Regierung und den Zwang des Hofes zu vergessen und sich in der Abwesenheit seiner nicht Staats-, sondern Herzensangelegenheiten vor ihm auszuschütten. Anstatt hierin ein Verbrechen zu finden, sollte man, glaube ich, allen Regenten einen solchen Freund wünschen, der treulich bis in den Tod ausdauert.«

Nichts verkehrter daher, als der Gräfin Lichtenau den Titel einer »deutschen Pompadour« zulegen zu wollen. Sie hat nämlich nie Profit aus ihrer favorisierten Stellung geschlagen, noch hat sie Einfluß auf die Staatsgeschäfte zu erlangen versucht, sondern sich stets mit der Dezenz der liebenden Frau im Hintergrund gehalten und erst spät um ihrer Kinder willen ihre Nobilitierung erbeten.

Die Rosenkreuzer

Gleich nach dem Regierungsantritt überraschte Friedrich Wilhelm die Berliner damit, daß er - ganz im Gegensatz zu seinem freidenkerischen Vorgänger - am sonntäglichen Gottesdienst teilnahm. Aber weniger die durch die Aufklärung spirituell ausgelaugte, nur noch moralisierende Kirche als vielmehr die Geheimorden, die damals gewaltig im Kommen waren, entsprachen seiner eher zum Mystischen hin tendierenden religiösen Veranlagung. In den Logen, die eben noch als Vorkämpfer der Aufklärung und eines militanten Antiklerikalismus gegen jede nur denkbare Erscheinungsform eines unqualifzierten Mystizismus vom Leder gezogen hatten, wurde ein Spiritualismus zelebriert, der nur als radikale Gegenbewegung gegen jene Aufklärung zu verstehen ist, die eben noch den Triumph der menschlichen Vernunft gefeiert hatte, aber nur zu bald im Niemandsland einer sterilen Orthodoxie versandet war. Offenbar war man an der Grenze menschlicher Erkenntnismöglichkeiten angelangt und begann an der Allmacht der zur Gottheit erhobenen menschlichen Vernunft zu zweifeln. Und wieder einmal schoß man gehörig übers Ziel hinaus: Man verlor sich in eine oft unerträgliche mystische Schwärmerei, die sich bis hin zu einer abstrusen Wundergläubigkeit und zur Ausschaltung aller rationalen Kontrollmöglichkeiten steigern konnte.

Überall sah man mit einem Male höhere Mächte am Werke, die gestaltend ins menschliche Leben eingriffen. Alchemie und Astrologie, die man längst als Relikte des finstersten Mittelalters durch die Argumente der reinen Vernunft für widerlegt gehalten hatte, hatten wieder einmal ihre große Stunde. An den europäischen Höfen tauchten mit einem Schlage Scharlatane, Wundermänner und geschickte Taschenspieler auf und schlugen aus der Leichtgläubigkeit der Mächtigen ihren Profit. Die Grenzen zwischen seriöser Wissenschaftlichkeit und reinem Bluff verwischten sich zusehends, und nur wenige konnten in diesem Zwischenreich noch zwischen Dichtung und Wahrheit unterscheiden.

Der Orden der Rosenkreuzer fing wohl am geschicktesten diesen psychologisch nur allzu begreiflichen Zeittrend auf. Als Okkultisten erhoben sie den Anspruch, nicht nur die Freigeisterei, die einen moralischen Erdrutsch ausgelöst hatte, endgültig widerlegt zu haben. Sie trieben darüber hinaus auch einen beeindruckenden theosophischen, magischen und kabbalistischen Kult, der seine Faszination auf mystisch eingestimmte Gemüter kaum verfehlen konnte. Schließlich fühlten sich die Rosenkreuzer im Besitz der durch die Tempelherren auf Christian Rosenkreuz vererbten alten ägyptischen Weisheit und machten alle Anstrengungen, den Stein des Weisen zu finden oder etwa auch sogenannte Lebenselexiere herzustellen, von deren Wirkung man sich so etwas wie eine irdische Unsterblichkeit versprechen mochte. Sie versuchten sich sogar immer wieder in der allerdings vergeblichen Kunst, Gold und Edelsteine künstlich herzustellen und Tote erscheinen und sprechen zu lassen.

Friedrich Wilhelm war als fanatischer Wahrheitssucher, dem die Antworten des sich leerlaufenden Rationalismus seiner Zeit unmöglich ausreichen konnten, seinem gesamten geistigen Habitus entsprechend für diesen neuen Mystizismus geradezu prädestiniert. Ihn brauchte man nicht erst nachdrücklich davon zu überzeugen, daß es zwischen Himmel und Erde Dinge gibt, von denen sich unsere Schulweisheit nichts träumen läßt, und daß bei der Gestaltung menschlicher Schicksale geheime Mächte mit im Spiel waren. Er mühte sich vielmehr zeit seines Lebens darum, ihrem Geheimnis auf die Spur zu kommen. Schon 1770 hatte er der preußischen Mutterloge seinen fürstlichen Schutz zugesagt, zwei Jahre später war er in die Hallesche Loge zu den Drei Degen als Freimaurer aufgenommen worden, und im Oktober 1772 wurde er zum Ehrenmitglied der Loge zu den Drei Goldenen Schlüsseln ernannt. Sein eigentliches, sein ganzes Leben bestimmendes esoterisches Durchbruchserlebnis aber datiert aus den Tagen des Bayrischen Erbfolgekrieges, als er sich im Lager von Schatzlar befand. Damals hatte er sich in einer geheimnisvollen Nacht plötzlich wie von einer Geisterhand angerührt gefühlt, und eine ihm überirdisch erscheinende Stimme hatte ihm wiederholt das Wort »Jesus« ins Ohr geflüstert. Diese Stunde hat er später stets als das »größte Erlebnis seines Lebens« betrachtet. Im Innersten seines Wesens aufgewühlt, vertraute er sich damals dem Lieblingsneffen Friedrichs des Großen, Friedrich August von Braunschweig, an, der eine der führenden Positionen innerhalb der deutschen Geheimbünde einnahm. Dieser bestärkte den preußischen Thronfolger in seinem Geisterglauben, ließ ihn in die Mysterien der Rosenkreuzer einführen, und am 5. April 1781 wurden der Prinz von Preußen in Dresden unter dem Ordensnamen Ormesus in den Orden aufgenommen. In Gegenwart von Bischoffswerder, der ein Freibataillon in der Armee des Prinzen Heinrich geführt hatte, wurde er von Wöllner eingesegnet und legte bei dieser Gelegenheit seinen Eid ab:

»Mich in der Furcht Gottes beständig zu üben. Die Liebe des Nächsten vorsätzlich nie zu betrüben. Die Höchste Verschwiegenheit unfehlbar zu halten. In unverbrüchlicher Treue für den Orden zu eralten. Den Oberen allen Gehorsam zu erzeigen. Der Verbrüderung kein in ihr Fach schlagendes Geheimnis zu verschweigen.«

Mit diesem Eid und dem Versprechen, den alten Adam abzulegen und einen neuen Menschen anzuziehen, hatte er zugleich die stillschweigende Verpflichtung übernommen, »Millionen von Seelen vor dem Untergang zu retten und das ganze Leid wieder zum Glauben an Jesum zurückzubringen«. Hatte er bis dahin in seinen Gewissensangelegenheiten vergeblich auf die Hilfe eines längst abgestorbenen Kirchenglaubens gesetzt, so erhoffte er sich nun von den Rosenkreuzern Antworten auf die ihn zutiefst bewegenden metaphysischen Fragen, die ihm auf der Seele brannten. Erstaunlich war es immerhin, daß seine Ordenszugehörigkeit auch später nicht den geringsten Einfluß auf die oft so schwerwiegenden Entschlüsse des Königs gehabt hat. Er fühlte sich stets in erster Linie als Militär und Staatsmann, dem die Last der Verantwortung für Preußen auferlegt war, und erst dann als Rosenkreuzer.

Friedrich Wilhelm zeigt sich natürlich hocherfreut, nunmehr endlich so etwas wie eine geistige Heimat gefunden zu haben. Der Eifer, mit dem er sich sogleich der neuen esoterischen Erkenntnis bemächtigt, wird von den Oberen des Ordens mit Genugtuung vermerkt. Bischoffswerder kann bereits in diesen Tagen feststellen: »Er arbeitet mit Ernst an der Unterdrückung seiner sinnlichen Triebe und spricht mit so viel Wahrheit und Rührung über seinen inneren Zustand, daß ich mich der Tränen nicht enthalten kann.«

Dieser später so arg diskriminierte Bischoffswerder, drei Jahre älter als der Prinz, blieb von nun an eine der zentralen Gestalten im Leben Friedrich Wilhelms. Als Stallmeister des Herzogs von Kurland, eines sächsischen Prinzen, war er früh mit dem Okkultismus in Berührung gekommen, nachdem er als Adjutant des großen Reiterführers Seydlitz auf preußischer Seite mitgekämpft hatte. Dieser Herzog von Kurland hatte sich allen okkulten Erscheinungen durchaus aufgeschlossen gezeigt, und »so konnte es nicht ausbleiben«, bemerkt Theodor Fontane, der sich als einer der ersten um eine Rehabilitation des viel gelästerten Bischoffswerder und anderer Rosenkreuzer bemühte, »daß er wie alle übrigen Personen des Hofes zu jenen Alchimisten und Wunderleuten in nähere Beziehung trat, die damals beim Herzog aus- und eingingen. Unter diesen war Johann Georg Schrepfer der bemerkenswerteste. Er besaß einen »Apparat«, der so ziemlich das Beste leistete, was nach dieser Seite hin in damaliger Zeit geleistet werden konnte. Dazu war er kühn und von einem gewissen ehrlichen Glauben an sich selbst. Es scheint, daß er, inmitten aller Betrügereien, doch ganz aufrichtig die Meinung unterhielt: Jeder Tag bringt Wunder, warum sollte am Ende nicht auch mir zuliebe ein Wunder geschehen! Als trotz dieses Glaubens die eingesiegelten Papierschnitzel nicht zu Golde werden wollten, erschoß er sich im Leipziger Rosenthal (1774). Bischoffswerder war unter den Freunden, die ihn auf diesem Gang begleiteten, und denen er eine ›wunderbare Erscheinung‹ zugesagt hatte«.

Vor seinem Selbstmord hatte Schrepfer seinen Freunden und Adepten erklärt, er werde seine Schulden so gewiß tilgen, wie er jetzt vor den Augen der Zuhörer einen eindrucksvollen Kontakt zur Geisterwelt herstellen werde. Mit diesen Worten zog er seine Pistole und erschoß sich.

Bischoffswerder konnte auch durch dieses desillusionierende Ende Schrepfers in seinem Geisterglauben nicht erschüttert werden. Er hatte die »Apparate« des Toten geerbt, ohne allerdings jemals Gebrauch von ihnen zu machen. Von einer Zitierung der Geister Marc Aurels oder des Großen Kurfürsten in Gegenwart Friedrich Wilhelms im Charlottenburger Belvedere, die man ihm andichtete, kann, wie neuere Forschungen ergeben haben, in Wahrheit natürlich keine Rede sein.

Friedrich der Große selbst, »der die Menschen kannte«, wie Fontane bestätigt, nahm den in vieler Hinsicht ausgezeichneten Soldaten und Reiter nach beendigtem Bayerischen Erbfolgekrieg sogar als Adjutant des Thronfolgers in seine Dienste. Bezeichnenderweise war Bischoffswerder der einzige Freund des Prinzen, dem der König sein Vertrauen nicht entzogen hatte, da er davon überzeugt war, dieser würde dem Prinzen nie schlechte Ratschläge erteilen.

Das brennende Verlangen, die letzten Wahrheiten zu ergründen, verband den Prinzen eng mit dem Älteren. Beide besaßen nun einmal eine starke Neigung für Mystik und alle okkulten Erscheinungen. Als Bischoffswerder dem Prinzen bei einer lebensgefährlichen Krankheit, die ihn Anfang 1781 befallen hatte, aufopfernd pflegte und nicht von seinem Bette wich, wurde ein Bund fürs Leben gefestigt. Friedrich Wilhelm betrachtete den Freund, der sich als geschickter Diplomat bewährte und auch sonst sich auf den Umgang mit Menschen verstand, als seinen Lebensretter und honorierte ihn nach seinem Machtantritt sogleich entsprechend durch die Ernennung zu seinem Generaladjutanten.

Während der elfjährigen Regierungszeit des Prinzen avancierte Bischoffswerder dann zum allmächtigen Minister, der immer ein offenes Ohr bei seinem Herrn fand, ohne ihm seinen Willen oktroyieren zu wollen. Selbst der nüchterne Theodor Fontane, der für Eskapaden ins Geisterreich sicher nur wenig Verständnis aufbringen konnte, sucht die Gründe für die Anhänglichkeit des Königs an seinen treuesten Vasallen nicht in der menschlichen Faszination eines Magiers, sondern in der überragenden Persönlichkeit eines ritterlichen und dazu vielseitig begabten Mannes, dessen Konzilianz und Seriosität von allen Zeitgenossen bestätigt wurde.

Bischoffswerder war es dann später auch, der das Steuer der konventionellen friderizianischen Außenpolitik, die eine Kooperation mit Österreich erst gar nicht ins Kalkül setzte, entschlossen herumwarf und seinen König zu einem »friedlichen Dualismus mit Österreich« angesichts gemeinsamer Bedrohungen von Frankreich her überredete. Mit kaum weniger Entschlossenheit setzte er sich später für eine militante Auseinandersetzung mit den aufrührerischen Franzosen ein, und man kann ihm ganz gewiß nicht das Fehlen eines überzeugenden und konsequent verfolgten außenpolitischen Konzepts vorwerfen. Das sah, wie bereits erwähnt, auch Theodor Fontane nicht anders, als er sein durchaus positives Fazit der Regierungszeit Friedrich Wilhelms II. zog.

Das Vertrauensverhältnis des Königs zu Bischoffswerder, dem er in zahlreichen kritischen Situationen viel zu verdanken hatte, blieb auch in dramatisch bewegten Jahren unerschüttert und erlebte an jenem 11. Dezember 1797 eine letzte Apotheose, als im Berliner Dom mit dem Sarg seines Königs auch Bischoffswerder, sein treuester Paladin, eine Fackel in der Hand, nach einer geschickten Regieanweisung mit in die Tiefe der Domgruft versank, um sofort anschließend seinen Dienst zu quittieren.

Davor aber lagen Jahre politischer Hochspannung, die man in konfliktloser Zusammenarbeit gemeinsam durchstand, Stunden eines engen geistigen Austausches mit Gesinnungsfreunden und nicht zuletzt auch Feste auf Bischoffswerders Besitz Marquardt hinter Bornstädt. Hierhin zog es den König gegen Ende seines Lebens immer wieder, um an rosenkreuzerischen Sitzungen teilzunehmen. Er pflegte sich dann gern zur »Grotte« am Ende des Parks zu begeben, die nach rosenkreuzerischem Ritual auf einem Hügel angelegt und mit blauen Lazursteinen mosaikartig ausgelegt war. In dieser »Blauen Grotte« soll der König auf viele ihn bedrängende Fragen stichhaltige Antworten erhalten haben.

Aber auch von ungezwungenen Festen auf Marquardt ist bei Fontane die Rede. Über die Taufe eines der Söhne Bischoffswerders in Gegenwart des Königs berichtet er: »Der Taufe folgte die Tafel und im Laufe des Nachmittags ein ländliches Fest. Der König blieb; die schöne Jahreszeit lud dazu ein. Ein Erinnerungsbaum wurde gepflanzt, ein Ringelreihen getanzt; der König, in weißer Uniform, leuchtete aus dem Kreis der Tanzenden hervor. Am Abend brannten Lampions in allen Gängen des Parks, und die Lichter, samt den dunklen Schatten der Eichen- und Ahornbäume, spiegelten sich im Schlänitzsee. Sehr spät erst kehrte der König nach Potsdam zurück. Er hatte dem Täufling eine Domherr-Präbande als Patengeschenk in das Taufkissen gesteckt. Von Jahr zu Jahr wachsend, steigerte sich der Wert derselben bis zu einer Jahreseinnahme von viertausendfünfhundert Talern.«

Ein Jahr nach Schrepfers Selbstmord hatte Bischoffswerder mit dem Freimaurer Johann Christoph Wöllner, einem märkischen Pfarrer, Kontakte aufgenommen und ihn für das Rosenkreuzertum gewinnen können. Wöllner erwies sich dann mit seiner unbändigen Energie als der eigentliche Motor, der die Verbreitung des Ordens über ganz Preußen hin vorantrieb. Überhaupt war Wöllner ein ungewöhnlicher Tatmensch. So hatte er die Gutsverwaltung von Groß-Behnitz übernommen und schließlich die einzige Tochter des Gutsherrn, Charlotte von Itzenplitz, geheiratet. Damals ging ihm schon ein bedeutender Ruf als Landwirt und Bodenreformer voraus. Selbst Friedrich II. hatte ihn mehrfach zu Beratungen seiner landwirtschaftlichen Kommissionen hinzugezogen und schätzte seinen Rat, ließ ihn aber, als dieser bei ihm um seine Nobilitierung einkam, als »betrügerischen und intriganten Pfaffen« abblitzen, da er grundsätzlich jede »cruelle mésailliance« zwischen Aristokraten und Bürgerlichen mißbilligte.

Um so mehr konzentrierte sich Wöllners ganzer Elan, den auch Prinz Heinrich sehr wohl zu schätzen wußte, der ihn als Rentmeister bei sich beschäftigte, auf seine freimaurerischen Aktivitäten, wobei ihm seine ungewöhnliche Eloquenz ungemein zustatten kam. Sein Eintritt in den Rosenkreuzerorden war schließlich eine naheliegende Konsequenz seiner konservativen und religiösen Grundhaltung. Bald stand er als anerkanntes Oberhaupt an der Spitze einer Vereinigung, die viele Angehörige des Adels zu seinen Mitgliedern zählte und die ihm dann auch enge Kontakte zum Kronprinzen verschaffte. In den Jahren zwischen 1783 und 1786 fand er dann auch Gelegenheit, diesem Vorlesungen über Finanz- und Kameralwissenschaften zu halten.

Nach der Thronbesteigung Friedrich Wilhelms erlangte Wöllner zunächst das Amt eines Geheimen Oberfinanzrates. Aber diese exponierte Schlüsselposition war für ihn nur ein Sprungbrett zu weiteren, noch weit einflußreicheren Ämtern, vor allem zur Verwaltung des Ressorts Justiz und Schulwesen, eine Ämterzusammenballung, die er als ein »Generalkommando in dem Kriege gegen die Aufläärung« verstanden wissen wollte.

Wöllner lancierte den König fast unmerklich auf einen Weg, der ihn immer mehr von der destruktiven Freigeisterei seines Vorgängers abrücken ließ. Sonst läßt sich heute sagen, daß er als Exponent der gegenaufklärerischen »Reaktion« die mit seinem Namen verbundenen Reformvorschläge einbrachte, die ihn, genau genommen, als einen durchaus gemäßigt progressiven Geist ausweisen, dem daran gelegen war, die Rückstände der friderizianischen Epoche aufzuarbeiten. So torpedierte er die von den Franzosen ausgeübte verhaßte »Regie« und wandte sich generell gegen jede

Art von indirekter Besteuerung von Kaffee, Tabak, Salz und Seide. Nicht der Staat, das war seine Meinung, sondern die Untertanen hätten den Handel im Lande aus eigener Initiative zu betreiben. Sache des Staates hingegen könnte es nur sein, die Freiheiten zu garantieren, ohne die Handel und Gewerbe nun einmal nicht gedeihen können.

Noch mehr aber lag Wöllner das Wohl der Bauern am Herzen. Sie waren es schließlich, aus deren Reihen sich die ruhmreiche Armee Preußens immer wieder rekrutierte, obwohl gerade sie mit den meisten Aufgaben belastet waren. Die Steuern, so gab er, seiner Zeit vorauseilend, in seinen Memoranden offen zu bedenken, sollten gerechter und gleichmäßiger auf alle Stände verteilt werden. Vor allem plädierte dieser kühne Reformer für eine Besteuerung der großen Vermögen und für eine neue Parzellierung der Königlichen Domänen und der großen Rittergüter in kleine Bauernhöfe. Damit würde nach seiner Meinung nicht nur der Wohlstand im Lande gehoben, sondern auch die Bevölkerungszahl bedeutend anwachsen.

Ebenso entschieden wies Wöllner immer wieder darauf hin, wie sehr die öffentliche Moral unter der Ägide des Freigeistes Friedrich gelitten hatte. Der Wille, gesunde Familien zu gründen und Kinder großzuziehen, war durch die unter Friedrich dem Großen eingerissene Sittenlosigkeit beängstigend untergraben worden. Wöllner kann kaum widersprochen werden, wenn er die Ursache für diese Miseren in den aufklärerischen Attacken gegen Religion und Kirche zu erblicken meinte. Daher setzte er seine ganze Autorität dafür ein, der Religion wieder den ihr gebührenden Platz im Staat einzuräumen und einer weiteren Demoralisierung durch die Einführung einer sinnvollen und dezent angewandten Zensur vorzubeugen.

Wöllner war alles andere als der anpassungsfähige Opportunist, als der er in die Geschichte eingegangen ist. Er bewies sogar Stolz vor Fürstenthronen, wenn er seinem König gegenüber zuweilen durchaus kontroverse Meinungen vertrat. Aus einem Immediatbericht vom 7. Oktober 1794 geht beispielsweise hervor, daß er dem König von der Kampagne in Frankreich abgeraten hatte. Er war nämlich so realistisch, daß er keineswegs wie so viele andere damals keinen »Spaziergang nach Frankreich«, sondern ein hartes Ringen erwartete. »Vor dem Aufbruch an den Rhein«, berichtete er, »lag ich in Charlottenburg auf den Knien vor Eurer Majestät, um Sie von dem französischen Krieg abzuhalten.«

Sicher hat dieser verdienstvolle Staatsmann die Überzeugung vertreten, mit der Hebung der Moral im Inneren des Landes könnte den subversiven Schlagworten französischer Demagogen am ehesten der Stachel genommen werden. Gleichwohl erhielt dieser Minister, der mit äußerster Energie auch eine Zentralisierung der Verwaltung durchführte, die unter Friedrich dem Großen zu zersplittern drohte, nach dem Tode seines Königs ohne Anspruch auf Pension seinen Laufpaß. Er überlebte diese Schande allerdings nicht lange. 1800 starb er auf seinen Besitzungen in Großkietz bei Beeskow.

Mit den Waffen einer Frau

Als Wilhelmine während des Bayerischen Erbfolgekrieges dem Prinzen nach Breslau nachgereist war, fand sie ihn in seinem Verhalten ihr gegenüber völlig verändert. Man hatte ihm nach seinen intensiven Studien der Schriften Jacob Böhmes und Swedenborgs bereits einen unteren Grad seines Ordens verliehen. Bischoffswerder führte ihn als sein Mentor in die Geheimnisse des Okkultismus ein und testierte ihm, er wäre mittlerweile »zu einem nützlichen Werkzeug zu Ehren Gottes und zur Vollführung seiner heimlichen Absichten« auserwählt worden.

Auch hatte der Prinz inzwischen ein Keuschheitsgelübde abgelegt und befand sich bei Wilhelmines Besuch in einem schrecklichen Dilemma. In seinem Gewissenszwang versuchte er, der Geliebten die Grundzüge seines neuen Lebens plausibel zu machen. Sie müßten nun wie Bruder und Schwester zusammenleben, versicherte er ihr, und tröstete sie mit dem Hinweis darauf, »auch bloße Freundschaft könnte glücklich machen«.

Gleichwohl war die Situation für Wilhelmine damals viel gefährlicher, als sie zunächst annehmen konnte. Die Ordensoberen hatten inzwischen vom Prinzen nämlich die »Entfernung des Gegenstandes einer grausamen Leidenschaft, die nicht nur Ihre so teuer erkaufte ewig unsterbliche Seele, sondern auch selbst dero Königliche Person von einer so langen Zeit her in der schrecklichsten Gefahr gefangen gehalten hatte«, gefordert. Man sah in diesem »schweren Stein des Anstoßes« ein unüberwindliches Hindernis auf dem Wege zu einer »höheren Ordensstufe«.

Es ist daher nicht ohne Rührung zu beobachten, wie Friedrich Wilhelm von nun an merklich Askese übte. Heroisch kämpfte er gegen seine sinnliche Natur an. Man kann ihm sogar die Versicherung abnehmen, er hätte nach der Geburt der Tochter nicht mehr intim mit Wilhelmine verkehrt. Es spricht in der Tat für die tiefe seelische Verbundenheit der beiden, daß es ihnen gelang, ihre Leidenschaft zu einem unverbrüchlichen Freundschaftsbund zu sublimieren. Wilhelmine blieb auch fortan der einzige Mensch im Leben des Prinzen, dem er bis zuletzt Einblick in die heimlichsten Empfindungen seiner Seele gewährte. Das Satyrspiel steigerte sich dann noch einmal zur Tragödie, als Wilhelmine auf Drängen des Ordens aufgefordert wurde, Berlin zu verlassen und mit Rietz in ihre Heimatstadt Dessau überzusiedeln. Als sie im Januar 1783, ihre beiden Kinder zurücklassend, hochschwanger zu dieser Reise aufbrach, trat Friedrich Wilhelm, von Schmerz überwältigt, an ihren Reisewagen. Die nun folgende Abschiedsszene schien in der Tat über seine seelische Kraft zu gehen.

Jedenfalls haben beide diesen Tag zeit ihres Lebens nie vergessen können. Noch nach mehr als einem Jahrzehnt erinnert sich der König, hinter dem bereits ein aufreibendes Leben für den Staat lag, dieser Szene in folgenden Zeilen: »Ich freue mich so herzlich, daß es Ihnen auch so ungemein glücklich geht. Ihnen, für die ich so sehr betete, als wir vor elf Jahren unsere nahe Verbindung aufhörten. Ich durfte Ihnen dazumal nicht merken lassen, wie sehr mich unsere Trennung schmerzte.«

Während der Abwesenheit Wilhelmines in Dessau kommt der Prinz offenbar aus seiner depressiven Stimmung gar nicht mehr heraus. Immer wieder bricht er, wie er selbst berichtet, in Tränen aus, und schon zwei Tage nach Wilhelmines Abreise macht er seinem betrübten Herzen unmißverständlich Luft, indem er ihr schreibt: »Da Anderchen (ihr gemeinsamer Sohn Alexander von der Mark) mich heute heftig weinen sah, als ich von Ihnen sprach, sah er mich starr an und wurde ganz still. Wenn ich das herzliebe Kind allein ankommen sehe, so geht alles mit mir herum und mein Herz will zerspringen, mein Herz, das ganz voll von unserer Trennung ist, habe ich erleichtert und meinen Gram dem alten braven Mann (seinem Lehrer Buegelin) gesagt. Der gute Mann hat Ihre Festigkeit und Standhaftigkeit sehr gelobt. Er hat von Ihrer Reise gehört und glaubte, wir liebten uns nicht mehr, und da er heute von mir das Gegenteil erfuhr, so wurde er bis zum Weinen gerührt. Ich danke auch vielmals für das kleine Kissen; es schläft alle Nächte mit mir in meinen Armen.«

Nur ein paar Tage später geht folgender Brief zu Wilhelmine nach Dessau hinüber: »Mein liebes Anderchen hat seit Ihrer Abreise alle Tage mit mir gegesssen. Er hat meine alte Kosakenpfeife und Bogen bei mir ausfindig gemacht und auch den Kandschu, und da ist er ganz außer sich über diese Sachen gewesen. Er spricht oft von Ihnen, und da er hörte, daß ich Ihnen schreibe, so bestellt er Komplimente für Mama und daß er artig wäre, aber auch, daß er hätte ins Bett gepißt. Über das neue polnische Röckchen hat er sich sehr gefreut.«

In seinem Brief vom 31. Januar 1783 führt der Prinz seinem Sohn selbst die Hand beim Schreiben und läßt ihn ein krakeliges »Alexder« unter dieses menschlich so rührende Dokument eines Briefes setzen. Er selbst fügt hinzu: »Der Kleine fragt oft nach Mama. Heute abend sagte er zu mir: - Ich habe wohl gesehen, daß Du geweint hast den Tag, als Mama weg war. In Berlin habe ich es nicht gesehen, aber als ich zu Dir aufs Schloß kam, da hast Du geweint, Papa! - Gott erhalte uns das liebe Kind!«

Der Trennungsschmerz beeinträchtigte die Gesundheit der Schwangeren so sehr, daß die Ärzte sich ernstlich Sorgen zu machen beginnen. Wilhelmine überläßt sich jedoch nicht tatenlos ihrem Schmerz. Sie findet in diesem ihr aufgezwungenen Exil Muße genug, um über ihr Verhältnis zum Prinzen zu reflektieren, und sie zeigt sich wie eh und je entschlossen, um seine Zuneigung mit den legitimen Waffen einer Frau zu kämpfen. Obwohl sie kein geschärftes Organ für esoterische Phänomene besitzt, ist sie dennoch keineswegs bereit, den Rosenkreuzern im Kampf um den Geliebten kampflos das Feld zu räumen. So spielt sie kurzentschlossen das etwas frivole Spiel um die Seele des Prinzen mit, indem sie sich selbst als Esoterikerin aufspielt, die von Gesichten und Visionen heimgesucht wird.

Ganz in diesem Sinne berichtet sie zunächst von einem höchst mysteriösen Ereignis, das ihrem Begleiter Rietz eines Nachts in ihrem Hause widerfahren ist. Der Prinz geht dann auch sogleich mit bemerkenswertem Interesse auf ihre Schilderung dieses Vorfalls ein und fragt zurück: »Schreiben Sie doch, ob den 29. als vergangenem Mittwoch oder die Nacht vom 29. auf den 30. etwas Besonderes mit Hannen vorgegangen ist, ob er sich vielleicht erstaunt, geärgert oder gekränkt hat den Tag oder die Nacht; denn es scheint mir, als wenn ich ihn dieselbe Nacht gesehen hätte. Wie sehr wünscht ich, daß die gnädige Erhörung Ihres Gebetes bei Ihrem ersten Nachtlager von Berlin aus und die darauffolgende Stärkung, die Sie selbst geschrieben haben, Ihnen immer mehr Eifer zum Gebet geben möge.«

Nun, nachdem der Bann gebrochen ist, weiht der Prinz seine vorgebliche Gesinnungsfreundin auch in seine eigenen mystischen Erlebnisse ein und schreibt bereits einen Tag später: »Ich lag auf der linken Seite mit dem Gesicht gegen das Porträt seiner Schwester gewandt und schlief. Mit einem Male wachte ich plötzlich mit Schrecken auf. Ich kehrte mich um, das Gesicht gegen den Schirm. Mein alter Spitz war nicht bei mir. Ich lag mit offenen Augen.

Wie einen Blitz sah ich eine Gestalt vor mir stehen, die auch wie ein Blitz wieder verschwand. Die Gestalt glich sehr Hanne Rietz. Es war sein ganzer Wuchs und seine Gestalt. Ich schrie laut auf. Darauf machte ich mein Gebet und schlief ruhig wieder ein. Ich hätte es Ihnen nicht so in der Länge erzählt, wenn Ihnen nicht selbige Nacht auch etwas widerfahren wäre. Meine Briefe kann ja Hanne nicht lesen. Sie sind viel zu sérieuse und solide für ihn.«

Die Trennung hat der Verbundenheit der beiden Liebenden eher neue tragende Impulse verliehen. Die für den Prinzen so frappierende Tatsache, daß Wilhelmine nun auch unter die Geisterseher gegangen ist und damit als »begnadet« gilt, verleiht ihrer Schicksalsgemeinschaft eine ungeahnte Festigkeit. Aus übervollem Herzen greift der gefühlvolle Liebhaber in diesen Tagen daher auch zur Feder, um ein Poem auf Wilhelmine zu verfertigen:

»Tugend, Unschuld, gut Gewissen sind das wahre Glück, die Schätze auf Erden.

Selig, dessen wahr' Bestreben sich danach von Herzen sehnt. Dessen Frühling wird stets blühen, dessen Winter wird nie erscheinen. Drum, Freundin holde, sei getrost, unsere Mühe wird uns belohnt. Ihn zu lieben, ihn zu preisen, zu gefallen sei jetzt unser Bestreben.

Laß uns standhaftig sein und seinen Schutz dafür erbitten.... Durch unsere lieben Kinder sind wir gottlob genug getröstet. Und was sind für uns Christen diese wenigen Prüfungstage gegen die frohe Ewigkeit!«

Der Prinz versäumt auch nicht, diesem poetischen Erguß den Hinweis hinzuzufügen: »Zeilen, die ich so ganz nach meinem wahren Gefühle geschrieben habe. Ich habe noch mehr Ursache als Sie, Ihnen herzlich zu bitten, diese Zeilen in keine anderen Hände kommen zu lassen.«

Nicht allzu lange allerdings dehnen die Ordensoberen den deprimierenden Zustand der Trennung aus. Sie überspannen die Leidensbereitschaft der beiden Liebenden keineswegs. Schon am 22. April 1783 spricht Wöllner seinen Ordensbrüdern gegenüber den Wunsch aus, »diese gute Person bei der Gefahr, in der sie durch ihre Feinde schwebe«, zurückkommen zu lassen. Nur wenig später bezieht Wilhelmine wieder ihr Domizil in Charlottenburg, und von neuem sucht Friedrich Wilhelm sie hier auf. Seine ganze Liebe gilt ihren gemeinsamen Kindern, vor allem Alexander, der, obgleich blond, ganz der Mutter ähnelt, aber schon früh die militärischen Interessen des Vaters teilt. Mirabeau behauptet sogar, dieser Junge wäre überhaupt der einzige Mensch, der den »phlegmatischen König« aus seiner Lethargie aufrütteln könnte. »Sein Gesicht glänzt, wenn er ihn nur sieht«, so malt der frivole Franzose dieses Familienidyll aus. »Am Morgen beschäftigt er sich lange mit diesem Kinde. Unter allen seinen fortwährend wechselnden Launen ist diese Zuneigung die einzige, die sich regelmäßig erhält.«

Für Alexander oder Anderchen wird das Graviussche Haus unter den Linden erworben; aber da der König den Jungen ständig in seiner Nähe wünscht, wohnt dieser im Landmarschallhaus dicht am Parkeingang in Potsdam. Dann aber geschieht eines Tages das Unvorstellbare: Alexander stirbt ganz plötzlich in seinem neunten Lebensjahr an einem »Gallenfieber«, wie es heißt; aber der Verdacht, daß er dem Giftanschlag einer Kamarilla zum Opfer gefallen ist, will nicht verstummen. Wahrscheinlich ist, daß man die von so vielen gehaßten »Madame Rietz« an ihrer sicherlich verwundbarsten Stelle treffen wollte.

Wilhelmines Schmerz über den Verlust des Jungen muß in der Tat grenzenlos gewesen sein. Ein Stück ihres Lebens war ihr mit diesem Sohn auf eine schmähliche Weise genommen worden. Bei der Nachricht von seinem Tod war sie in eine Ohnmacht gefallen, war aber dann in rasender

Eile nach Berlin gefahren, wo sie den König, den auch der Schmerz überwältigt hatte, bereits an der Bahre ihres Kindes fand.

Der so jung verstorbene Graf von der Mark wurde in der Dorotheenstädtischen Kirche beigesetzt. Mit der Gestaltung seines Grabmals gelang dem damals erst sechsundzwanzigjährigen Gottfried Schadow auf Anhieb ein Meisterwerk deutscher Bildhauerkunst. Unter Verzicht auf allen barocken Pomp wurde in diesem Kunstwerk die erbarmungslose Gestalt des Todes auf wenige ganz verinnerlichte menschliche Bezüge reduziert. Das obere Lünettenfeld des Denkmals, das die Beratung der Parzen darstellt, verrät die gleiche sichere Hand eines Meisters, für den es keine technischen Probleme zu geben scheint, wie die Vorderseite des Sarkophags, auf der das tragische Geschick des Knaben dargestellt ist, den der unerbittliche Chronos von einer träumenden Minerva und den geliebten Waffen hinweg in die Unterwelt entführt. Die Gestaltung des schlafenden Knaben, der, in Träumen befangen, den Kopf sanft zur Seite neigt, war so überzeugend gelungen, daß Wilhelmine beim ersten Anblick von Tränen überwältigt zu Boden sank und den kalten Marmor küßte.

Im Garten ihres Besitzes in Charlottenburg ließ Sie dem Frühverstorbenen ein Erinnerungsmal errichten, eine auf einem Postament aufgestellte Vase, die ein Reliefbild des kleinen Alexander und seinen Namen in griechischen Buchstaben trug. Vor allem aber schuf sie für den Toten in ihrem Palais einen besonderen Gedenkraum, das sogenannte grüne Kabinett, in dem sie später ihre Begegnungen mit seinem Geist fingierte. Schadow, der einen neuklassizistischen Stil für Preußen kreierte und der als der Hofbildhauer Friedrich Wilhelms II. bedeutende Spuren im Berliner Stadtbild hinterlassen hat, schmückte diesen »Raum der Andacht« mit entsprechenden Reliefs. Auf einen dieser

Bildwerke trägt ein Todesengel einen Knaben mit den Zügen Alexanders mit sich empor.

Drei Tage nach dem Tode des Jungen, als der König sich mit Wilhelmine und ihrer Tochter im Charlottenburger Schloßpark erging, hörte er plötzlich ganz deutlich dessen helle Stimme »Papa, Papa!« rufen. Auch das Mädchen hatte die Stimme vernommen und stürzte wie verstört herbei: »Papa, ich habe meinen Bruder rufen hören.«

Dieses okkulte Erlebnis, das ihn tief beeindruckte, wertete der König als eine neue Bestätigung seiner rosenkreuzerischen Erfahrungen, die, wie sich nun wieder einmal herausgestellt hatte, keineswegs aus der Luft gegriffen waren. Wie in jener ewig denkwürdigen Nacht von Schatzlar, als ihm so etwas wie ein Erweckungserlebnis widerfahren war, hatten höhere Mächte ihn abermals einer Offenbarung für würdig befunden. Die Verbindung mit der Geisterwelt durch seinen soeben verstorbenen Sohn, an dem sein ganzes Herz gehangen hatte, wollte er nun nie wieder abreißen lassen. Er hoffte nämlich in den kommenden Jahren, die ihn vor schwere Entscheidungen stellen würden, seinen Rat nicht entbehren zu können.

Mit den Jahren hatte sich Friedrich Wilhelms Gespür für spirituelle Phänomene noch merklich verfeinert. Immer wieder tauchten in seiner Traumwelt Personen auf, die weit von ihm entfernt lebten. Auch wurde er von Vorahnungen heimgesucht, so daß ihn bestimmte Ereignisse, wenn sie ihm gemeldet wurden, nicht mehr überraschen konnten. So rührte ihn beispielsweise der Tod einer ihm befreundeten Prinzessin nur wenig, weil er, wie er beim Eintreffen der Todesnachricht bekannte, deren Ende längst vorausgesehen hatte. Überall witterte er Einwirkungen höherer Mächte. Der Tod seines kleinen Sohnes, der so tief in sein Leben eingegriffen hatte, deutete er als gerechte Strafe des Schicksals für sein nicht ganz korrektes Verhalten der Gräfin Voß gegenüber.

Der seelisch ausgeglichenen und realistischen Wilhelmine schienen die verstiegenen Exkursionen des Geliebten in ein ihr unerreichbares Geisterreich höchst suspekt zu sein. Da aber seine Liebe zu ihr auf die Dauer auf dem Spiel stand, wenn sie sich als unfähig erweisen sollte, seine neue Passion mit ihm zu teilen, ging sie auf seine »Wahnideen« ein, um ihn nicht vollends in die Fänge der Rosenkreuzer zu treiben, die der Prinz um jede ihrer »Geisterumarmungen«, von denen sie zu berichten wußten, zu beneiden begann.

Als der König im August 1790 zum Abschluß des Vertrages von Reichenbach in Schlesien weilte, veranstaltete man zum Beispiel in seinem Landhaus eine Séance mit einem bekannten Breslauer Medium, das sich bereits als Wunderheilerin einen Namen gemacht hatte. Der gutgläubige König schöpfte auch dann noch keinen Verdacht, als das Medium für seine Hintermänner unverblümt um eine Aufbesserung von deren Einkommen bat. Als Graf Hoym, der Präsident der neuerworbenen schlesischen Provinz, seine Skepsis gegen Schaustellungen dieser Art anmeldete, wurde ihm begreiflich gemacht, seine mangelnden okkulten Fähigkeiten rührten von seinen seidenen Kleidungsstücken her, die sich gegenüber transzendenten Einwirkungen als resistent erwiesen.

Noch am gleichen Tage berichtet der König von diesen Ereignissen nach Charlottenburg: »Es hat mich sehr gerührt; ich habe einen gewaltigen Trost empfangen.« Er hält dabei auch nicht mit der Meinung zurück, er erwarte sich von den Fähigkeiten gerade dieses Mediums für seine Zukunft noch Ungewöhnliches.

Das also war die Situation, als Wilhelmine zu begreifen begann, daß auch sie über eine schlagfeste Waffe verfügte, um sich das Herz des Königs zu bewahren. Sie wird eine geradezu magische Wirkung auf ihn ausüben, überlegt sie, wenn sie ihn laufend von Erscheinungen des Geistes ihres verstorbenen Sohnes berichtet. Sogleich schreitet sie zur Tat und läßt ihn wissen, Anderchens Geist habe ihr wichtige Botschaften für ihn übermittelt. Damit hat sie, wie sich bald herausstellen wird, einen starken Trumpf ausgespielt. Die Botschaften des Sohnes aus dem Jenseits werden fortan für den ratsuchenden König ein Evangelium sein. Sie werden - dessen ist sie sicher - ihn auf eine sanfte, aber unwiderstehliche Art in seinen Entscheidungen beeinflussen, ihn vor Fehlentscheidungen bewahren und sich selbst ihm damit immer unentbehrlicher machen. Von nun an legt er seinen Briefen an Wilhelmine auch einige Zeilen an den Geist des Grafen von der Mark bei, um von ihm Antworten auf ihn besonders bewegende aktuelle Fragen der Politik zu erhalten.

Immer wieder erfindet die einfallsreiche »Madame Rietz« von diesem Zeitpunkt an neue Erscheinungen Alexanders, die sie in einem blauen Büchlein notiert, das dann nach des Königs Tod bei ihren Vernehmungen vor der gegen sie eingesetzten Untersuchungskommission noch als wichtiges Indiz herhalten muß. Immer wieder auch greift dieser Geist als überaus überzeugendes Phantasieprodukt einer liebenden Frau bestimmend ins Leben des Königs und darüber hinaus auch ins politische Geschehen des Landes ein und verschafft dem Geliebten nur zu oft bei schwerwiegenden Entscheidungen ein ungewöhnliches Gefühl von Sicherheit.

So heißt es zum Beispiel in einer Eintragung Wilhelmines vom 21. August 1791: »Um zwölf Uhr vormittags kam ich in die Kirche, alles war stille. Ich ging und lehnte an das eiserne Gitter, welches um das Grab Alexanders ist, und betete. Dann nahm ich den Schlüssel, schloß und ging auf das Mausoleum zu, stand zehn Minuten stille. Auf einmal eine fremde Stimme; ich wende die Augen nach dem

Grabe. Die ganze Kirche wird hell zum Blenden. Die schönsten Töne ließen sich hören, und solche Harmonie ist nicht zu beschreiben. Nach dem Grabe zu aber war es so finster, daß ich kaum sehen konnte. Ich rief laut: »Ach Gott, wie ist das dunkel!«

»Du sollst es sehen und hören!« Dies war die Stimme unseres Geistes. Das Grab öffnete sich mit einem Geräusch. Tief unten lag unser Kind, schon ganz aufgelöst, aber die sterbende Miene, wie wir es sahen.

Ich wollte zu Tode sinken, aber von allen Seiten hielt mich eine Macht, welche stärker war. Meine Augen wollte ich wegwenden, aber unmöglich; sie mußten starr zum Grabe sehen. Millionen Würmer, wie durch ein Mikroskop, krochen herum. Der weiße Atlas sah aus wie ganz neu. Auf der linken Seite ein Fleck wie ein Kreuz war das einzige Weiße, wie Schnee und unverletzt. Darauf waren Buchstaben, die ich nicht lesen konnte. Er ist schrecklich, der Anblick.

›So war alles, was im Fleische war, so wird alles sein, was im Fleische ist. Du hast geseufzet einige Nächte um mein Wegsein... Es geschah zu Deinem Besten. Du warst sonst in Schwermut gefallen. Siehe hier her!‹

Millionen solcher Gestalten, die ich die Nacht sah zum ersten August, so lieblich, wie er unsern Geist ansah, seinen Mund öffnete und eine Stimme ganz wie Harmonica: ›Ich war von Anfang an zum Schutzengel dieses Seligen bestimmt. Ich liebe ihn, werde jetzt für ihn sprechen, weil er nicht sprechen soll: Dessen Vater wird nichts schwerer werden. Er bekommt Beweise. Er wird schauen die Verewigung. Eher tue er nichts. Jetzt ist seine Berufszeit.‹

Unser Geist (Alexander) sah den anderen an mit einem Blick voll Wehmut, und der große Geist von Anfang her sagte nun zum Ewigen, zum Erlöser: ›Gelobt sei der Dreieinige.‹ So klang es in der ganzen Kirche. Wie ich nach

Hause gekommen bin, weiß ich nicht, und wie ich dieses geschrieben, weiß ich auch nicht. Es überfiel mich ein Schlaf.«

Es spricht für die ungewöhnliche Intelligenz dieser Frau, daß sie auf Anhieb die Terminologie der Rosenkreuzer beherrschte und daß sie mit bemerkenswertem Geschick für Effekte ihrer Phantasie freies Spiel ließ. Das war schließlich die Sprache, die der König verstand und die ihre magische Wirkung auf ihn nicht verfehlte. Daher versuchte sie immer wieder über viele Jahre hin, durch den Mund des Geistes ihres toten Sohnes ihm Direktiven für die Führung seines hohen Amtes zu vermitteln und ihn auf den vermutlich rechten Weg zu führen. So läßt sie ihn beispielsweise folgende Weisung des Geistes übermitteln: »Mein Vater hat bis jetzt in seinem Berufe recht getan. Nur muß er das Böse bekämpfen. Nur Kampf bringt Lohn. Freien Willen habt ihr alle. Das muß er gleich wissen, was hier gesagt ist.«

Während ihrer Verhöre vor der erwähnten Untersuchungskommission versuchte man etwa ihr die Wendung »Nur Kampf bringt Lohn«, den man in ihrem blauen Büchlein fand, als eine Ermunterung des Königs zu kriegerischen Handlungen auszulegen. Dabei kann wohl kaum ein Zweifel daran bestehen, daß es sich dabei nur um innere Kämpfe gegen sein leidenschaftliches Temperament handelte, zu denen ihn die ernsthaft um sein Seelenheil besorgte Wilhelmine immer wieder zu ermutigen versuchte. Immer wieder überredet sie ihn auch dazu, seine schweren Aufgaben beherzt anzupacken, wenn sie etwa in ihren Notizen vermerkt: »Mein Vater hat Kummer. Sage ihm: wer führte Noah aufs trockene Land? Wer gab mir Seligkeit, wer unterrichtete Engel, mich laufend zu begleiten, zu belehren? Wer das kann, wird auch meinen Vater führen.«

Trostreiche Worte wie diese haben den König über viele Jahre hin in seinen Entscheidungen gestärkt. Verständlich, daß er besonders auf seinen Feldzügen immer wieder sehnsüchtig vor besonderen Entscheidungen auf die Weisungen des Geistes wartete, die ihm Wilhelmine von weither übermittelte.

Verständlich auch, daß die Rosenkreuzer in dieser weltklugen Frau nunmehr einen ebenbürtigen Partner zu erblikken begannen, den sie zu respektieren hatten. Als der König seine Liebe der als Gegnerin der Rosenkreuzer nicht ganz ungefährlichen Gräfin Dönhoff zuwandte, sahen sie sich sogar mit Wilhelmine in einer gemeinsamen Front. In einem Protokoll einer ihrer Sitzungen heißt es daher auch: »Glaube nicht, daß zwischen dem König und der Gräfin Dönhoff eine wahre Liebe ist. Diese Verbindung ist ihm vielmehr jetzt Veranlassung zu vielen Leiden und Prüfungen.«

Wilhelmine spielte das Spiel der Rosenkreuzer schließlich mit hohem Einsatz mit, um die Liebe des Königs nicht zu verlieren. Sie tarnte sich geschickt und stellte sogar dem Grafen Brühl ihr Palais für seine hypnotischen Experimente zur Verfügung. Im übrigen hoffte sie fest auf ihren endgültigen Sieg über ihre sichtbaren und unsichtbaren Rivalen und Gegner im Kampf um das Herz des Königs.

Das Amt

Zwei Tage nach seinem Regierungsantritt überreichte Mirabeau dem König eine Denkschrift, in der er ausführte, das absolutistische Zeitalter neige sich seinem Ende zu, die Sklaverei des Militarismus sei überlebt und nur eine Miliz nach Schweizer Muster überhaupt noch diskutabel. Vor allem aber dies: Die Aristokratie müsse sogleich ihre privilegierte Stellung im Staate aufgeben, alle Stände hätten die gleichen Rechte zu erhalten, und die Presse- und Gewissensfreiheit müsse durch liberale Gesetze garantiert sein. Außerdem wäre es an der Zeit, sämtliche Staatsmonopole aufzuheben.

Mit Recht legte der neue König all diese Vorschläge, die nichts anderes als eine »Revolution von oben her« eingeleitet hätten, als nicht realisierbar ad acta. In der Tat hätte er damals unmöglich ohne oder gar gegen den Adel regieren können, zumal eine bürgerliche Schicht, die diesen Staat hätte tragen können, noch nicht einmal in den Ansätzen existierte.

Da Mirabeau keine Resonanz fand und außerdem an den antifranzösischen Tendenzen Friedrich Wilhelms II. kein Zweifel bestehen konnte, sah er seine Berliner Mission als gescheitert an. Er hatte vom 2. Juni 1786 bis zum 26. Januar 1787 laufend Lageberichte vom Berliner Hof nach Paris gesandt. Offenbar war er von seiner Regierung in die preußische Hauptstadt geschickt worden, um die politische Lage in Preußen vor und nach dem Tode des großen Königs zu erkunden und den französischen Einfluß in den maßgeblichen Kreisen zu verstärken. Friedrich II. hatte jedoch den Franzosen seine unverhohlene Antipathie bereits spüren lassen, und so verlegte dieser sich immer mehr darauf, seine Informationen aus allen nur erdenklichen trüben Quellen der Fronde zu beziehen. Er bestach nicht nur Kammerdiener, um Schlafzimmergeheimnisse auszuforschen, sondern stürzte sich begierig auf jeden kursierenden Hofklatsch, um ihn ungeprüft nach Paris als die reine Wahrheit zu übermitteln.

Da er sich durch die Zurückweisung seiner Denkschrift durch den neuen Herrscher im Lande in seiner Eitelkeit gekränkt sah, verlegte er sich unbedenklich aufs Diffamieren. Dieser plebejische Aristokrat mit den von Pocken zerfressenen Gesicht, dieser Volkstribun und Meister der geschliffenen Phrase erfand und verbreitete, wie man heute weiß, absolute Unwahrheiten. Dieser skandalumwitterte Franzose, der kurz darauf zum Genius einer der blutigsten Revolutionen der Weltgeschichte aufsteigen sollte und der erst im Chaos seine unbändigen anarchischen Kräfte austoben konnte, brauchte das Pamphlet zu seiner Selbstbestätigung.

Im Prinzen Heinrich, der sich bald nach der Thronbesteigung des neuen Königs grollend in den Schmollwinkel begeben hatte, da dieser ohne seinen Rat zu regieren gedachte und ihn keineswegs als Respektsperson behandelte, fand er einen Verbündeten, an dessen frankophiler Haltung nie irgendwelche Zweifel bestanden. Der »Klausner von Rheinsberg« war schon bei seinem Bruder nie politisch zum Zuge gekommen und verlegte sich nun, nachdem man abermals auf seine tätige Mithilfe verzichtete, ganz auf das sinistre Geschäft, das Geschehen in Potsdam mit seinen gefürchteten sarkastischen Marginalien zu kommentieren. Mirabeau, der immer wieder mit ihm zum Gedankenaustausch zusammentraf, beschrieb die seelische Verfassung des Prinzen damals mit den vielsagenden Worten: »Er wird das Land verlassen, wahnsinnig werden oder sterben.«

Nichts von alledem geschah natürlich, wie man weiß; doch ließ sich der Prinz keine Gelegenheit entgehen, Mirabeau mit Schreckensnachrichten zu versorgen, die den König belasteten. Der Franzose hatte sich ohnehin daran gewöhnt, das friderizianische Preußen unter einer sehr verzerrenden Optik zu betrachten. Wohin er auch blickte, sah er nichts als schleichenden Verfall und Auflösung, weil er nun einmal nichts anderes sehen wollte. Schließlich verstieg er sich sogar zusammenfassend zu der rhetorischen Frage: »Was soll nur aus einem Land werden, in dessen Regierung sich Geistliche, Geisterseher und leichtsinnige Weiber teilen?«

Über den König aber, der sich eben mächtig ins Zeug legte, nicht nur den Staat, den er nicht in der eben besten Verfassung übernommen hatte, zu stabilisieren und seine Untertanen besseren Zeiten entgegenzuführen, sondern Preußen auch außenpolitisch aus seiner Isolation zu befreien und seine Großmachtstellung weiter auszubauen, gießt dieser dämonisierte Franzose ungehindert die Schale seines unmotivierten Spottes. Er besaß nicht die geringsten Skrupel, das folgende Charakterbild des Königs nach Prais weiterzuleiten: »Er besitzt weder Geist noch Kraft, ist keines folgerichtigen Handelns fähig, nicht arbeitsam und hat vom Helden höchstens den Stolz, wenn es nicht viel eher kleinbürgerliche Eitelkeit ist. Er teilt den Geschmack eines Epikurs; er haßt nicht. Kaum daß er irgendetwas liebt.«

Zur gleichen Zeit, als diese tendenziösen Hofberichte die Stimmung gegen den König, der sich betont von seinem freigeistigen Vorgänger distanzierte, verfertigt wurden und man die Karikatur vom »dicken Willem« oder vom »König Saul dem Dicken aus Kanonenland« unter die Leute zu bringen sich bemühte, bestätigten dessen engste Mitarbeiter, daß dieser mit wahren Berserkerkräften seinen Regierungsgeschäften nachgehe. Hertzberg, der wie kein anderer den Arbeitsstil Friedrich des Großen beobachten konnte, testiert dem neuen König, er überbiete seinen Vorgänger eher noch an Fleiß und Gewissenhaftigkeit; »denn er ist ebenso tätig wie jener«. Er macht ihm sogar das Kompliment, zugleich gerechter als Friedrich zu sein. Die zahlreichen Notizen des Königs auf den ihm vorgelegten Aktenstücken treten noch heute den Beweis in unseren Archiven dafür an, mit welchem Pflichtbewußtsein dieser Hohenzoller zu Werke ging.

Gleich über die ersten Regierungstage des Königs kann man in einem Bericht Hertzbergs folgendes nachlesen: »Nachdem S.M. dem Andenken des entseelten Königs den Tribut der Pietät geweiht und die Befehle über Beerdigung und den Nachlaß gegeben, begab sich S.M. nach Berlin, woselbst sie von allen Ständen mit großer Freude empfangen und beglückwünscht wurde.

In den folgenden Tagen empfingen S.M. von den Ministern und Generalen den Eid der Treue. Gesandte, Deputationen, Collegies entfernter Provinzen bezeigten ihre Ehrerbietung. Bald darauf traten S.M. die Reise zur Huldigung in dero Provinzen an. Am 19. September wurde zu Königsberg dem Könige die Huldigung geleistet von dem Adel, der Geistlichkeit, den Städten, Innungen, Klöstern und Bischöfen. Am 2. Oktober nahmen S.M. zu Berlin von den Ständen und am 15. Oktober zu Breslau von den Fürsten, Prälaten und Edelleuten die Huldigung entgegen. Nach seiner Rückkehr aus den Provinzen gaben sich S.M. den Regierungsangelegenheiten mit vielem Eifer hin. Auch hielten S.M. eine große Revue über die Garnison von Berlin ab.«

Ein Oberst von Stein berichtete sogar, der neue König wäre noch »tätiger als sein unsterblicher Vorfahr, tätiger wie ein König je auf Erden war«. Den einzigen Anlaß zu dieser Kritik erblickte Stein in den Mängeln der Erziehung, »weil der alte König seinen Neffen vom Umgang mit trefflichen Menschen abhielt, weil er keine bedeutenden Menschen in der Umgebung des Thronfolgers wünschte«. Auch Herzog Karl August von Weimar, der die Regierungsgeschäfte seines Schwagers mit besonderem Interesse verfolgte, bescheinigte ihm, ein würdiger Nachfolger eines großen Königs zu sein.

Trotz all dieser unleugbaren Tatsachen hatte Mirabeau immer noch die Stirn, am 1. Januar 1787 den folgenden Lagebericht an die französische Regierung zu versenden: »Von Tag zu Tag steigt die Verachtung gegen den neuen König«, heißt es allen Ernstes darin. »Man ist schon über die Bestürzung hinweg, die der Verachtung vorhergeht. Im Anfang staunte man, als man sah, daß der König seiner Vorliebe treu blieb fürs Theater, fürs Konzert, für die alte und die neue Mätresse. Man staunte, als er Stunden fand, um Bilder, Möbel, Kaufmannsläden zu besichtigen, um auf dem Violoncello zu spielen, um über die Händel der Hofdamen sich zu unterrichten - und nur Minuten, um seine Minister zu hören, die unter seinen Augen die Interessen des Staates lenken. Gegenwärtig staunt man, wenn irgendeine Torheit einer neuen Art oder irgendeine Gewohnheitssünde nicht einen seiner Tage in Anspruch genommen hat. Und dennoch könnte die Wut, selbst zu regieren, ohne selbst etwas zu tun, nicht höher steigen. Seit zwei Monaten schon hat der König mit keinem Minister gearbeitet.«

In Wahrheit war Friedrich Wilhelm gerade damals, wie all seine Mitarbeiter übereinstimmend bestätigten, von einer geradezu rastlosen Aktivität ergriffen. So pflegte er seine Minister bereits um fünf Uhr in der Frühe zur Berichterstattung zu empfangen.

Gleichwohl galt Mirabeaus »Geheime Geschichte des preußischen Hofes«, die im Jahre 1788 erschien und es bald zu Bestsellerehren brachte, als verbindlicher Kanon für alle, die sichtlich Befriedigung darin fanden, diesem

König gehörig am Zeuge zu flicken. In diesem schäbigen Pamphlet, das in Frankreich dann auch schließlich verboten und vom Henker verbrannt wurde, läßt Mirabeau seiner Aversion gegen einen König, der die Eindämmung und Reduzierung des französischen Einflusses in Preußen zum Programm erhoben hatte und mächtig vorantrieb, hemmungslos ihren Lauf. Gerade die neue Außenpolitik mit ihren spezifischen deutschen und antifranzösischen Akzenten, die der König oft auch gegen die Überzeugung seiner Umgebung vertrat, ist ein Beweis mehr für die Selbständigkeit des Denkens und für die Prinzipientreue, die man dem König nun wirklich nicht generell absprechen kann. Er hatte sein außenpolitisches System, ohne sich auch nur von irgendjemand beirren zu lassen, mit eherner Konsequenz durchgesetzt. Viele Zweckparolen, die Mirabeau aufzutischen hatte, stammten daher auch aus der Gerüchteküche des Prinzen Heinrich, der alle seine Felle davonschwimmen sah und um jeden Preis seinem Lebensideal, als Franzose zu leben und möglichst auch als ein solcher zu sterben, treu bleiben wollte.

Ganz allgemein sollten die Ausführungen Mirabeaus in aller Welt den gewiß leicht widerlegbaren Eindruck erwekken, Preußen böte nur noch ein Schreckensbild von »Fäulnis vor der Reife«. Dabei wußte gerade dieser frivole Franzose nur zu gut, daß die Galanterie am Berliner Hof, die er mit bemerkenswert falschem Zungenschlag beklagt, nur eine schattenhafte Kopie jener Orgien darstellte, die das Ansehen des Versailler Hofes so arg in Verruf gebracht hatten, so daß aufgebrachte Bürger schließlich auf die Barrikaden kletterten und Amok zu laufen begannen.

Gegen den phantasiereichen Beschmutzer seiner Ehre, der einen »Rekord von Lügen, Beschimpfungen, Widersprüchen und Boshaftigkeiten aller Art« aufstellte, unternahm der gutmütige König, der sich stets seines Ranges gewiß war, überhaupt nichts, wie schon ein verwunderter zeitgenössischer Historiker bemerkt. Er glich seinem Vorgänger zumindest in der löblichen Gewohnheit, Pamphlete solcher Art niedriger zu hängen. Trotzdem sind diese polemisch gefärbten und grob entstellten Berichte aus französischer Feder keineswegs unwidersprochen geblieben. Friedrich von der Trenck etwa ließ, von seinem Gerechtigkeitssinn inspiriert, 1789 eine Schrift »Trenck contra Mirabeau« erscheinen, in der er wenigstens die allzu greifbaren Unwahrheiten des Franzosen aus gründlicher Kenntnis des Milieus und der Person des Königs, dem er seine Freiheit zu verdanken hatte, widerlegte.

Auch der einzige wirklich ernsthaft um Objektivität bemühte Biograph des Königs, der Engländer Gilbert Stanhope, wies im Jahre 1912 darauf hin, daß sich Friedrich Wilhelm in dem Augenblick die Sympathie der Intellektuellen verscherzte, als er gewisse Auswüchse einer falsch verstandenen aufklärerischen Liberalität zu beschneiden versuchte. Da ihre Stimme schon damals am lautesten erklang und am weitesten reichte, kann es nicht verwundern, daß ihnen auf die Dauer die Entmythologisierung des untadeligen Ansehens dieses »Vielgeliebten« gelingen konnte.

Freilich tat sich die damals erst keimhaft rührende Revolverpresse anfangs noch merklich schwer, das Bild des »guten Königs«, wie es sich im Herzen des Volkes festgesetzt hatte, in eine Karikatur zu verwandeln. Allerdings muß es auch damals bereits Unentwegte gegeben haben, die gegen den Meinungsterror dieser Skribenten ihre Feder spitzten, um ihre subversiven und zersetzenden Praktiken zu entlarven.

Der verkrachte Theologe Karl Friedrich Bahrdt etwa, hinter dem schon ein fragwürdiges Leben lag, griff die Gelegenheit beim Schopfe, um Wöllners Religionsedikt in einer Farce in fünf Akten zu persiflieren. Dabei ging es keineswegs, wie sich denken läßt, ohne drastische Schmähungen auf den König ab, der bisher gegenüber dem ohrenbetäubenden Gekläff publizistischer Scharfmacher eine erstaunliche Gelassenheit an den Tag gelegt hatte. Doch nun schien selbst ihm das Maß des Erträglichen überzulaufen. Der vorwitzige Pasquillant Bahrdt wurde ohne viel Federlesen hinter Schloß und Riegel gebracht. Auf seine an Wöllner gerichtete Petition um Haftverschonung ließ dieser ihm nicht nur eine pekuniäre Unterstützung zukommen, er versprach ihm darüber hinaus auch, sein Gesuch, soweit es in seinen Kräften stehe, beim König zu unterstützen. »Den Lauf der Justiz kann ich nicht hemmen, allein ihre Sentenz falle aus, wie sie wolle, so kenne ich das vortreffliche Herz des Königs und verstehe zu bitten. Seien Sie also ruhig und getrost«, ließ er den Delinquenten wissen. In der Tat wurde Bahrdt nach halbjähriger Haft bereits begnadigt.

Sicherlich verspürte Friedrich Wilhelm II. nur wenig Lust, sich mit den wildgewordenen Intellektuellen seines Landes anzulegen oder Scheingefechte mit ihnen auszutragen. Andererseits jedoch mußte er sich ihrer im Interesse des Staates, den er vor der Welt zu vertreten und vor Schaden zu bewahren hatte, erwehren. Daher ordnete er auf unmißverständliche Weise an: »Wenn die Sache bloß meine Person beträfe, so würde ich gern gegen solche liederlichen Kritiken sehr gleichgültig sein. Da ich aber auf die Liebe meines Volkes sehr eifersüchtig bin, so kann ich nicht gestatten, daß die Zeitungsschreiber ihre Pflichten als Untertanen vergessen und sich erfrechen, Gift und Unsinn aus hämischen Absichten ferner zu verbreiten.«

Immer wieder stellte sich heraus: Nur durch gezielte Brunnenvergiftungen konnte dieser so menschliche Hohenzoller für alle Zeiten auf die Abschußliste einer Historiker-Mafia geraten. Nur so auch konnten alle später unternommenen Rehabilitierungsversuche trotz unwiderleglicher Argumente ohne alle Wirkungen versanden. Während ein geradezu opulentes Aufgebot an Hohenzollern-Denkmälern preußische und überhaupt deutsche Städte dekorieren, wird man nach einem Standbild, das an diesen »Vielgeliebten« erinnern könnte, vergebens fahnden. Im großen und ganzen haben liberalistische Meinungsmanipulierer stets Oberwasser behalten und diesen König mit unwahrscheinlichem Erfolg zur Unperson erklären können.

Beherzigenswerte Einwände wie die Friedrich von der Trencks etwa wurden völlig ignoriert, obwohl man gerade seiner Rechtfertigungsschrift Sätze wie die folgenden entnehmen konnte:

»Ich kann meinen Lesern versichern, daß der König selbst in der großen Staatskunst sehr geübt ist, weit mehr, als man von einem Prinzen erwarten sollte, der, solange sein Onkel lebte, sich in nichts mischte, der sich nicht erlaubte, sich von der geringsten Sache von seinen Ministern unterrichten zu lassen, dem der König alle seine Geheimnisse verhehlte, der nur für die Kriegsübungen berufen zu sein schien.«

Der spätere Generalfeldmarschall Hermann von Boyen, der dem König nichts zu verdanken hatte, spricht in seinen Denkwürdigkeiten ebenfalls positiv von Friedrich Wilhelm II. Er testierte ihm klaren Verstand, Herzensgüte und ein unablässiges Bemühen, sein Volk glücklich zu machen. Dieser wahrhaft königliche Mensch, so kann man bei ihm nachlesen, habe Würde mit Liebenswürdigkeit in sich vereinigt. Boyen hielt ihn für einen der innerlich vornehmsten Männer seiner Zeit im ganzen Lande.

Selbst Immanuel Kant, der wegen seiner Schrift »Die Religion innerhalb der Grenzen der bloßen Vernunft« eine strenge Zurechtweisung durch die königliche Zensur erhielt, nannte diesen König einen »tapferen, ehrenhaften

Menschen und ganz und gar exzellenten Fürsten«. Wahrscheinlich aber war dieser für viele zu menschlich und normal, um objektive Biographen zu finden, die sich an seiner strahlenden Menschlichkeit hätten erwärmen können. Zweifellos bot die waffenklirrende Ära seines gloriosen Vorgängers mit all ihrem schrecklichen Kriegsgetöse mehr Stoff für Biographen, deren Imagination sich an immer neuen dramatischen Darstellungen einer bestimmten Vita entzünden kann.

Der ganz gewiß überkritische Hertzberg, der lange genug Minister unter Friedrich dem Großen gewesen war, um über ausreichende Vergleichsmöglichkeiten zu verfügen, bescheinigte Friedrich Wilhelm II. bedenkenlos, er habe mit viel Glück und besonderem Geschick sein Regiment versehen. Es widerspräche der elementarsten Wahrheit zu behaupten, er habe den besten Teil seines Lebens mit seinen Mätressen vergeudet. Jedenfalls habe er dadurch dem Lande ungleich weniger geschadet als sein Vorgänger durch seine frankophilen Anwandlungen. Aber auch andere engere Mitarbeiter des Königs stimmten darin überein, der wirkliche Friedrich Wilhelm gliche in nichts dem Porträt, »welches ehrvergessene Schmierer von ihm entwarfen«.

Die Schwierigkeiten, denen sich der König gleich bei Übernahme seiner Regierungsgeschäfte konfrontiert sah, waren allerdings nur wenig ermutigend. Friedrich der Große hatte sein Land in eine geradezu beängstigende außenpolitische Isolation manövriert und seinem Nachfolger als Hilfsmittel für künftige außenpolitische Aktivitäten und Strategien lediglich den sogenannten deutschen Fürstenbund hinterlassen, einer von Friedrich 1785 initiierten Union deutscher Reichsfürsten, die sich zusammengeschlossen hatten, um sich den ehrgeizigen Expansionsgelüsten Josephs II. entgegenzustellen. Aber Friedrich war nicht gut beraten, wenn er daran dachte, mit diesen Herren im Reiche Politik machen zu können. Es stellte sich in der Tat schon bald heraus, daß mit ihnen kein Staat zu machen war, da die geistlichen Herren etwa auf die Dauer ohnehin mehr zum katholischen Österreich hin tendierten.

Für Friedrich Wilhelm konnte es sich daher nur darum handeln, angesichts der modifizierten sozialen und politischen Konstellation in Europa aus den ausgetretenen Pfaden der friderizianischen Außenpolitik so bald wie möglich auszuscheren und selbst durch eine völlig unkonventionelle und geschickte Diplomatie neuen Boden für sein Land zu gewinnen. Er suchte daher zunächst eine Annäherung an England und schloß einen Bündnisvertrag mit den Briten, dem sich später auch die anderen Seemächte, Holland und Schweden, anschlossen. Dies war ein erster sinnvoller Schritt, um die selbstmörderische Isolation des Staates Preußen zu durchbrechen.

»Was man auch in der Welt von der Unselbständigkeit Friedrich Wilhelms II. sagen mochte«, so spendete Ranke diesen außenpolitischen Aktivitäten dieses Königs unverhohlen Beifall, »in seiner Politik gibt es ein lebendiges Moment, das ihm eigens angehörte. Er hatte die holländische Angelegenheit durchgeführt und dann auf eigene Hand die Allianz mit England eingeleitet und zum MIttelpunkt seiner Politik gemacht. Ihm kam es darauf an, den Frieden zu erhalten. In diesem Sinne hatten seine Minister auf seinen Befehl die Verhandlungen mit anderen Mächten zu führen. Der König hatte immer den Ehrgeiz, die Geschäfte nach eigenem Ermessen zu leiten. Von seinen Ministern, die er hörte, wollte er unabhängig sein. Er zog die Männer heran, die seinen Meinungen und Wünschen entgegenkamen, aber wenn sie heftig in ihn drangen und ihn zu Entschlüssen zu bringen suchten, die nicht in seinem Sinne waren, so ließ er sie fallen, ohne jedoch mit ihnen zu brechen.«

Ganz allgemein tendierten Friedrich Wilhelms außenpolitische Aktivitäten dahin, Preußen seine Großmachtstellung angesichts einer völlig neuen Mächtekonstellation und der von Frankreich ausgehenden revolutionären Bedrohung zu erhalten. Er steuerte daher entschieden dem antiösterreichischen Kurs seines Vorgängers entgegen und traf alle diplomatischen Vorbereitungen für ein künftiges Zusammengehen mit dem deutschen Brudervolk. Das dunkle Gefühl, apokalyptische Zeiten könnten auf Europa zukommen, bewog ihn, sein Konzept mit allem Nachdruck zu verwirklichen. Bei der Durchführung seiner Pläne distanzierte er sich dann immer mehr von Hertzberg, der noch ganz auf die friderizianische Linie eingeschworen war. Schließlich zog er sogar den unvermeidlichen Trennungsstrich. Die Streitschriften, die Hertzberg dann gegen die Politik des Königs verfertigte und in denen er die These vertrat, eine Verbindung mit Österreich würde Preußen über kurz oder lang zum Verderben ausschlagen, haben entschieden dazu beigetragen, die negative Meinung über Friedrich Wilhelm noch zu verstärken.

Während sich sein immer bedachtsamer operierender Onkel zunehmend aus der europäischen Politik herausgehalten hatte, betrieb Friedrich Wilhelm zum ersten Mal wirkliche Großmachtpolitik in Preußen und erzielte dann auch überraschende Erfolge. Immerhin erreichte sein Land unter seiner Herrschaft seine größte Ausdehnung, als es auf Grund des Baseler Friedens vom Jahre 1795 seinen Einfluß auf ganz Norddeutschland ausdehnen konnte und nach den polnischen Teilungen ein Zweivölkerstaat entstand, der allerdings eine psychologisch einfühlsame Administration verlangte und im übrigen nur zwölf Jahre bestehen sollte.

Mit zunehmender Zuspitzung der Verhältnisse in Frankreich und nach dem Tode Josephs II. überprüfte der König seinen bisherigen außenpolitischen Kurs abermals. Josephs

Nachfolger, sein Bruder Leopold, ließ damals die Absicht erkennen, sich mit Preußen zu arrangieren und sich endgültig mit dem Verlust Schlesiens abzufinden. Die Konvention von Reichenbach vom 27. Juli 1790 bekräftigte dann auch die entscheidende Annäherung der beiden deutschen Großmächte. Friedrich Wilhelm erreichte es immerhin, einen österreichisch-russischen Krieg gegen die Türken zu unterbinden, indem er an der Spitze seiner Truppen demonstrativ und unmißverständlich nach Schlesien zog. Österreich verpflichtete sich, aus dem Krieg auszuscheiden, und erhielt dafür von Preußen die Zustimmung zur Kaiserwahl Leopolds. Die damals abgeschlossene Reichenbacher Konvention, der auch England, Holland und Polen beitraten, sicherte den einstweiligen Fortbestand des türkischen Reiches.

Im Januar 1791 schickte der König seinen Überminister Bischoffswerder zu Geheimverhandlungen nach Wien, um angesichts der mißglückten Flucht des französischen Königspaares und der aggressiven Haltung der Jakobiner einen Pakt abzuschließen, der auch das militärische Schicksal Preußens fest an das Österreichs band.

Im übrigen zeichnete sich die Außenpolitik Friedrich Wilhelms durch einen erstaunlichen Einfallsreichtum aus. Sie war agil und zielte ganz eindeutig auf eine Repräsentation der Großmachtstellung Preußens vor aller Welt hin. Dabei scheute er sich nicht, immer wieder eingenommene Positionen zu revidieren und zu ändern, wenn es die Staatsräson verlangte. Durch eine solche Taktik des situationsgerechten Reagierens auf alle politischen Veränderungen überspielte er seine politischen Gegner leicht. Am Ende seines Lebens konnte er einen beachtlichen Erfolg seines Taktierens verbuchen und seinem Nachfolger nicht nur ein wesentlich vergrößertes, sondern auch durch eine vernünftige Koalitionspolitik abgesichertes Land hinterlassen.

Nationale Rücksichten brauchte dieser Monarch als Vertreter der nachabsolutistischen Ära nicht zu nehmen; auch konnte von einer Germanisierung der seinem Staatsverband zugefallenen Polen, die übrigens unter der toleranten preußischen Herrschaft nicht eben schlecht fuhren, keine Rede sein. Auch an eine »deutsche Sendung Preußens«, deren Fehlen Treitschke später dem König als merkliches Manko seiner Politik ankreidete, dachte damals noch niemand. Das Erwachen des Nationalismus in Deutschland war eines der signifikanten gesellschaftlichen Phänomene der napoleonischen Ära und der Befreiungskriege.

Auch innenpolitisch hatte Friedrich Wilhelm gleich bei seinem Regierungsantritt eine wahre Sisyphusarbeit zu leisten. Mit Entschiedenheit ist der These entgegenzutreten, Friedrich hätte bei seinem Tode den Staatsapparat in einer gut funktionierenden Verfassung zurückgelassen. Das reine Gegenteil war weitaus eher der Fall. Da der Alte Fritz immer mehr autokratisch zu regieren pflegte und die Kunst des Deligierens nicht ausgesprochen seine Stärke war, sondern er bis zuletzt eigensinnig darauf bestand, alle Fäden der Staatsverwaltung in seinen Händen zu halten, konnte sein Nachfolger, dem ja mit bösen Vorsatz der Einblick in den Ablauf der Geschäfte verwehrt worden war, schwerlich diese zentralistische Geschäftsführung seines Onkels übernehmen.

Er tendierte vielmehr von Anfang an mehr dahin, wieder an die Tradition seines Großvaters, also des Soldatenkönigs, anzuknüpfen und dem Generaldirektorium, jener obersten preußischen Verwaltungsinstanz mit fünf Departements, denen jeweils ein Minister vorstand, wieder die alles beherrschende Rolle einzuräumen. Die Entscheidungen, die er an das Generaldirektorium weiterleitete, pflegte er vorher genauestens mit Wöllner zu beraten, der unter ihm so etwas wie die Funktion eines Kabinettschefs ausübte. Um sieben Uhr in der Frühe überreichte der König diesem intimsten Mitarbeiter die Eingänge des Vortages, die er sich dann nachmittags gegen vier Uhr wieder zur Beratung vorlegen ließ.

Die zahlreichen erhalten geblielbenen Aktennotizen Friedrich Wilhelms bestätigen noch heute die ungewöhnliche Arbeitsintensität, mit der er sich seinen Verwaltungsaufgaben gewidmet haben muß. Er ließ keinen Augenblick die Zügel schleifen, wie ihm seine Gegner völlig unmotiviert nachsagten, sondern regierte nicht anders als seine Vorgänger als absoluter Herrscher, der allein die volle Verantwortung für alle seine Entscheidungen trug.

In einer Kabinettsorder vom Dezember 1787 forderte er daher auch von jedem seiner Minister »eben die Folgsamkeit und den strengen Gehorsam, als Ich von meinen Generals bei der Armee fordere. Ich unterziehe mich der Regierungsgeschäfte selbst und werde daher niemand erlauben, in den Departements eigenmächtige Verfügungen zu machen, sondern Ich will von allem vorher unterrichtet sein und verlange, daß man Befehle abwarte. Von diesen Meinen Grundsätzen werde ich niemals abgehen und will es auch keinem raten, er sei, wer er sei, solche aus den Augen zu setzen.«

Zu den ersten Regierungsmaßnahmen Friedrich Wilhelms II., die ihm den ungeteilten Beifall des ganzen Volkes eintrugen, gehört vor allem die Abschaffung der sogenannten Regie, die sein Vorgänger durch französische Beamte hatte ausüben lassen. Bei der preußischen Verwaltung, beim Zoll- und Steuerdienst vor allem saßen bis in die untersten Stellen damals vorwiegend Ausländer, als brächten Deutsche für dergleichen Ämter nicht die notwendige Qualifikation mit. Der neue König entließ die Regie-Franzosen, die sich im Lande begreiflicherweise keines besonders guten Rufes erfreuten. Sie hatten nämlich nicht nur

Akzise und Zölle erhoben, sondern auch das Tabaksmonopol verwaltet und die Kaffeebrennerei überwacht. Als »Kaffeeschnüffler« hatten sie sich dabei den entfesselten Volkszorn zugezogen.

Nach der Aufhebung des Tabakmonopols stieg die Popularitätskurve des Königs merklich an. Er hoffte auf einen erhöhten Umsatz der freigegebenen Ware, so daß sich das zu erwartende Einnahmedefizit mit der Zeit wieder ausgleichen würde. Von einer Popularitätshascherei um jeden Preis, die man ihm böswillig unterstellte, konnte selbstverständlich keine Rede sein.

Überhaupt kann an dem ehrlichen Willen des Königs, sein Volk besseren und menschlicheren Zeiten entgegenzuführen, nicht der geringste Zweifel bestehen. Gerade im Schatten der unheilvollen Ereignisse in Frankreich war er weitblickend genug, um jeden Preis ähnliche Ausbrüche der unkontrollierten Volksleidenschaften zu unterbinden. Was ihm vorschwebte, war eine Revolution von oben her, die langsam und mit allem Bedacht unerträglich gewordene Reglementierungen aufheben sollte, um den sozialen Frieden im Lande zu erhalten. So ließ er zum Beispiel systematisch Armenhäuser einrichten und verfügte die Gründung von Pfandleihinstituten als erste Hilfsmaßnahme für Bürger, die vorübergehend in Not gerieten. Schließlich wurde die Lotterie zum Besten der Witwen-, Waisen- und Charitéanstalten verwaltet.

Vor allem aber setzte sich der König für eine bessere Versorgung seiner Soldaten ein; sie erhielten von nun an Beihilfen für ihre Kinder; außerdem erhöhte er den Sold. Schon als Kronprinz hatte er sich bei seinem Vorgänger dafür ins Zeug gelegt, den Soldaten aus dem Staatsschatz Zulagen zu gewähren, aber immer war er damit auf Granit gestoßen. Außerdem errichtete er in den Garnisonen Invalidenkompanien, um den Soldaten ein menschenwürdigeres Leben zu ermöglichen. Auch die Einrichtung einer Offizierswitwenkasse, die Offizierswitwen Pensionen auszahlte, fällt auf das Konto seiner karitativen Maßnahmen.

Zu einer radikalen gesellschaftlichen Reform allerdings konnte sich der König verständlicherweise nicht durchringen. Er war nämlich nach wie vor auf die Hilfe des Adels angewiesen und konnte es sich nicht leisten, sich durch überhastete Reformen mutwillig Feinde zu machen. Überhaupt waren die Voraussetzungen für durchgreifende Reformen denkbar ungünstig: der Arbeitsgang der Bürokratie, die er übernommen hatte, war so schleppend, daß selbst der energiegeladene Wöllner viele seiner geplanten Maßnahmen nicht durchsetzen konnte. Immerhin wurde auf sein Betreiben das Besitzrecht der Domänenbauern erblich und der Verkauf von Rittergütern auch an bürgerliche Bewerber gestattet.

Besonders aber lag dem König die Verbesserung der sozialen Lage der Bauern am Herzen. Den Freigeist Friedrich schien die despotische Behandlung der wirtschaftlich tragenden unteren Schichten des Landes kaum je ernsthaft beunruhigt zu haben. So blieb dann alles beim alten: die Bauern hatten die Last der ständigen Einquartierungen zu tragen und darüber hinaus Vorspanndienste für Beamte zu leisten. Zu dieser Dienstleistung mußten sie sich mehr Pferde halten, als sie in ihrer Wirtschaft unbedingt benötigten. Darüber hinaus schien unter dem aufgeklärten Despoten Friedrich immer noch die Prügelstrafe für Bauern das probateste Mittel zu sein, um auch im Grunde gutwillige Menschen zur vermeintlichen Räson zu bringen.

Friedrich Wilhelm war sich von vornherein darüber im klaren, daß ein wirtschaftlicher Aufschwung nur zu erwarten wäre, wenn es dem Bauernstand, immerhin fünf Sechstel der damaligen Bevölkerung, wirtschaftlich erträglich ging, und so beließ er es dann auch nicht bei wohltönenden

Proklamationen, indem er den Bauern das Blaue vom Himmel herunter versprach, sondern bemühte sich um Reformen, die an seiner echt humanitären Gesinnung überhaupt keinen Zweifel aufkommen ließen. Die Anregungen Wöllners, die Vorrechte des Adels einzuschränken, konnten damals allerdings noch nicht verwirklicht werden. Sie bildeten aber die Grundlage für das spätere Reformwerk des Freiherrn von Stein.

In einer Kabinettsorder vom 12. Juli 1794 ordnete der König an: »Niemand, er sei, was er wolle, darf sich in eigenen Angelegenheiten der Vorspanndienste bedienen.« Und weiter: »Kein Beamter oder Offizier soll sich unterstehen, des Königs Untertanen bei den Vorspanndiensten zu schlagen oder zu prügeln. Ich will, daß diese Mißbräuche nicht vertuscht, sondern zur Sprache gebracht werden und zum Beispiel für andere ernstlich geahndet werden.«

Das »Wohlergehen der Untertanen« war das oberste Gesetz, nach dem dieser Souverän angetreten war, seinen irdischen Auftrag zu erfüllen. Immer wieder schärfte er den Mitgliedern seines Generaldirektoriums daher ein: »Die vorzüglichste Bestrebung der ganzen Staatswirtschaft muß dahin gerichtet sein, daß die Untertanen in ihrem Broterwerb sowohl in den Städten als auch auf dem Lande unterstützt werden. Das ist die Grundlage der Wohlfahrt und der Macht des Staates, worin alle Maßregeln gerichtet sein müssen.«

In der Anweisung an seinen Minister von Heynitz vom November 1789 sprach sich der König mit aller Entschlossenheit gegen die Kornwucherer aus, welche die Bauern um den Lohn ihrer ehrlichen Arbeit zu prellen versuchten, und verwandte sich dafür, daß ihnen ihr schäbiges Handwerk so schnell wie möglich gelegt werden sollte. Auch hob er das an den Unternehmer Splittgerber verliehene Monopol zur Zuckerherstellung mit Verfügung vom 12.

Juli 1787 auf: »Die Splittergerbers haben das Privilegium zur Zuckerraffinerie so lange genutzt, daß sie mit ihrem großen Vorteil umso mehr zufrieden sein können, da sie auch ohne Monopol künftig hohen Gewinn erzielen. Da sie kein Recht zu diesem Exklusivum haben, so befehle ich, ihr Monopol aufzuheben und das Publikum zu avertieren, das fortan jedermann Zuckerfabriken anzulegen berechtigt ist.«

Auch über die mittleren Gutsbesitzer hielt der König seine schützende Hand; denn »zehn Familien, von denen jede 20 000 Thaler besitzt«, so argumentierte er, »sind dem Staat vorteilhafter als eine, die 200 000 Thaler reich ist.«

Für den Obst- und Flachsanbau entwickelte der König ebenso folgenreiche Initiativen wie für die Bienen- und Pferdezucht, und immer, wenn es Mißstände zu beseitigen gab, kannte sein Reformeifer keine Grenzen. Was immer er auch unternahm, alles geschah letzten Endes im Interesse des kleinen Mannes, den er an den Reichtümern des Landes teilnehmen lassen wollte. Denn: »Es ist mein wohlüberlegter und unabänderlicher Wille, die Staatswirtschaft meines Landes auf diejenigen echten, richtigen und der wahren Wohlfahrt des Staates und der Untertanen angemessenen Grundsätzen wieder zurückzubringen, welche seine politische Größe und Wohlfahrt bedingen.«

Diese selbstsichere Sprache verrät nun allerdings nichts mehr von einem ängstlichen Schielen nach jener Autorität, wie sie noch sein Onkel vertreten und mit oft drakonischen Maßnahmen durchgesetzt hatte. Auch in dieser Hinsicht war Friedrich Wilhelm kühn aus dem Schatten seines Vorgängers herausgetreten. Er hatte damit einen beträchtlichen Modernitätsrückstand aufgeholt. Die Welt aber hatte in ihm mit einem Mann zu rechnen, der unbeirrt und unbeirrbar seinem eigenen Ingenium zu folgen gewillt war.

Er hatte sich bald daran gewöhnt, wie ein sorgsam kalkulierender Hausvater den Staatsschatz zu verwalten.

Zu Beginn seiner Regierungszeit konnte er den von seinem Vorgänger übernommenen Schatz in Höhe von 51 Millionen Talern noch um weitere acht Millionen aufstocken. Doch dann verschlangen die Feldzüge im Osten und im Westen enorme Beträge. Von einer Verschwendung öffentlicher Mittel kann demnach überhaupt keine Rede sein. Seinen sogenannten Günstlingen ist jedenfalls aus diesem Fonds kein Pfennig zugeflossen.

Überhaupt scheint die Günstlingswirtschaft des Königs lediglich in der Phantasie Mirabeaus und seiner gedankenlosen oder bösartigen Nachplapperer existiert zu haben. Jedenfalls verstieg sich der Franzose zu der völlig unmotivierten Behauptung: »Eine Menge durchtriebener Burschen, Günstlinge der Pagen, Lakaien und Kammermädchen hatten Eingang bei Hofe und drängten sich als Spione, Kuppler und Denunzianten in das Vertrauen derer ein, welche die nächsten Umgebungen des Königs bildeten. Sie hatten offenen Zutritt in des Königs Zimmer, woselbst die wichtigsten Dokumente und Briefe in Unordnung durcheinander lagen.

An diese neuen Eindringlinge wurden Gnaden über Gnaden ergossen. Sie wurden zum Teil geadelt. Der alte Adel wurde dadurch aufs Empfindlichste beleidigt. Er nannte diesen neuen Adel deswegen spöttisch den neugebackenen Sechsundachtziger. Das Jahr 1786 war das preußische Adelsjahr, wie das Jahr 1683 das große östereichische Adelsjahr war. Die Veranlassung der Gnaden war freilich sehr verschieden: in Preußen der Regierungsantritt des neuen Königs, in Österreich die Rettung Wiens gegen die Türken. Der Fournée promovierte über einen Schock Namen, darunter waren allein 23 neue Grafen: die Grafen Arnim, Blumenthal, Dzylynski, Dyhern, Egloffstein, Eulenburg, Francken-Sierstorpff, Goltz, Gröben, Gurowski, Häseler, Haugwitz, Hertzberg, Howerden, Hoym, Kalckreuth, Kalnein, Krockow, Pfeil, Schlabrendorff, Schulenburg-Kehnert, Trenck und Waldersee. Der Verdienstorden, von denen Friedrich nur siebzig an die Helden des Siebenjährigen Krieges verteilt hatte, wurden haufenweise ausgestreut.«

Gegenüber diesen aus der Luft gegriffenen Behauptungen läßt sich nachweisen, daß Friedrich Wilhelm sich auch bei der Verleihung von Orden durchaus im Rahmen der preußischen Konventionen bewegte. Dieser »Verschwender königlicher Gunst« stand in dieser Hinsicht sowohl seinem Vorgänger als auch seinem Nachfolger entschieden nach.

Auch sonst übte er, wo er nur konnte, bei der Durchführung seiner königlichen Pflichten durchaus die Kunst der Beschränkung. Er mühte sich nicht nur ehrlich darum, die Staatseinnahmen haushälterisch zu verwalten, sondern sah sich auch nach immer neuen Möglichkeiten um, die Wirtschaft zu stimulieren. »Zum Schutze der inländischen Produzenten«, verfügte er daher etwa, »müssen die außer Landes gehenden fremden Waren auf alle Weise begünstigt werden. Auch die bloß durchgehenden fremden Waren sind nicht mit so hohen Ausgaben zu belegen. Dahingegen müssen alle ausländischen Waren, welche im Lande erzeugt werden können, gänzlich verboten oder doch so hoch besteuert werden, daß die Fremden mit uns nicht Markt halten können. Auch sind die zum Luxus dienenden Produkte mit so hohen Ausgaben zu belegen, daß dadurch deren Einfuhr vermindert und meine Untertanen an solche Bedürfnisse, die das Land liefert, sukzessive gewöhnt werden«.

Seine wohldurchdachten ökonomischen Erkenntnisse faßte der König in die Worte zusammen: »Wer für seinen Bedarf mehr ausgibt, als er einnimmt, der muß zugrunde gehen, gleichviel ob es ein einzelner oder ein Staat ist.

Wenn das Brot, das in fremden Mühlen gemahlen wird, und das Brotkorn von außerhalb ins Land gebracht wird, so stehen unsere Mühlen still, unsere Äcker werden veröden, entwertet und das Volk hat keine Arbeit.«

Daher ging er auch mit ungewöhnlich strengen Maßnahmen gegen Schmuggler vor und verordnete: »Es verdient ein Schleichhändler nicht das geringste Mitleid, weil er vorsätzlicher Weise den inländischen Fabrikanten das Brot stiehlt. Diese schändlichen Menschen sind die Pest für den Staat. Ich bin gegen meine Neigung gezwungen, hart zu strafen, so daß alle Contrebandiers zittern sollen. Unsere Fabrikanten liefern so gute Waren, daß jeder damit zufrieden sein kann. Aber den ehrlosen Schmugglern muß das Handwerk gelegt werden!«

Nach dem Baseler Frieden fand der König endlich Gelegenheit, sich intensiver der Wirtschaftspolitik zuzuwenden. Er hatte dabei bemerkenswerte Erfolge zu verzeichnen. Der Verkehr im Danziger Hafen blühte zu aller Befriedigung mächtig auf. Ferner setzte er den Bau des Ruppiner Kanals durch und schickte den Geheimen Kriegsrat Stegemann ins Ausland, um den Straßenbau zu studieren und sodann mit dem Ausbau eines Straßennetzes in den östlichen Landesteilen zu beginnen. Dieses Projekt mußte dann allerdings des Geldmangels halber verschoben werden.

Auch im Bereich des Bildungswesens sind einige wesentliche Neuerungen auf das Konto dieses als phlegmatisch oder lethargisch verteufelten Königs zu buchen. So führte er im Jahre 1789 die Abiturientenprüfung auf den Gymnasien ein, von deren Bestehen der Zugang zu den Universitäten abhängig gemacht wurde. Aber auch die Provinzial-Schulkollegien verdanken seiner Anregung ihre Existenz ebenso wie die Errichtung von Lehrerseminaren in Berlin, Stettin, Breslau, Königsberg und Bergen sowie von bedeutenden Instituten wie der Tierarzneischule, der

Singakademie und der Artillerieschule. Selbst die Universitäten, um die Friedrich sich kaum bemüht hatte, lebten merklich auf.

Die größten Anstrengungen Friedrich Wilhelms aber konzentrierten sich, der preußischen Tradition entsprechend, auf die Armee. Zum Soldaten geboren und prädestiniert, lebte er mit der Armee und hielt Jahr für Jahr die sommerlichen Revuen ab, die auf dem Tempelhofer Feld oder auf der Hasenheide stattfanden, doch beschränkte er seine Aufmerksamkeit nicht nur auf die Berliner Garnison, sondern pflegte sich sowohl nach Magdeburg als auch Küstrin zu Truppenbesichtigungen zu begeben.

Im Juni 1789 inspizierte er beispielsweise auf einer vierzehntägigen Reise nicht nur die Neumark und Pommern, sondern auch Westpreußen. Zwei Monate später verbrachte er bereits die gleiche Zeit in Schlesien. Im September eines jeden Jahres aber begab er sich zu den Herbstmanövern im Potsdamer Raum. Dabei begegnete er seinen Soldaten mit echtem Wohlwollen, war ständig um menschliche Erleichterungen bemüht, schaffte das »Fuchteln« ab und sorgte für bessere Verpflegung und Kleidung der Truppe.

Ein bestechender Akt seiner Menschlichkeit war vor allem die Abschaffung der gewaltsamen Werbungen, welche die deutschen Landstraßen unsicher machten und über viele junge Männer ein namenloses Elend brachten, wenn sie aufgegriffen und gezwungen wurden, den Fahneneid zu leisten. Desertation wurde damals, wie man weiß, mit drakonischen Strafen wie Spießrutenlaufen oder gar mit der Todesstrafe geahndet. Es spricht für die untadelige menschliche Gesinnung dieses Königs, daß er dieser Barbarei ein Ende bereitete.

Die Ernennung des Obersten von Lengefeld zum Chef des Werbegeschäfts schuf eine neue Basis für eine moralisch unanfechtbare Form der Soldatenwerbung. Der Erfolg all dieser Maßnahmen zahlte sich dann auch voll aus: Die Zahl der Desertionen ging beträchtlich zurück.

Während seiner Regierungszeit stellte Friedrich Wilhelm II. 21 Füselierbataillone, 4 Musketierbataillone, 2 Grenadierbataillone und 2 Schwadron Husaren neu auf. Auch gründete er damals die Potsdamer Artillerieakademie und eine Ingenieurakademie zur gründlichen Ausbildung von Ingenieurs- und Pionieroffizieren. Auch der Reiterei verlieh er bestimmte neue Impulse. Darüber hinaus verfügte er die Abschaffung der Kürasse bei den Kürassieren und der Bajonette bei den Dragonern. 1788 gründete er das Landgestüt Marienwerder und später das Hauptgestüt in Neustadt an der Dosse. Weiter ist seiner Initiative die Umorganisation der Berliner Kadettenanstalt und des Militärwaisenhauses in Potsdam zu verdanken. Vor allem aber verbesserte er das Versorgungswesen der Hinterbliebenen des Siebenjährigen Krieges und ließ sich jährlich über den Stand ihrer Versorgung berichten.

Trotz der Überalterung des Offizierskorps und der schlechten Organisation des Nachschubwesens befand sich die preußische Armee, wie sich bei den Feldzügen dieser Jahre herausstellte, dennoch in einer durchaus bemerkenswerten Verfassung. Auch die Moral der Truppe hatte kaum gelitten, so daß trotz der psychologisch nicht ungeschickten Propaganda des Gegners im Westen die Zahl der Desertionen wider alles Erwarten gering blieb.

Während des Feldzuges von 1794 konnte daher auch ein erfahrener preußischer Offizier die allgemeine Stimmung in der Armee so beschreiben: »Die preußische Armee ist durch verschiedene sehr gute Einrichtungen des jetzigen Königs in mancher Hinsicht besser, als sie damals unter Friedrich dem Großen war. Das Offizierskorps hat von seiner Energie nichts verloren, und in der Theorie ist ein größerer Teil gebildet.«

Nach Beendigung des polnischen Feldzuges und nach Abschluß des Baseler Friedens wollte der König aus den Erfahrungen seiner Kampagnen die Folgerungen ziehen und eine Umorganisation des Heeres in die Wege leiten. Zu diesem Zwecke hatte er bereits im November 1795 eine »Militär-Immediat-Commission« eingesetzt. Allein, es war sein Schicksal, daß er die von ihm eingeleiteten Aktivitäten auf diesem Gebiet nicht mehr zu Ende führen konnte. An der notwendigen Einsicht und am guten Willen, Modernitätsrückstände, die er wie wenige erkannt hatte, einzuholen, hat es ihm sicherlich nicht gefehlt.

Für die Berliner war Friedrich Wilhelm durchaus ein Herrscher nach ihrem Herzen. Er war im positiven Sinne ein echter »Bürgerkönig«, der durchaus ein Herz für den kleinen Mann von der Straße hatte und ihn zu respektieren sich bemühte. Er wies sich nicht nur als ein Beschützer und Helfer der Armen aus, sondern mischte sich auch im einfachen blauen Rock unter die Leute und ließ die Berliner sogar an seinen Hoffesten teilnehmen. Während sein Vorgänger das Volk noch wie ein unmündiges Kind behandelt hatte, suchte er enge Tuchfühlung mit den Untertanen, denen er sein Leben verschrieben hatte. Schon eine Woche nach seinem Regierungsantritt konnte daher die Hofmeisterin Voß folgende schwerwiegenden Worte in ihr Tagebuch eintragen: »Der neue König tut nichts als Gutes, gibt mit beiden Händen den Armen. Es ist unglaublich, wie beliebt er ist.«

Die Aktivitäten Friedrich Wilhelms erstreckten sich vor allem auch auf die Stadt Potsdam, deren Wohl ihm besonders am Herzen lag. Gleich nach seiner Machtübernahme ließ er in der Stadt Kasernen errichten, um die Bürgerschaft von den Lasten ständiger Einquartierungen zu befreien.

Auch veranlaßte er den Bau der ersten Chaussee in Preußen von Berlin nach Potsdam und setzte alles daran, den Verfall des Potsdamer Stadtbildes aufzuhalten.

Zunächst hatte er das alte Weinbergschloß seines Onkels zu seinem Sommersitz gewählt und traf Anstalten, das Gebäude zu restaurieren. Für seine Großherzigkeit spricht seine Bereitschaft, allen Bürgern den Zutritt zu den Potsdamer Gärten zu gestatten. Die offizielle Zutrittserlaubnis stellt in seiner Formulierung heute ein kulturhistorisches Kuriosum dar.

»Obwohl auch Sr. Königliche Majestät fernerweit allergnädigst erlauben«, so heißt es darin, »daß bei Dero Abwesenheit von Potsdam distinguierte und gut gekleidete Personen in Sanssouci und in den Lustgärten der Stadt promenieren können, so werden sich doch auch dergleichen Personen, von denen man sich nichts Tadelhaftes oder Sträfliches erwartet, nach den dieserhalb gemachten Einrichtungen zu richten belieben und zu richten haben.

Nämlich: Es wird nicht gern gesehen, daß sich jemand, auch nicht Frauenzimmer, bei dergleichen Promenaden vorzüglich in Sanssouci der Röhre oder Stöcke, Stockparasole und Paraplüs bedienen, noch weniger, daß sie damit oder mit den Händen und Füßen etwas berühren. Ferner, daß sich jeder den Figuren etc. nicht weiter bis auf drei Schritt nähere und an denselben nichts betaste.«

Auch die Parks der Berliner Schlösser stellte der König allen Bürgern der Stadt zur allgemeinen Benutzung zur Verfügung.

Ein Sturm im Wasserglas

Die Hybris der Aufklärer hatte, wie sich bald zeigen sollte, der harten preußischen Lebenswirklichkeit nicht standgehalten. Hatten diese unbelehrbaren Freigeister, die allen Erscheinungen dieses so vielschichtigen Lebens mit der Sonde der reinen Vernunft zu Leibe rückten, am Ende nicht doch weit übers Ziel hinausgeschossen und den Boden der Realitäten nicht sträflich verlassen? Die schwarze Wolkenwand, die sich bereits deutlich am westlichen Horizont abzeichnete, gab nun selbst unverbesserlichen Optimisten zu denken. Waren, indem man den christlichen Wunderglauben entmythologisierte oder mit Füßen trat, nicht auch schon die Fundamente der Kirche leichtfertig erschüttert worden? Und waren Thron und Altar nicht eben doch schicksalhaft aneinander gekettet?

Selbst dem Scharfsinn Friedrichs des Großen scheinen diese Zusammenhänge, die das Ende des absolutistischen Zeitalters signalisierten, entgangen zu sein. Stillschweigend duldete er, daß die Kirche zusehends in die Schußlinie zynischer Agnostiker geriet. Als Homme de lettres rechnete er sich selbst jener Kaste zu, die den Fragen der Religion eher mit einem gedämpften Sarkasmus als mit echter menschlicher Beteiligung begegnete.

Die Folgen dieses unüberlegten Verhaltens, das die allgemeine Demoralisierung auf eine höchst bedenkliche Weise förderte, waren sogleich unabsehbar. Der König hatte die Kirche in seinem Lande schutzlos der oft tödlichen Kritik von Rationalisten ausgeliefert, deren geistige Aufnahmefähigkeit der Erkenntnis der Heilswahrheiten des Christentums offenbar nicht mehr recht gewachsen war. Überhaupt bestand seine vielgerühmte Toleranz und

Meinungsfreiheit genau genommen nur darin, niemand mit irgendwelchen Repressalien zu verfolgen, der der Kirche unsanft zu Leibe rückte. Sobald aber jemand politische Maßnahmen des Königs selbst mit naheliegenden kritischen Kommentaren versah, reagierte dieser keineswegs mit der Gelassenheit eines Philosophen, für den er sich hielt.

Lessing, der lange genug Berliner Luft geatmet hatte, um sein trauriges Liedchen von der sogenannten berlinischen Freiheit anstimmen zu können, traf wie so oft den Nagel auf den Kopf, wenn er in einem herzhaften und ungeschminkten Brief an Friedrich Nicolai seinem Herzen ein wenig Luft machte und ihr nur ein klägliches Urteil ausstellen konnte. »Sie reduziert sich einzig und allein auf die Freiheit, gegen die Religion so viele Sottisen zu Markte zu bringen, als man will, und dieser Freiheit muß sich der redliche Mann nur zu bald schämen«, stellte er fest, nachdem er enttäuscht den märkischen Sand endgültig von seinen wandermüden Füßen geschüttelt hatte.

Kein Zweifel: die Flügel des Christentums waren auch in Preußen matt und schlaff geworden und verschafften der Religion in diesem Lande keinerlei spontane Auftriebe mehr. Der neue König hatte daher so unrecht nicht, wenn er Pfarrern mißtraute, die sich auf der Kanzel nicht mehr mit Gottes Wort, sondern mit politischen Problemen und wirtschaftlichen Theorien beschäftigten. Vor allem die sogenannten Berliner »Neologen« betrieben eine rationalistische Bibelkritik und gelangten dabei zu einer frühen Form von Entmythologisierung, die das Christentum an seiner empfindlichsten Stelle traf und wohl auch treffen sollte.

Man war zu eifrig bei den Franzosen in die Schule des Atheismus gegangen, um nicht mit deutscher Gründlichkeit dazugelernt zu haben, daß das »metaphysische Geschwätz« nur ein heimtückisches Mittel autokratisch regierender Potentaten darstellte, den beschränkten Untertanenverstand durch strikte Repressionen zu kultivieren und keine Kritik aufkommen zu lassen. Die Revolution von jenseits des Rheins war schließlich nicht nur gegen das verhaßte absolutistische Regime gerichtet, dem es an der rechten Optik für die politischen Proportionen gefehlt hatte, sondern auch gegen eine Kirche, der die Intellektuellen es nicht verzeihen konnten, daß sie, wie sie meinten, eine Verbindung mit den Unterdrückern des Volkes eingegangen war.

Friedrich Wilhelm II. erkannte als überzeugter Christ und hellwacher Zeitgenosse sogleich die prekäre Situation, die damit Altar und Thron zugleich bedrohten. Er machte sich keine Illussionen darüber, daß nicht nur in Frankreich, sondern auch in Deutschland Staat und Kirche existentiell gefährdet waren, da die Skribenten in Paris und anderswo nichts unterlassen würden, dem Christentum auf ihre so gänzlich unsentimentale Weise am Zeuge zu flicken und es mit ihrer rationalistischen Logik zu widerlegen. Seine Abneigung gegen die Vorherrschaft des französischen Ungeistes in seinem Lande war daher keineswegs nur theoretischer Natur. Mit entschlossener Hand warf er dann auch sogleich nach seinem Regierungsantritt das Steuer herum und räumte nunmehr auch der deutschen Kultur, die unter dem Vorgänger nur ein Schattendasein geführt hatte, eine reelle Chance ein. Damit war aber dem französischen Zwischenspiel im preußischen Kulturleben offiziell ein Ende gesetzt.

Natürlich gehörte zu einer solchen Entscheidung auch allerlei Zivilcourage. Der König mußte mit entsprechenden bösartigen Reaktionen und Diffamierungskampagnen der französischen Literaten rechnen. Daß diese dann allerdings gemeinsam mit ihren deutschen Kumpanen ihr

Mütchen auf eine so perfide Weise kühlen würden, konnte niemand voraussehen. Der Rufmord am König nahm horrende Ausmaße an und verdunkelte schließlich den Glanz seines Namens. Bei dieser Eintrübung der Optik ist es dann im Grunde bis heute geblieben. Friedrich Wilhelm wurde in der Tat eines der ersten Opfer jener perfiden Verfolgungsjagden einer ganzen Mafia intellektueller Gegner. Im Interesse der Sache, um die es ihm ging, nahm er jedoch stillschweigend in Kauf, daß sich sein makelloses Bild immer mehr im Bewußtsein einer leicht manipulierbaren Öffentlichkeit zu verdunkeln begann.

Natürlich war es auch diesmal der großsprecherische Mirabeau, der den Preußen prophezeien zu können meinte, sie würden über kurz oder lang auf das beklagenswerte Niveau eines barbarischen und von der Kultur gänzlich unberührten Volkes herabsinken. »Ich weiß, daß der König die Idee und die Hoffnung gefaßt hat, ein großer Mann zu werden«, ließ er sich, Gift und Galle spuckend, vernehmen, »indem er sich zum Deutschen macht, zum puren Deutschen, um so die französische Überlegenheit zu erledigen.«

Die alarmierenden Ereignisse in Frankreich erleichterten dem König den Entschluß, nunmehr den französischen Einfluß auf das Kulturleben in seinem Staate drastisch einzuschränken. Die Akademie der Wissenschaften, die bis dahin eine rein französische Domäne gewesen war, nahm nun laufend deutsche Gelehrte in ihre Reihen auf. Auch bestand er darauf, daß die Vorträge in deutscher Sprache gehalten wurden. Über die Akademie der Künste übernahm er selbst das Protektorat. Er besuchte, was unter seinem Vorgänger nie geschehen war, ihre Ausstellungen und ernannte seinen Hofbildhauer Gottfried Schadow zu ihrem Präsidenten.

Sicherlich hatte der König auch gegen den Widerstand im eigenen Lager anzukämpfen. Immerhin konnte er beispielsweise die Königin dazu überreden, in ihrem Schloß Monbijou kein neues Theater einzurichten, in dem ausschließlich französische Komödien gespielt werden sollten. Den alten Schauspieldirektor Döbbelin bestärkte er in dessen Absicht, vorwiegend deutsche Stücke in sein Repertoire aufzunehmen, und als man ihm einzureden versuchte, das deutsche Theater erreichte bei weitem nicht das Niveau des französischen, konterte er: »Mag sein, aber besser ist es jedenfalls, als wenn ein französisches Schauspiel Berlin mit Taugenichtsen erfüllte und die Sitten verdürbe.«

Mirabeaus Kommentar zu dieser Kulturpolitik eines deutsch empfindenden Mannes, die so wenig wie seine Außenpolitik eines sicheren Konzeptes entbehrte, mußte dementsprechend negativ ausfallen. »Der neue König«, polterte er darauflos, »anstatt sein Volk zu sich zu erheben, stieg zu ihm herunter. Er haßt nichts, und kaum liebt er etwas. Sein einziger Widerwille gilt Leuten, die Geist haben. Im Inneren des königlichen Hauses herrscht eine vollkommene Unordnung. Die Bedienten haben das Regiment in Händen. Kein Haushofmeister, kein Oberintendant, für nichts sind Fonds ausgewiesen.«

Während man in Frankreich der verhängnisvollen Entwicklung von oben her freien Lauf ließ und die Hofgesellschaft ahnungslos Beaumarchais' »Figaro« Beifall zollte, war Friedrich Wilhelm II. unablässig tätig, das Eindringen revolutionärer Ideen und Parolen in sein Land um jeden Preis abzuwehren, um nicht auch eines Tages als Treibsand der Geschichte gnadenlos hinweggeweht zu werden.

Für ihn als einem überzeugten Christen war es eine unabdingbare menschliche Verpflichtung, der Kirche im Bewußtsein seiner Untertanen wieder eine unangefochtene Stellung zu verschaffen und mit einer sofort einzuleitenden Stabilisierung der christlichen Werte das unabweisbare

Chaos doch noch zu verhindern. Auch ließ er sich von niemandem ausreden, ohne festen Glauben taumele der einzelne sehenden Auges in sein Unglück. Deshalb empfing er aus solchen Überlegungen heraus schon am 28. August 1786, also nur kurz nach dem Ableben Friedrichs II., die geistlichen Inspektoren Berlins als Vertreter der Kirche und versicherte ihnen, sein Amt als Summus Episcopus ernst zu nehmen und all seine Kräfte darauf verwenden zu wollen, die Erneuerung der Religion in seinem Lande voranzutreiben.

Als Beweis für die Einlösung dieses Versprechens konnte man dann die Tatsache vermerken, daß er schon am 3. Juli 1788 an Stelle des Justizministers von Zedlitz seinem Intimus Wöllner das geistliche Departement übertrug, nachdem er schon vorher den Himmelfahrtstag, der durch eine Order seines Oheims aus dem Jahre 1773 aufgehoben worden war, wieder eingeführt hatte. Sein entscheidender Einsatz zum Wohle der Kirche in seinem Lande aber war der Erlaß des vielgelästerten und hart umkämpften Religionsediktes vom 8. Juli 1788, das nach Lage der leidigen Dinge eine brüske Kriegserklärung an den Geist der Zeit oder deren Ungeist darstellte, das aber für die Zukunft des Landes dann doch wohl, wie sich rückblickend feststellen läßt, den Stellenwert einer gewonnenen Schlacht besaß.

Dieses von Wöllner angeregte und formulierte Edikt wirkte in der Tat wie ein Paukenschlag. Es stellte eine offene Herausforderung für alle dar, die bereits glaubten, ihr rationalistisches oder atheistisches Schäfchen ins Trokkene gebracht zu haben. Die ungewöhnliche Reaktion im Lager der »Progressiven« ließ dann auch keinen Zweifel daran, daß man den Nerv dieser Epoche, die ganz auf eine Liquidierung der noch bestehenden Ordnungen hin tendierte und sich dabei über alle Bedenken hinwegsetzte, im Zentrum getroffen hatte.

Sogleich erhob sich ein künstlich entfachter Sturm der Entrüstung von Seiten der Aufklärer, die mit einem so energischen und gezielten Gegenschlag gegen ihre antikirchlichen Aktivitäten nicht gerechnet hatten und nun mit einem Male die Zeiten ihrer unumschränkten Herrschaft über die Geister in diesem Land sich ihrem Ende zuneigen sahen. Vor allem die französischen Publizisten spitzten wie auf ein geheimes Kommando hin ihre Federn, um in verbissener Einmütigkeit über den König herzufallen, seine Autorität vor seinem Volk und der gesamten Welt anzufechten und ihn am Ende der Lächerlichkeit preiszugeben.

Aber auch die Wortführer der Berliner Aufklärung und der rationalistischen Theologie überschlugen sich in ihren Bemühungen, diesen Generalangriff eines - wie sie meinten - reaktionären Geistes auf ihre bis dahin für uneinnehmbar gehaltenen Bastionen mit allen ihnen zur Verfügung stehenden Mitteln abzuwehren und vor allem durch gepfefferte anonyme Pamphlete, mit denen sie ohne jedes Risiko ihre Giftpfeile aus dem Hinterhalt abschossen, den König um seine Volkstümlichkeit zu bringen.

»Die Literaturcliquen führen einen Ziegenbock im Wappen«, so hieß es bereits in einem Berliner Zeitungsbericht aus dem Jahre 1788. »Ihre Armatur sind Gänsefedern, und ihre Losung heißt: wer nicht mit uns ist, ist wider uns. Diese Art von Leuten lobt sich in öffentlichen Blättern und preist des anderen Schriften an. Sie glauben und rühmen sich, an der Auflärung des Volkes zu arbeiten.«

Die Macht der französischen Presse war kaum zu unterschätzen. Sie hatte bereits Friedrich dem Großen zu Füßen gelegen, noch ehe dieser überhaupt den Thron bestiegen hatte. Man liebte ihn, weil er, ganz einem Trend der Zeit entsprechend, französische Kultur und Sprache schätzte. Selbst Voltaire hatte damals in die Saiten seiner sonst so wenig melodischen Leier gegriffen und den preußischen

Thronfolger besungen, über den »alle Götter staunten«, weil sich in ihm eine so klare Sprache im Osten dieses Erdteils zu artikulieren begann.

Der »Presseskandal«, den das Wöllnersche Religionsedikt auslöste, überstieg bei weitem die Erwartungen, die man natürlich mit einkalkuliert hatte. Der König sah sich mit einem Schlage in den Mittelpunkt einer publizistischen Hetzkampagne gerückt, aber er kümmerte sich nur wenig um das Gekläff, das sich rings um ihn erhob und nicht weniger heftig gegen seinen Minister Wöllner zielte.

Seiner religiösen Grundhaltung entsprechend hatte er nichts anderes getan, als sein altes rosenkreuzerisches Gelöbnis eingelöst, dem Ungeist der Aufklärung die Grenzen zu weisen und die von rationalistischem Gedankengut angekränkelte Kirche wieder ihrer eigentlichen Bestimmung zuzuführen, nämlich »den Glauben an Jesum und nichts anderes dem Volke zu lehren«.

Es hatte sich nämlich im Protestantismus der Zeit die üble Gewohnheit eingeschlichen, die Gläubigen von der Kanzel herab davon zu überzeugen, daß der Christenglaube allen Verstandeserwägungen zu widersprechen schien. Wer daher mit der Zeit zu gehen beanspruchte und ernst genommen sein wollte, brauchte nun kein Blatt mehr vor den Mund zu nehmen, um über Religion und über das Christentum insbesondere mit einem leisen, aber unverhohlenen Unterton von Spott zu tönen.

Ansonsten wurde von der Kanzel nicht mehr wie seit Generationen die reine Lehre verbreitet, sondern nur noch auf eine einschläfernde Weise Moral gepaukt. Dieser Zustand war für den religiös empfindenden Monarchen natürlich eine Herausforderung, die an den Nerv des Staates rührte und die er nicht tatenlos akzeptieren konnte. Daher verordnete er kurz und bündig, »daß in den preußischen Landen die christliche Religion den protestantischen Kindern in ihrer alten, ursprünglichen Reinheit und Echtheit erhalten und wiederhergestellt werde, auch dem Unglauben eben so wie dem Aberglauben, der Verfälschung der Grundwahrheiten des Glaubens der Christen und der daraus entstehenden Zügellosigkeit der Sitten, soviel an Uns ist, Einhalt geschehe«.

An der Redlichkeit dieser Absicht war kaum zu zweifeln. Trotzdem erhob sich sogleich ein Sturm im Wasserglas, der in preußischen Landen kaum je seinesgleichen hatte. Das Wort von einer »protestantischen Inquisition« wurde in Umlauf gesetzt und beunruhigte die Gemüter. Während anonyme Pasquillanten vorgaben, der Toleranz und Freiheit des Geistes eine Gasse zu bahnen, machte die Verlotterung der Sitten schnelle Fortschritte. Das Lustspiel »Das Religionsedikt« des verkrachten Theologen Karl Friedrich Bahrdt, von dem bereits die Rede war, ist nur eine der literarischen Emanationen, die diese Maßnahme der Regierung zeitigte.

Während das Volk von Paris sich anschickte, die Bastille zu erstürmen, schien auch die Luft in Deutschland von einer seltsamen Brisanz geladen zu sein. Aber Wöllner ging seinen einmal eingeschlagenen Weg konsequent zu Ende und erinnerte sich später an diese stürmische Zeit: »Ich sah all den Lärm voraus, den das Edikt in einem Lande machen würde, wo die Religion seit einem halben Jahrhundert ein Wort ohne Bedeutung geworden war. Ich sah auch das Unheil voraus, das durch den Verfall der Religion notwendig für den Staat erfolgen müßte. Ich schlug daher dem König von zwei Übeln das geringere vor und riet zur Erlassung eines Ediktes. Bald wird sich den alle Neuerungen angaffende Pöbel matt geschwatzt und gelärmt haben, und die Früchte dieser Verordnung werden ihren Segen auf die späteren Nachkommen ausstreuen.«

Dem König und seinen Mitarbeitern wurde von vielen Zeitgenossen bescheinigt, sie hätten mit dem rigorosen und zunächst so unpopulären Religionsedikt eine Tat vollbracht, die mehr moralischen Mut als manche Schlacht erfordert hätte. Indem sie sich bereitfanden, aufklärerische Flachheit nicht als der Weisheit letzten Schluß anzuerkennen und damit dem Volk seine angestammte Religion, ohne die es nicht sinnvoll existieren kann, zurückzugeben, hätten sie sich um Preußen verdient gemacht.

In den Paragraphen des Ediktes waren die Fronten klar abgesteckt worden. »Man entblödet sich nicht«, heißt es da, »die elenden, längst widerlegten Irrtümer der Socianer, Deisten, Naturalisten und anderer Sekten mehr wiederum aufzuwärmen und solche mit vieler Dreistigkeit und Unverschämtheit durch den äußerst gemißbrauchten Namen: Aufklärung unter das Volk auszubreiten, das Ansehen der Bibel als des geoffenbarten Wortes Gottes immer mehr herabzuwürdigen und diese göttliche Urkunde der Wohlfahrt des Menschengeschlechtes zu verfälschen, zu verdrehen oder gar wegzuwerfen; den Glauben an die Geheimnisse der geoffenbarten Religion überhaupt und vornehmlich an das Geheimnis des Versöhnungswerks und der Genugtuung des Welterlösers den Leuten verdächtig zu machen und auf diese Weise dem Christentum auf dem ganzen Erdboden gleichsam Hohn zu bieten.

Diesem Unwesen wollen Wir nun in Unseren Landen schlechterdings um so mehr gesteuert wissen, da Wir für eine der ersten Pflichten eines christlichen Regenten halten, in seinen Staaten die christliche Religion, deren Vorzug und Vortrefflichkeit längst erwiesen ist, bei ihrer ganzen hohen Würde und in ihrer ursprünglichen Reinheit, so wie sie in der Bibel gelehrt wird... gegen alle Verfälschungen zu schützen und aufrecht zu halten, damit die arme Volksmenge den Vorspiegelungen der Modelehrer nicht preisgegeben und dadurch den Millionen Unserer guten Untertanen die Ruhe ihres Lebens und ihr Trost auf dem

Sterbebette nicht geraubt und sie also unglücklich gemacht werden.«

Die Pfarrer, denen es Gewissensskrupel bereiten könnte, die wahre Lehre Christi, wie die Bibel sie verkündet, zu predigen, sollten nicht etwa verfolgt werden, sondern sollten aus ehrlichem und freiem Entschluß ihr Amt niederlegen. »Aus grober Vorliebe zur Gewissensfreiheit«, will der König sie sogar in ihren Ämtern belassen, »nur muß die Vorschrift des Lehrbegriffes ihnen beim Unterricht ihrer Gemeinden stets heilig und unverletzbar bleiben.«

Die bedenkenlose Verwässerung des Evangeliums hoffte Friedrich Wilhelm auf diese Weise zu unterbinden. Er hatte nämlich längst mehr als andere begriffen, daß zwingende Relationen zwischen der rationalistischen Zersetzung der Glaubensinhalte und dem wachsenden Sittenverfall bestanden. Der Vorwurf, er wollte mit diesem Edikt, einen verhängnisvollen Rückschritt, einen Rückfall ins Mittelalter einleiten, traf ihn keineswegs.

Für ihn handelte es sich vor allem darum, verantwortungslosen Demagogen das Handwerk zu legen, da sie bereits auf dem besten Wege waren, Staat und Volk schwersten Schaden zuzufügen. Diese hatten, um den kleinen Mann zu verunsichern, behauptet, das Religionsedikt »breite die Mitternacht auf diesem Lande aus.«

Wöllner wurde von ihnen als der eigentliche Buhmann der Reaktion angeprangert, und der Makel der Intoleranz ist bis zum heutigen Tage sicher zu Unrecht an seinem Namen haften geblieben. Dabei sind seine Verdienste um den Bestand des Staates unverkennbar, aber niemand hat bisher ein Wort zu seiner Rechtfertigung gewagt. Bei objektiver Betrachtung stellt sich jedenfalls heraus, daß er verantwortungsbewußter und in jedem Fall weitschauender als seine weltanschaulichen Gegner handelte, für die das Zersetzen um jeden Preis eine Art Selbstbestätigung bedeutete.

Dieser Sturm im Wasserglas steigerte sich schließlich zum Orkan, als am 19. Dezember 1789 das sogenannte Zensurdiktat erlassen wurde, das sinnvoll das Religionsedikt ergänzte. Alle Texte, die gegen Gott, den Staat und die guten Sitten verstoßen, so lautete das Fazit dieser Verordnung, sollten fortan nicht mehr gedruckt und publiziert werden. Vor der Drucklegung sind demnach alle Bücher der Zensur vorzulegen, selbst die Schriften der Universitätslehrer. Die Männer um Friedrich Wilhelm II. schritten also angesichts einer heraufziehenden Gefahr zur Tat und verhielten sich keineswegs so passiv wie die Monarchie in Frankreich, die offenen Auges in die bereitgehaltenen offenen Messer einer zum Äußersten und bis zum Tyrannenmord entschlossenen Opposition hineinrannte und ihren Mördern schließlich noch Applaus zollte.

Die systematische Zersetzungsarbeit der damaligen Skribenten hatte immerhin den Erfolg, daß die Popularität des »guten Königs« merklich Schritt um Schritt abgebaut wurde. Da er wie wenige begriffen hatte, daß die Krise seiner Zeit primär religiöser Natur war, gab es für ihn kein Paktieren mit Literaten, die unter dem alten König gute Tage verlebt hatten. Der spätere Staatskanzler Hardenberg stimmte dem König in seinen Maßnahmen voll und ganz zu. Bereits 1793 entlarvte er rücksichtslos die subversiven Tendenzen der Publizisten, welche »die gefährlichen Grundsätze der Revolution auch in unserem Vaterlande ausbreiten, um sich Anhänger zu erwerben, worunter einige soweit gehen, daß sie außer der Aufruhr- und Empörungsgrundsätze sich Urteile und Raisons erlauben, welche den Königsmord entschuldigen und sogar billigen.«

Zweifellos besaß Friedrich Wilhelm II. ein sicheres und untrügliches Gespür für die unterschwelligen geistigen Strömungen seiner Zeit. Er hatte die tödliche Gefahr gewittert, die über den Mächtigen Europas schwebte. Er zog nicht nur weltanschaulich, sondern auch politisch sogleich die Konsequenzen aus dieser Erkenntnis, indem er schleunigst das Kriegsbeil, das der preußischen Tradition entsprechend gegen Österreich erhoben worden war, begrub. Nun handelte es sich für ihn vor allem nur noch darum, den gemeinsamen, zum Letzten entschlossenen Feind im Westen mit kompakter Machtkonzentration so wirkungsvoll wie nur möglich zu bekämpfen. Er empfand sich selbst als Vorkämpfer gegen den Geist der Aufklärung, der aus Frankreich herüberwehte, und nahm die Pflicht ernst, das alte, ermattete Europa, das er als einer der letzten überzeugend vor aller Welt vertrat, vor kaum noch zweifelhaften Gefahren zu schützen.

Der Musenhof

Wenigstens die eine Tatsache, daß Friedrich Wilhelm die Berliner Kunstszene wie wenige wieder belebt hatte, mußten ihm auch seine unversöhnlichsten Gegner zugestehen. Schließlich hatte er durch seine persönliche Initiative der als amusisch verschrieenen preußischen Kapitale noch einmal im Zeichen des ausgehenden Rokoko den Rang eines weithin ausstrahlenden kulturellen Zentrums verschafft. Fest steht in jedem Fall auch, daß er der am meisten für alles Musische aufgeschlossene Sproß des eher für militärische Schaustellungen disponierten Hauses Hohenzollern war. Ein exzellenter Cellist war er dazu, der den passionierten Flötenspieler Friedrich bei weitem an künstlerischer Ausdrucksfähigkeit und technischer Perfektion übertraf.

Friedrich der Große hatte den damals bekanntesten Cellisten Jean Pierre Duport zum Vorspiel nach Potsdam eingeladen und ihn in seine Kapelle aufgenommen. Da dieser augenscheinlich auch über bemerkenswerte pädagogische Talente verfügte, machte der Thronfolger unter seiner Anweisung in wenigen Wochen beachtliche Fortschritte auf seinem Instrument, von dem er sich dann zeit seines Lebens nicht mehr trennen sollte. Alle, die ihn spielen hörten, wußten vor allem sein beseeltes Adagio zu rühmen.

Der Musikenthusiast Friedrich Wilhelm setzte sogleich alles daran, Duport an seinem Hof zu halten, wo dieser dann im Laufe der Jahre sich als tragende Säule eines blühenden Musiklebens erwies. Er war der eigentliche Spiritus rector des Privatorchesters des Prinzen, das immerhin dreiundzwanzig Instrumentalisten umfaßte. Nach dem Tode Friedrichs des Großen wurde es mit der königlichen Kapelle vereinigt und umfaßte siebzig Musiker. Es erlangte schließlich einen internationalen Ruf als das wohl künstlerisch bedeutendste Hoforchester jener Zeit, als die »größte Sammlung von Virtuosen der Welt«, wie Mozart es zu bezeichnen pflegte.

Die Musikbegeisterung Friedrich Wilhelms riß keinen Augenblick seines Lebens ab. Er pflegte, falls seine Pflichten es erlaubten, täglich zwei Stunden Cello zu spielen. Selbst auf seinen Reisen und Feldzügen begleitete ihn sein Instrument. Ständig wurde in seinem Palais die Kammermusik gepflegt. Er wußte vor allem die schlichte Anmut Joseph Haydns zu schätzen; aber auch der Italiener Boccherini, der verarmt in Madrid lebte, gehörte zu den von ihm bevorzugten Komponisten. Ihm verlieh er im Jahre 1787 den Titel eines Hofkomponisten und setzte dem Meister eine Jahresrente aus, dessen Zahlung erst beim Tode des Königs eingestellt wurde.

Den Italiener Righini, dessen Kompositionen er mit besonderer Vorliebe spielte, ernannte er schließlich zum Kapellmeister. Aber auch heimische Musiker unterstützte er nach besten Kräften. So ließ er den begabten märkischen Pianisten Friedrich Heinrich Himmel in Dresden studieren und gewährte ihm die Mittel für einen zweijährigen Aufenthalt in Italien. Nach seiner Rückkehr wurde er an Reichardts Stelle zum königlichen Kapellmeister berufen und erwarb sich in Berlin einen nicht unangefochtenen Ruf als Komponist und Pianist. Auch Karl Ditters von Dittersdorf, den damals wohl bekanntesten und meistgespielten deutschen Komponisten, versuchte er an Berlin zu binden. So konnte am 5. August 1789 im Opernhaus dessen Oratorium »Hiob« mit einem verstärkten Orchester aufgeführt werden. Der König, von dieser Darbietung hingerissen, schenkte dem Komponisten bei dieser Gelegenheit eine goldene Dose, die mit zweihundert Dukaten gefüllt war.

Auch die Oper erlebte unter der Ägide Friedrich Wilhelms einen bemerkenswerten Auftrieb. Am 11. Januar 1788 wurde das von Carl Gotthard Langhans umgebaute Haus, das nun den höchsten Ansprüchen der Bühnentechnik genügte, mit Reichardts Oper »Andromeda« in Gegenwart einer illustren Gesellschaft von Fürstlichkeiten feierlich eröffnet. Der Hofpoet Filistri hatte das Libretto dieser Oper verfertigt. Die Wendung zur deutschen Musik, die der König mächtig forcierte, zeichnet sich von nun an deutlich im Repertoire ab. Namen wie Gluck, Mozart, Dittersdorf und Hiller nahmen immer mehr Raum darin ein, während das Ensemble sich zunehmend aus deutschen Sängern und Musikern rekrutierte.

Da die Oper auf Kosten des Königs unterhalten wurde, war der Eintritt damals für jedermann frei. Vor allem nahm die Berliner Garnison an den Aufführungen teil. Das Parterre war zeitweilig sogar ausschließlich den Soldaten vorbehalten. Opern wurden vor allem während der Karnevalszeit aufgeführt, wenn der König sich in Berlin aufhielt. Stets standen dann etwa zehn Werke auf dem Spielplan.

Den exquisiten Rang des königlichen Orchesters bestätigte übrigens Mozart, als er im Jahre 1789 in Berlin und Potsdam weilte. Damals hatte der in Wien lebende Fürst Lichnowski, ein angesehener oberschlesischer Gutsbesitzer und preußischer Offizier, dessen Mäzenatentum mehr als nur eine feudale Marotte eines Grandseigneurs war, den zwar bereits berühmten, aber ständig unter Geldmangel leidenden Wiener Kompositeur nach Berlin gebracht. Er mochte sich von der Begegnung dieses Genies mit einem für alles Schöne leicht entflammbaren König einiges für beide versprochen haben. Es war nämlich bekannt geworden, daß die Erstaufführung der »Entführung aus dem Serail« in Berlin Furore gemacht und das ganze Entzücken des Königs erregt hatte.

Dieser erste Besuch brachte Mozart jedoch keineswegs die erwünschte Begegnung mit Friedrich Wilhelm. Der Monarch war abwesend und daher unerreichbar, als Mozart am 28. April 1789 in Potsdam eintraf und im Hause des königlichen Hornisten Türrschmidt am Bassinplatz Quartier bezog. Aber immerhin: Königin Friederike brannte darauf, diesen musikalischen Wundermann aus Wien, von dem ganz Europa sprach, seitdem er als musizierendes Wunderkind auf endlosen Konzertreisen von sich hatte reden gemacht, zu sehen und zu hören. In der vagen Hoffnung, seinem Schicksal doch noch eine günstigte Wendung zu verleihen, schrieb Mozart damals an seine Frau nach Wien: »Die Königin will mich am Dienstag hören; da ist aber nicht viel zu machen. Ich ließ mich melden, weil es gebräuchlich ist und sie es mir sonst übel nehmen würde. Du mußt Dich bei meiner Rückkunft schon mehr auf mich als auf das Geld freuen. Hundert Friedrichsdor sind siebenhundert Wiener Gulden. Lichnowski mußte forteilen, und so habe ich in dem teurem Potsdam selbst zehren müssen; auch habe ich jemanden, dem ich es nicht abschlagen konnte, hundert Gulden geliehen. Dazu kommt, daß die Akademie in Leipzig, wie ich immer sagte, schlecht ausgefallen ist. Lichnowski ließ mir aber keine Ruhe, ich mußte hin. Hier in Berlin ist mit einer Akademie nicht viel zu machen: der König sieht es nicht gern. Du mußt also mit mir und mit diesem zufrieden sein, daß ich so glücklich bin, bei diesem König in Gnaden zu stehen. Was ich Dir da geschrieben habe, bleibt unter uns...«

Unverrichteter Dinge und ein wenig resigniert hat sich Mozart damals nach Leipzig begeben. Aber am 19. Mai tauchte er abermals in Berlin auf, und diesmal fand er nicht nur Gelegenheit, die Hofkapelle zu dirigieren, auf dem Flügel zu konzertieren, sondern auch mit dem König selbst Quartett zu spielen.

Aus diesen Tagen stammt dann auch die Anekdote, die wissen will, daß Mozart sich am Tage seiner Ankunft in Berlin noch stehenden Fußes ins Komödienhaus am Gendarmenmarkt begeben hätte, wo gerade seine »Entführung« auf dem Programm stand. Natürlich entsetzte sich der Meister über manche »Schnörkelei« der Sänger. Auch an der Intonation des Orchesters hatte er mancherlei auszusetzen.

Er sang die Melodien, bald leise, dann aber auch sehr zum Entsetzen des Publikums unbekümmert laut mit, und als schließlich bei der Arie des Pedrillo »Frisch zum Kampf!« die zweiten Geigen, Dis statt D spielten, ging ihm sein künsterlisches Temperament durch, so daß er ungeniert drauflospolterte: »Verflucht, wollt ihr nicht D greifen?«

Die Musiker, über so viel Sachverstand erstaunt, sollen damals verwirrt und erschreckt aufgefahren sein und in dem unscheinbaren Mann mit dem unverkennbaren österreichischen Akzent den genialen Kompositeur ihrer Oper erkannt haben.

Sie unterbrachen spontan die Aufführung und huldigten in ihm dem personifizierten Genius der Musik schlechthin. Selbst die Primadonna des Abends, die ominöse Madame Baranius, die das Blondchen mit viel Verve spielte, verschwand hinter den Kulissen, bis Mozart zu ihr eilte und mit seinen Komplimenten nicht geizte, ehe der Abend dann wieder einen ungestörten Fortgang nahm.

Zweifellos hatte Mozart die Reise nach Berlin in der heimlichen Hoffnung angetreten, der König würde ihn in preußische Dienste nehmen und damit seinen materiellen Miseren ein Ende bereiten. Wahrscheinlich hat aber Duport dem König von einer solchen Berufung abgeraten, da er zu Recht Mozarts Überlegenheit zu fürchten hatte. Aber immerhin erteilte der König dem Komponisten den Auftrag, für ihn sechs Streichquartette und für die Prinzessin Friederike Charlotte sechs leichte Klaviersonaten zu komponieren, die er mit 100 Friedrichsdor honorierte. Die Streichquartette, die sich durch einen besonders ansprechenden Cellopart auszeichneten, waren übrigens die letzten, die der schon vom Tode gezeichnete Wiener Meister schrieb.

Friedrich Wilhelm revanchierte sich dann auch wahrhaft königlich durch die Übersendung einer goldenen Dose mit 100 Friedrichsdor.

Auch aus dem Handschreiben des Königs, das dieses fürstliche Geschenk begleitete, sprach die ganze Generosität dieses Hohenzollern, der die einsame Größe Mozarts wie nur wenige seiner Zeitgenossen gespürt hatte. Selbst nach dem Tode Mozarts ließ er noch als Benefiz für dessen Witwe in deren Gegenwart im Jahre 1796 Mozarts »Titus« im Opernhaus aufführen und kaufte fünf Streichquartette ihres verstorbenen Mannes für 500 Dukaten.

Für das Glockenspiel der Potsdamer Garnisonkirche bestimmte er zu Ehren Mozarts das bekannte Papagenolied aus der »Zauberflöte«, dem das Volk dann den Text von »Üb' immer Treu und Redlichkeit« unterlegte.

Mozart hatte bei seinem Besuch am preußischen Hof den ungewöhnlichen Künstler in Friedrich Wilhelm durchaus respektiert. Und in der Tat war die Musikalität des Königs ebenso unverkennbar wie sein kulturelles Engagement ganz allgemein. Solange er lebte, setzte er all seine Energie daran, seine Hofkapelle, in der er zuweilen selbst als Cellist mitwirkte, zu verbessern und zu erweitern. Die Pflege der Musik hatte er sich zur Sache seines empfindsamen Herzens gemacht. Immer wieder war sie es, die ihn über alle Miseren und Niederlagen seines Lebens hinwegtröstete. Dabei überblickte er das musikalische Leben seiner Zeit durchaus. Er hatte Kontakte mit den bekanntesten Komponisten geknüpft, deren zeitlosen Wert er instinktsicher einzuschätzen verstand.

Das Echo der Musikwelt war dementsprechend lebhaft: Haydn widmete dem preußischen König im Jahre 1787 sechs Streichquartette, für die er von dem merklich erfreuten Monarchen dreißig Dukaten empfing. Diesem lag die Verbreitung guter Musik in seinem immer noch als amusisch verketzerten Lande ungemein am Herzen. Daher erweiterte er seine Hofkonzerte zu öffentlichen Musikzirkeln, auf denen vor allem deutsche Komponisten die Chance erhielten, mit viel Kunstverstand überzeugend interpretiert zu werden. Durch seine Initiative wurden die Symphonien Haydns zum ersten Mal einem breiteren Publikum dargeboten. Mit dem Italiener Boccherini, dessen Musik so ganz den Geschmack des Königs traf, verhielt es sich in dieser Hinsicht kaum anders.

Schließlich bleibt auch noch die Begegnung Friedrich Wilhelms II. mit dem sechsundzwanzigjährigen Ludwig van Beethoven im Jahre 1796 zu erwähnen, die als eine besondere Sternstunde in die deutsche Musikgeschichte eingegangen ist. Beethoven hatte damals auf Initiative des Fürsten Lichnowski eine Konzertreise unternommen und dabei auch Berlin berührt. Es hat sogar den Anschein, daß sich eine Anstellung Beethovens am preußischen Hof nur durch den frühen Tod des Königs zerschlug.

Jedenfalls muß der Auftritt dieses Genies, der sich bedenkenlos über alle höfische Etikette hinwegsetzte, einer der großen Höhepunkte der Berliner Musikgeschichte gewesen sein. Beethoven scheint sich von der musischen Atmosphäre des Hofes so inspiriert gefühlt zu haben, daß er die Gunst des schöpferischen Augenblicks zu nutzen verstand und die beiden Sonaten für Violoncello und Klavier, op. 5, komponierte und sie dann mit Duport dem König vortrug. Natürlich zeigte sich der Hof, ja ganz Berlin von der ungewöhnlichen künsterlischen Erscheinung des noch jugendlichen Virtuosen mit dem zerwühlten Haar und dem abweisenden Blick des Introvertierten zutiefst beeindruckt. Sein Spiel wurde als geradezu revolutionierend empfunden. Noch hatte man die besänftigenden Rokokoklänge Haydns oder Mozarts im Ohr, als dieser Titan erschien und, alle Herzen bewegend, die Eruptionen einer gänzlich neuen Zeit in seinem Spiel ahnen ließ.

Der stürmische Impetus dieses jungen Mannes verschlug allen, die sich im Potsdamer Marmorpalais zusammengefunden hatten, den Atem. Der König, so wird glaubhaft berichtet, zeigte sich zunächst ehrlich um das Schicksal seines wertvollen Silbermann-Flügels besorgt, der unter dem wuchtigen Anschlag dieses alle Tiefen der menschlichen Seele aufwühlenden »Barbaren« erbebte. Im Bewußtsein, einem einmaligen künsterlischen Ereignis beizuwohnen, erlag er den Stürmen, die dieses Genie entfesselte. Keine Hand rührte sich zum Beifall, bis die erste Faszination vorüber war. Dieser Berserker, der noch unerweckte Empfindungen der Menschen eines neuen Zeitalters bereits künsterlisch zu artikulieren verstand, hatte alle konventionellen Vorstellungen von Musik mit seiner furiosen Dynamik hinweggefegt.

Immerhin muß auch Beethoven von der Erscheinung dieses musischen Preußenkönigs tief beeindruckt gewesen sein. Vor allem aber sein Zusammentreffen mit dem Prinzen Louis Ferdinand bestärkt ihn in seiner Überzeugung, daß sich die preußische Kapitale, die bis dahin künstlerisch eher ein Schattendasein gefristet hatte, auf dem besten Wege befand, sich zu einem wahrhaftigen Spree-Athen zu mausern. Jedenfalls konnte er dem genialen Prinzen unverblümt bescheinigen, »daß er gar nicht königlich oder prinzlich spielte, sondern ein echter, tüchtiger Klavierspieler sei«. Er grüßte in ihm einen durchaus ebenbürtigen und kongenialen Geist, dem er dann sein Klavierkonzert c-moll widmete, das dem Heros und dem talentierten Hohenzollern, der so bald schon seinen legendären Schlachtentod finden sollte, huldigte.

Seine Begegnung mit dem Hofkapellmeister Friedrich Heinrich Himmel verlief für Beethoven weniger positiv. Als die Reihe an diesen kam, nunmehr auf dem Klavier zu phantasieren, konnte sich Beethoven nach einer Weile nicht die Frage verkneifen: »Nun, Herr Himmel, wann fangen Sie denn endlich richtig an?«

Beethoven bestätigte ihm zwar ein »ganz artiges Talent«, doch sei er dem Prinzen Louis Ferdinand als Künstler um Klassen unterlegen.

Im übrigen wirkte der Besuch Beethovens in der preußischen Metropole auf phantasievolle Gemüter augenscheinlich ungemein legendenbildend. Jedenfalls entstand nach seinem denkwürdigen Besuch beim preußischen König ein Gerücht, das als erste zwei französische Musikschriftsteller, Choron und Fayolle, vertraten, die in ihrem »Dictionaire historique des musicien artistes et amateurs morts et vivants« die kühne These verbreiteten, bei Beethoven handelte es sich um einen natürlichen Sohn des Königs Friedrich Wilhelm II. Selbst der »Brockhaus«, Deutschlands repräsentatives Konversationslexikon, übernahm in sieben Auflagen dieses Gerücht, das sich also noch sehr lange am Leben erhielt.

Beethoven hat sich eigentlich nie bemüßigt gesehen, diese Meldung aus einer obskuren Gerüchteküche zu dementieren. Nur in einem der Konversationshefte des Tauben finden sich noch gegen Ende seines Lebens sarkastische Kommentare darüber, und schließlich läßt er sich seinem Freund Wegeler gegenüber zu diesem heiklen Thema folgendermaßen aus: »Du schreibst, daß ich irgendwo als natürlicher Sohn des verstorbenen Königs von Preußen angeführt bin. Man hat mir davon vor langer Zeit ebenfalls gesprochen. Ich habe mir aber zum Grundsatz gemacht, nie wieder etwas über mich zu schreiben, noch irgendetwas zu beantworten, was über mich geschrieben wird. Ich überlasse dir daher gerne, die Rechtschaffenheit meiner Eltern und insbesondere meiner Mutter der Welt bekanntzugeben.«

Das Herz des »guten Königs« schlug aber nicht nur für Musik, sondern auch für die Literatur, vor allem für die deutsche Literatur, die sich eben wieder zu regen begann und die unter ihm eine neue Chance erhielt. »Wir sind Deutsche, und Deutsche wollen wir bleiben«, so lautete seine Parole, die er schon auf seiner ersten Kabinettssitzung als Leitlinie seiner Kulturpolitik ausgegeben hatte. Die bevorzugte Pflege der so lange sträflich vernachlässigten deutschen Kunst war ihm eine Herzensangelegenheit und hatte nichts mit einer billigen Popularitätshascherei zu tun, wie seine Gegner ihm unterstellten. Ludwig Gleim, der Sänger von Friedrichs Schlachtenruhm, erhielt nun seinen verdienten Lohn, und die Karschin kam endlich zu dem Haus, das ihr der Alte Fritz versprochen hatte, ohne daran zu denken, sein ihr gegebenes Versprechen zu halten.

Wenigstens einmal in der Woche pflegte der König das Theater zu besuchen. Er ließ es auch hier an Unterstützungen und Subventionen jeder Art nicht fehlen und wies der Döbbelinschen Truppe ein neues Domizil im bisherigen französischen Komödienhaus an. Schließlich übertrug er Karl Wilhelm Ramler, dem alten Mitstreiter Lessings, und dem damals vielgelesenen Popularphilosophen Johann Jakob Engel die Leitung des in »Nationaltheater« umgetauften Königlichen Schauspielhauses, das am 5. Dezember 1786 auf dem Gendarmenmarkt feierlich eröffnet wurde. Zehn Jahre später übernahm dann Iffland die Direktion des Hauses. Damit begann aber für das Berliner Theater eine neue Ära, die kaum ihresgleichen in der deutschen Theatergeschichte hat.

Überhaupt besteht begründeter Anlaß, mit allem Nachdruck darauf hinzuweisen, daß es Friedrich Wilhelm II. war, der den Grund für eine spätere Kulturblüte auf preußischem Boden legte. Um die Jahrhundertwende hatte sich Berlin, wie man weiß, bereits zu jenem Spree-Athen entwickelt, in dem sich für eine Weltenstunde der Weltgeist am überzeugendsten artikulieren konnte.

Amouren, Amouren

Trotz eines gleichbleibend ungetrübten Verhältnisses zu Wilhelmine Encke blieb der so leicht entzündbare Prinz von Preußen gegenüber der Anziehungskraft anderer Frauen keineswegs unberührt. So geriet sein Herz in helle Flammen, als er am Hof der Königin Elisabeth Christine in Niederschönhausen im Jahre 1784 der damals achtzehnjährigen Hofdame Julie von Voß, Tochter des ehemaligen preußischen Gesandten in Dänemark, begegnete. Sie führte wegen ihres üppigen rötlich getönten Haares und der Blässe ihres Teints den Namen »Ceres« am Hofe.

In den folgenden Wochen und Monaten bietet Friedrich Wilhelm den Angehörigen des Niederschönhauser Hofes immer wieder Gelegenheit, die Beharrlichkeit zu bewundern, mit der er um Julie wirbt, die sich, nichts Gutes witternd, seinen stürmischen Werbungen zu entziehen versucht. Vor allem Sophie von Voß, jene geborene Pannwitz, deren Romanze mit dem unglücklichen August Wilhelm, dem Vater des Prinzen, noch in aller Erinnerung ist und deren Gatte seit 1763 als Oberhofmeister in Niederschönhausen fungiert, kann nun in ihrem Tagebuch als gewissenhafte Chronistin die einzelnen Etappen der aufkommenden Leidenschaft des Prinzen halb zustimmend, dann allerdings immer mehr mit wachsender Besorgnis kommentieren.

Vielleicht sieht diese welterfahrene Frau schon damals die Tragödie klar voraus, die sich da anzubahnen beginnt; denn schon in den ersten Wochen der Beziehung des Prinzen zu ihrer Nichte findet sich die folgende vielsagende Notiz in ihrem Tagebuch: »Julie gefällt dem Prinzen mehr als mir lieb ist. Er spricht viel von ihr; ich fürchte, sie ist nicht unempfindlich für seine Bewunderung, und sie wird durch ein solches Gefühl nur sich selbst unglücklich machen.«

Sophie von Voß, die selbst den jahrelangen leidenschaftlichen Werbungen des Prinzen August Wilhelm nach schweren inneren Kämpfen widerstanden hatte, beginnt damals bereits um das Schicksal ihrer ungleich weniger robusten und seelisch fragileren Nichte zu fürchten. Im Dezember 1784 versucht sie daher den ihr seit sorgenloseren Magdeburger Jugendtagen eng verbundenen Prinzen in einer Unterredung unter vier Augen zu beschwören, sich in seiner Leidenschaft zu Julie Mäßigung aufzuerlegen, um kein Unheil heraufzubeschwören. Damals trifft man auch bereits Anstalten, eine Ehe Julies mit einem Grafen Dohna in die Wege zu leiten, um die leidige Affäre aus der Welt zu schaffen. Friedrich Wilhelm findet jedoch Mittel und Wege, diese Ehe zu unterbinden. Damit aber nimmt das Unheil auch schon unaufhaltsam seinen Lauf.

»Der Prinz spricht wieder mit Julie«, meldet das Tagebuch der Gräfin Voß bald darauf. Sie kann sich nicht des Eindrucks erwehren, daß das Los ihrer Nichte, deren Herz inzwischen auch merklich für den Prinzen entflammt ist, damit besiegelt ist. Sein Versprechen, Julie vor seinen Nachstellungen zu verschonen, ist längst vergessen, und über viele Wochen hin sieht man den Prinzen als ständigen Gast am Niederschönhauser Hof. In seinen Beziehungen zu Julie von Voß hat sich nicht das Geringste geändert.

»Der König kommt, so oft er kann«, heißt es am 25. August 1786, nur eine gute Woche nach dem Tode des alten Königs also, »und dann geht er mit Julie im Garten spazieren; aber sie ist so still und zurückhaltend mit ihm als möglich, was mich freut und etwas beruhigt.«

Im Oktober spricht die erfahrene Kennerin des menschlichen Herzens dann bereits von einem Unglück, das sie sich anspinnen sieht.

»Man möchte Julie zum Schein verheiraten«, berichtet sie. »Es ist schrecklich, wie alles bemüht ist, sie zu ihrem Verderben zu drängen. Sie tut mir furchtbar leid.«

»Meine arme Nichte hat mir ihr Herz ausgeschüttet«, heißt es dann in der Tagebuchnotiz vom 20. November. Sie spart auch keineswegs mit ihrer Kritik an dem von ihr sonst so hochgeschätzten König, wenn sie bemerkt: »Der König kompromittiert sich fürchterlich. Um seiner selbst willen möchte ich, er könnte ein Mann sein und sich besinnen.«

Natürlich ist auch diesmal das Klatschmaul Mirabeau zur Stelle und weiß wie immer sogar entsprechende Details von der neuen Leidenschaft, die nach seiner Meinung den König von seinen Amtspflichten abhält, zu berichten. Unter dem 26. Juli 1787 verzeichnet er: »Auf einer kleinen Reise, welche die Voß mit ihrem Bruder machte, begleitete ein vertrauter Kammerdiener des Prinzen ihren Wagen in der Entfernung, und wenn die Dame, die nach meiner Ansicht sehr häßlich ist, das geringste Begehren kundtat, z.B. nach weißem Brot, so fand sie das, was sie gewünscht hatte, eine halbe Meile davon. Sie hat sich noch nicht ergeben, das scheint unzweifelhaft.«

Die Beharrlichkeit des Königs muß dann auf die Dauer doch das Herz der widerspenstigen Gräfin gerührt haben, so daß sie auf Drängen der Familie, die sich davon Nutzen verspricht, auf den Vorschlag des Königs auf eine dauernde Verbindung mit ihm eingeht. Allerdings knüpft sie die Bedingung an diese Zusage, der König solle sich dazu vorher die Einwilligung der Königin einholen, sich mit ihr zur linken Hand trauen lassen und schließlich »Madame Rietz« mitsamt ihren Kindern ins Exil nach Ostpreußen schicken. Auf die letzte Bedingung geht der König nun allerdings nicht ein; sonst aber akzeptiert er ihre Forderungen bedingungslos.

Am 30. Dezember vermerkt das Tagebuch der Gräfin Voß: »Heute kam endlich, was ich lange gefürchtet hatte: Meine Nichte warf sich in meine Arme, um mir zu sagen, daß ihr Schicksal entschieden sei. Sie wolle dem König angehören aus Pflicht für ihn und aus Liebe zu ihm! – Ich gestehe, ich finde sie so furchtbar zu beklagen, daß ich kein Wort mehr habe, sie zu verdammen, sie wird bald namenlos unglücklich sein, denn ihr Gewissen wird sie nie mehr Ruhe und Frieden finden lassen.«

Die Kirche sah sich angesichts der Frage einer morganatischen Ehe vor eine kaum lösbare Aufgabe gestellt. Schließlich berief man sich auf das bekannte Gutachten Melanchthons, das die Doppelehe Philipps des Großmütigen von Hessen kirchlich sanktioniert hatte. Nachdem auch die Oberen des Rosenkreuzerordens ihre Zustimmung erteilt hatten, fand die Trauung im Charlottenburger Schloß statt. Die Königin wandte sich in dieser Frage an ihre Mutter, die »große Landgräfin«, die ihr nahelegte, ihre Einwilligung nicht zu versagen. Ihre heimliche Spekulation zielte dahin, die Voß würde ihren ganzen Einfluß geltend machen, die vielgehaßte Wilhelmine aus dem Herzen des Königs zu verdrängen und damit ihre gefährlichste Rivalin zu erledigen.

Der König zeigte sich gegenüber der Familie Julies, die er zur Gräfin Ingenheim ernannte, wie stets ungemein großzügig. Er beförderte ihren Bruder zum Staatsminister. Dieser spekulierte darauf, seine Schwester würde den Einfluß der Familie auf den König erhöhen und damit zum vermeintlichen Glück Preußens entscheidend beitragen.

Mirabeau jedoch, der bald herausgespürt hatte, daß die neue Favoritin des Königs die antifranzösische Fraktion des Hofes verstärkte, unterzog sie daher sofort seiner unerbittlichen Kritik. »Fräulein von Voß«, läßt er sich zu ihrer Person vernehmen, »besitzt einen gewissen natürlichen Verstand und einige Bildung, aber eher Raserei als Begierden. Sie bemüht sich, ihr sehr hervorstechendes linkisches Wesen durch den Anschein von Naivität zu verdecken. Sie ist häßlich in hohem Grade. Grazie hat sie nicht und einen Bauernteint, der mehr bleich als weiß ist. Sie besitzt eine schöne Büste. Ihre Vestalinnenstrenge hat den König verführt. Sie findet es lächerlich, eine Deutsche zu sein, spricht etwas Englisch und ist eine Anglomanin, die meint, es gehöre nicht zum guten Ton, die Franzosen zu lieben. Einige liebenswürdige Leute dieser Nation haben sie in Verlegenheit gesetzt, aus Eitelkeit haßt sie diejenigen, die sie nicht nachahmen kann. Mitten in ihren Schwächen besitzt sie eine fast abergläubische Devotion, und diese hat sie veranlaßt, die eheliche Einsegnung für ihr Verhältnis mit dem König zu verlangen. Am 22. Dezember 1786, vier Monate nach Friedrichs II. Ende, wurde sie des Königs vierte Frau.«

Trotz der vollzogenen Trauung, die Hofprediger Sack am 26. Mai 1787 in der Kapelle des Charlottenburger Schlosses vollzogen hatte, litt Julie unsäglich unter der neuen Situation, die sie als Mitglied einer der ersten Familien des Landes als überaus unehrenhaft empfand. Immer wieder kann in der folgenden Zeit die Haushofmeisterei von der Verzweiflung und den Gewissensskrupeln ihrer Nichte berichten, die dem König am 2. Januar 1789 einen Sohn, den Grafen Gustav von Ingenheim, gebar. Zwei Tage darauf lautete dann die Eintragung im Tagebuch der Gräfin von Voß: »Das Kind wurde getauft. Der König hielt es selbst über die Taufe. Es heißt Gustav Adolf Wilhelm. Julies Bruder, der Minister Bischoffswerder und ich waren die Paten. Der König war fast den ganzen Tag bei der Kranken. Es ist wahr, er ist wirklich der beste Fürst, den man auf der ganzen Welt finden kann; leider nur, daß er so willensschwach, so ohne Energie und zuweilen so heftig ist.«

Damit aber drängte die Tragödie der Gräfin Ingenheim, gegen deren Ehre es zu sein schien, nun als Preußens offizielle Mätresse angesehen zu werden, schon dem Ende zu. Da sich selbst ihre früheren Freunde brüsk von ihr abwandten, kam es zu peinlichen Auftritten bei Hofe. Sogar ihre Jugendfreundin, Prinzessin Friederike, Tochter Friedrich Wilhelms aus seiner ersten Ehe mit der Braunschweigerin, wich ihr aus, und die Krankheit, von der im Tagebuch der Gräfin Voß die Rede ist, stellte sich nur zu bald als eine Krankheit zum Tode heraus. Julie verfiel zusehends. Es dauerte dann nur noch ein Vierteljahr, bis sie am Erbübel ihrer Familie, der Auszehrung, starb.

Zwei Tage nach der Taufe übermittelte Mirabeau folgende Meldung nach Paris: »Die innere Gärung am Hofe nimmt derart zu, daß sie sich bald nach außen entladen wird. Die Willenslenkerin des Königs oder vielmehr die Lenkerin seiner geheimen Lüste steht im Gegensatz zu Bischoffswerder und Wöllner. Diese stehen sich schlecht mit Fräulein von Voß, die ihrerseits will, daß die Rietz entfernt werde. Die Rietz wiederum will, daß Fräulein von Voß eine reiche Mätresse, aber keine Ehefrau wird. In diesem Durcheinander sich widersprechender Willensbestrebungen arbeitet jeder für sich, außer dem König, und dieser laviert inmitten des beginnenden Aufruhrs, so gut er kann. Der Geburtstag des Grafen von der Mark am 5. Januar ist zudem ein Ereignis, aus dem die Familie Rietz Vorteil zu ziehen weiß. Der König hat die Mutter bei sich zu Tische gehabt, und die Aussöhnung hat die Gemüter wieder beruhigt.«

Die von Mirabeau vorausgesagte Palastrevolution fand allerdings nicht statt. Dafür erschien Julie am 5. Februar noch einmal zur großen Cour, bei der ihr der König ein kleines Etui mit 50 000 Talern und ein Porträt, mit Brillanten besetzt, schenkte. Aber dann nimmt die galoppierende

Schwindsucht der Unglücklichen einen so überstürzten Fortgang, daß die tief betrübte Tante bereits am 25. März die Schreckensnachricht von ihrem eben erfolgten Ableben zu Protokoll geben kann: »Welch ein Tag des Unglücks! Ganz plötzlich heute abend um acht Uhr verschied die arme Julie. Es kam über sie ein Anfall von Erstickung. Kein Mensch ahnte die hohe Gefahr. Der König fuhr am Nachmittag nach Potsdam. Ich ging gegen abend zu ihr, aber die Prinzessin Friederike, die bei ihr war, redete mir ab, zu ihr hineinzugehen, weil sie zu angegriffen sei, und so habe ich sie nicht mehr gesehen. Ich beweine sie recht von Herzen, und alle beweinen sie mit mir. Es ist furchtbar rasch gegangen, ich kann es gar nicht fassen. Sie starb im Schloß im selben Zimmer, in dem ihr Kind geboren wurde.«

Der so überraschende frühe Tod der Gräfin Ingenheim weckte so - gleich den Verdacht, Wilhelmine könnte bei ihrem schnellen Ende die Hand mit im Spiel gehabt haben. Noch nach dem Tode Friedrich Wilhelms II., als sich die gesamte aufgestaute und vorsätzlich geschürte Volkswut gegen sie richtete, zirkulierte das Gerücht, ihre Nebenbuhlerin mit einem Glas Limonade in der Oper vergiftet zu haben. Dabei hatte, um allen bösen Mutmaßungen die Spitze abzubrechen, der König schon die Leiche öffnen lassen. Bei der Sektion hatten die Ärzte festgestellt, daß die Lunge der Toten »von Geschwüren zerfressen« war.

Unverständlich hingegen blieb das Verhalten der Familie Voß selbst. Die Tote wurde nicht in der Familiengruft beigesetzt. Selbst das sonst übliche Trauergeläut unterblieb bei ihrer Bestattung. Nicht einmal ein Grabstein nennt ihren Namen. Erst später ließ ihr Bruder ihr am Ende des Schloßparks zu Buch nahe dem Panke-Ufer ein Denkmal in Gestalt eines römischen Sarkophages errichten, auf dem ihr Name allerdings nicht vermerkt ist. Dieses Denkmal für die Tote, dem der Bruder schließlich seinen glanzvolen Aufstieg vom Kammerpräsidenten zum Minister des Königs zu verdanken hatte, zeigt lediglich den Todesgenius, der eine junge Sterbene in seinen schützenden Mantel hüllt, die Geburts- und Todesdaten der Gräfin und die Inschrift: »Soror optima, amica patriae, vale!« Beste Schwester, Freundin des Vaterlandes, lebe wohl! Man kann sich kaum des Eindrucks erwehren, daß diese unglückliche junge Frau, die der Familienpolitik hingeopfert wurde, als Namenlose dem Gedächtnis der Nachwelt entrückt werden sollte.

Der König sah sich über den Tod der Ingenheim untröstlich. Ihr so schnelles Ende hatte ihn bis ins Innerste seines Wesens aufgewühlt. Er zögerte daher auch nicht, ihr im Potsdamer Neuen Garten ein würdiges Erinnerungsmal zu errichten. In der ersten Aufwallung seines Schmerzes verfügte er sogar, an dieser Stelle selbst einmal begraben zu werden. Seine Verzweiflung war so echt und ohne alle Pose, daß Bischoffswerder eine Erscheinung der Verstorbenen vortäuschte, die dem König mitteilen ließ, sie fühle sich durch seine Trauer und Sehnsucht in ihrer ewigen Ruhe gestört und bitte ihn, seine Gedanken in eine andere Richtung zu lenken, ohne sich freilich allzu sehr in den Wirbel der Welt zu stürzen.

Aber eben diese Forderung kann der sinnenfrohe König ihr nicht erfüllen. Auf seiner Suche nach Frauen, denen er seine Gunst zu schenken bereit ist, schwankt er noch im gleichen Jahr zwischen einem Fräulein von Viereck und der Gräfin Dönhoff, einer Hofdame der regierenden Königin.

Dabei ist er keineswegs frei von moralischen Skrupeln und Schuldgefühlen. Stets um das Heil seiner Seele besorgt, versucht er immer wieder, heroisch gegen seine Sinnlichkeit anzukämpfen, um ein gottgefälliges Leben zu führen und nicht Gottes Gnade zu verscherzen. Schließlich

Friedrich Wilhelm II., der Nachfolger Friedrich des Großen.

Elisabeth, Prinzessin von Preußen, geb. Prinzessin von Braunschweig, die erste Frau Friedrich Wilhelm II., von der er sich 1769 scheiden ließ.

Königin Friederike Luise (Hessen-Darmstadt), die zweite Frau Friedrich Wilhelm II.

Johann Christoph v. Woellner

Johann Rudolf von Bischoffswerder

Wilhelmine Enck, die spätere Gräfin von Lichtenau

Gräfin Sophie, Juliane v. Dönhoff

Friedrich Wilhelm II., der »Vielgeliebte«

aber fällt seine Entscheidung nicht für die etwas blasse Blondine Viereck, sondern für die temperamentvollere dunkle Dönhoff aus, die zweifellos in vielem attraktiver als die verstorbene Ingelheim ist, »aber ebenso intrigant, als jene gut und einfach gewesen ist«, wie Friedrich August Ludwig von der Marwitz die beiden sicher zutreffend charakterisiert. In seinen Memoiren heißt es dann weiter über die Dönhoff:

»Sie war von der Kriegspartei, arrogant und herrschsüchtig, machte sich dem König sehr beschwerlich, und wie alle vorher erzählten Umstände ihm den Krieg verleidet hatten, wollte sie ihn durch Toben, Zanken, Weinen und dergleichen Weiberkünste dabei fest erhalten.«

Zunächst freilich sträubt sich die Dönhoff, die bald als »Le Denhof« dem Hofklatsch reichlich Stoff liefern wird, die wie immer leidenschaftlichen Werbungen des Königs zu erhören. Dieser zeigt sich dann auch sogleich bereit, ihr nicht nur sein Herz, sondern auch seine Hand anzubieten, indem er sie wissen läßt: »Je suis séparé de la reine; je suis veuf de Mme de Ingenheim, et je vous offre ma coeur et ma main.«

Die Gräfin, wegen ihrer üppigen Erscheinung bei Hofe »Hebe« genannt, ergab sich schließlich dem Willen des Souveräns unter den gleichen Voraussetzungen wie ihre Vorgängerin, die Gräfin Ingenheim. Auch ihre Familie bestand mit Nachdruck darauf, sie sollte sich dem König nur unter der Bedingung ergeben, daß er sich bereitfinden würde, sie sich zur linken Hand antrauen zu lassen. Dieser Handel zahlte sich für die Familie dann auch reichlich aus. Die Gräfin Solms, eine Tante der Dönhoff, erhielt eine Aussteuer von 200 000 Talern, ihre Mutter, die in zweiter Ehe mit einem Grafen Eulenburg verheiratet war, 50 000 Taler, ihr Onkel, ein Herr von Langermann, 40 000 Taler und ihre jüngere Schwester 20 000 Taler. Außerdem wurde für die Dönhoff das Haus des Ministers von Heynitz für 30 000 Taler erworben.

Am 11. April 1790 war es dann endlich so weit. An diesem Tag verzeichnet die Oberhofmeisterei von Voß in ihrem Tagebuch die Zeilen: »Frau von Kameke sagte mir, der König habe sich durch Zöllner mit der Gräfin bei der Solms trauen lassen und sie ginge mit ihm nach Potsdam. Das ist schändlich.«

Das neue Glück des Königs währte jedoch ebenfalls nicht lange. Die ihm morganatisch angetraute Gattin stellte sich als ungemein exaltiert und hysterisch heraus und versuchte, um jeden Preis auf die Politik des Königs in ihrem Sinne einzuwirken und sowohl Bischoffswerder und die Rosenkreuzer, über die sie ihre frivolen Scherze zu machen pflegte, als auch Wilhelmine in der Gunst des Königs auszustechen. Diesmal scheint der ominöse Kriegsrat Cölln in seinen »Vertrauten Briefen« sicher den wahren Tatbestand zu treffen, wenn er in seinem Pamphlet bemerkt: »Sie hatte nicht Verstand genug, den König zu fesseln, und ließ sich, durch einige Schwärmer verführt, einfallen, sich in Staatsgeschäfte einmischen zu wollen.«

Diese vitale und energiegeladene Frau, mit der sich der König offenbar übernommen hatte, brachte schließlich den gesamten Hof gegen sich auf. Die Königin lehnte es kategorisch ab, in ihrer Gegenwart zu Hoffestlichkeiten zu erscheinen. Der Kronprinz haßte sie aus der ganzen Tiefe seines Herzens. Wilhelmine allerdings respektierte diese nicht ungefährliche Rivalin durchaus und vermerkte über die noch in ihrer »Apologie«: »Sie war nicht meine Freundin und hat mir davon einen sehr empfindlichen Beweis gegeben; aber ich bin ihr das Zeugnis schuldig, daß sie den Geist einer Britin oder Römerin besitzt.«

»Die Comtesse Dönhoff«, so berichtet ferner Dampmartin in seinen »Berliner Denkwürdigkeiten«, »blendet durch jenes gefährliche Zusammenspiel von Reizen, Kapricen und Launen, welche die Leidenschaft noch mehr entflammen. War der König beharrlich in seiner Adoration, so durfte er auf deliziöse Vergnügungen rechnen, nur mußte er dabei auf ein ruhiges, friedliches Leben verzichten. Die Gräfin maßte sich als Gemahlin des Königs auch an, als Souverän zu sprechen. Aber der König liebte es weit mehr, sein Vergnügen durch Nachgiebigkeit zu erlangen, als sich in ermüdende Dispute einzulassen. Die Augen der Königin füllten sich mit Tränen, wenn sie der sanften Ingenheim gedachte, die Damen des Hofes ordneten sich nicht ohne Widerstreben dem Vorrange unter, den eine aus ihrer Mitte erlangt hatte. Madame Rietz war klug genug, ohne auch nur einen Laut zu tun, dem Befehl des Königs sich zu fügen, der sie freilich zum Ertragen des beleidigenden Hochmuts der Dönhoff verurteilte. Sie war ja doch sicher, daß der Gebieter des trockenen Tones der vornehmen Dame bald genug überdrüssig werden und zu dem Kreise zurückkehren werde, in dem er sich ungezwungen bewegen konnte. Bald wurde dem König das Einmischen der Gräfin in die Politik unerträglich. Um ihrem Stolz zu genügen und aus Eifersucht gegen die Rietz und deren Rekrutenaushebung aus dem Corps de ballet hatte Gräfin Dönhoff Potsdam verlassen und sich nach Berlin begeben.«

Wie eine Löwin versucht die Dönhoff, welcher der Titel einer Gräfin von Brandenburg verliehen wurde, ihre errunge Position gegen potentielle Rivalinnen zu verteidigen. Es gelingt ihr sogar eine Zeitlang, Wilhelmine ganz aus dem Lebenskreis des Königs zu verdrängen. Sie setzt dem König gegenüber die Anweisung durch, die »Rietz« dürfe den Bannkreis von Potsdam nicht mehr verlassen.

Wilhelmine zeigt sich über das Verhalten des Königs zu Recht empört. In einem Brief, dessen Drastik nichts zu wünschen übrig läßt, appelliert sie an Friedrich Wilhelm, ihre lange Freundschaft nur ja nicht zu vergessen.

»Ich würde Ihnen längst geschrieben haben«, so wendet sie sich in diesen für sie so kritischen Tagen mit erstaunlicher Zivilcourage an den König, »aber mir war so bange, daß Sie würden Verdruß meinetwegen gehabt haben, weil ich drüben in Berlin gewesen bin. Also habe ich Ihnen lieber nicht an mich erinnern wollen; denn ich muß gestehen, daß es mich tief in der Seele kränkt, daß ich, die ich so viele Jahre in Potsdam wegen des Königs in Furcht und Schrecken sein mußte, nun da er nicht mehr ist, wenn ich Ihnen einmal sehen und sprechen will, mich wegen einer Frau verstecken muß, die Ihnen oder die Sie noch nicht zwei Jahre kennen. Und was tat ich dieser Frau? Ich kann keinen anderen Fehler in ihren Augen haben, als daß ich Ihnen zweiundzwanzig Jahre geliebt und verehrt habe und daß ich nicht just zu der Zeit starb, als Sie Ihre Bekanntschaft machten, ist nicht meine Schuld. Daß Sie mich nicht gleich haßten, hat vielleicht nicht sein sollen.«

Anfangs ließ es der König auch der Dönhoff gegenüber keineswegs an Geduld und Großherzigkeit fehlen. Als sie ihm 1792 einen Sohn, den späteren preußischen Ministerpräsidenten Graf Brandenburg, zur Welt brachte, erhielt seine Zuneigung zu ihr neue Impulse. Aber immer wieder versuchte sie, sich in die Politik einzumischen. Sicher verfügte sie über eine echte politische Begabung und ein sicheres Flair für weltpolitische Zusammenhänge. So beschwor sie etwa den König, sich nicht auf ein kriegerisches Abenteuer mit dem revolutionären Frankreich einzulassen.

»Ich gebe Sie ganz auf«, beschwor sie ihn vor Beginn der Kampagne in Frankreich, »wenn Sie sich mit solchem Leichtsinn in ein so gewichtiges und schweres Unternehmen einlassen. Entweder müssen Sie an der Spitze von 200 000 Preußen und 250 000 Österreichischen marschieren oder auf jede Hoffnung des Sieges verzichten. Mit einer Handvoll Leute werden Sie nur Ihr Leben aufs Spiel setzen und Ihre Ehre bloßstellen. Sie werden von den Grenzen zurückgeschlagen werden. Ihre ritterliche Laune macht Sie zu einem Don Quichotte, der ebenfalls Berg und Tag durchzog, um überall das Recht wiederherzustellen, sich auf alles stürzte, was ihm in den Weg kam, und losschlug, ohne auf die Zahl und Stärke seiner Gegner Rücksicht zu nehmen.«

Kein Wunder, daß angesichts so vieler Meinungsverschiedenheiten die seelische Abkühlung nicht auf sich warten ließ. Bereits im Juni 1792 trennten sich die beiden endgültig. Die Gräfin verlegte ihren Wohnsitz nach Neuenburg in der Schweiz, wo sie im Januar 1793 dem König eine Tochter gebar. Die Tatsache, daß sie das Herz des Königs nicht nur mit Wilhelmine, sondern auch mit der Sängerin Baranius von der Oper zu teilen hatte, mochte ihr den Berliner Hof verleidet haben.

Die Affäre schadete dem Ansehen des Königs nicht wenig. Einen letzten Triumph und Eklat hatte sich die Dönhoff, die ein starkes Gespür für theatralische Effekte besessen haben muß, sogar noch vorbehalten. Am 19. November 1793, nachdem der König vom Feldzug im Westen heimgekehrt war, tauchte sie völlig unerwartet in Potsdam auf und begab sich mit der Gräfin Solms heimlich in den Neuen Garten, wo eben im Konzertsaal des Marmorpalais unter der Leitung Duports ein Konzert begonnen hatte. Die sich vernachlässigt fühlende ehemalige Favoritin des amourösen Königs, die sich im dichten Gebüsch versteckt hatte, stürzte sich plötzlich wie eine Furie mit weit aufgerissenen Augen und aufgelösten Haaren durch die Reihen der Zuhörer und legte Friedrich Wilhelm die neugeborene Tochter mit den Worten vor die Füße: »Hier, nehmen Sie Ihr Eigentum zurück!«

Ihre Erwartung, sie würde sich mit dieser gutausgedachten dramatischen Szene das leicht zu rührende Herz des Königs zurückerobern können, trog indessen. Friedrich Wilhelm bewahrte vielmehr eine Kaltblütigkeit, die man ihm kaum zugetraut hätte, führte die Dönhoff in ein Nebenzimmer und sagte nur gelassen die Worte: »Versorgung«.

Die Kinder der Dönhoff blieben in Potsdam zurück und wurden Wilhelmine zur Pflege übergeben, die sich, wie glaubwürdig überliefert ist, aufopfernd ihrer mit echt mütterlicher Wärme annahm. Die Gräfin aber wurde seit diesem von ihr verursachten Skandal vom Hofe ferngehalten und zog sich nach Angermünde in der Uckermark zurück. Erst nach dem Tode des Königs wurde ihr gestattet, ihre Kinder wiederzusehen. Sie starb hochbetagt im Jahre 1834 auf ihren Gütern bei Werneuchen.

Die Liaison des Königs mit der Sängerin Baranius war ebenfalls nicht von langer Dauer; doch gelangte diese zu einem großen Einfluß auf den preußischen Theatern, so daß Mozart, als er in Berlin weilte, dringend geraten wurde, sich mit ihr gut zu stellen, wollte er beim König gnädig vorgelassen werden. Immerhin müssen Schönheit und geistiges Format dieser Künstlerin bedeutend gewesen sein. Am 25. Oktober 1793 schrieb die menschenkundige Rahel Varnhagen über ihre Begegnung mit dieser Aktrice und Primadonna des Berliner Theaters: »Nein, wie sie schön war, noch hab ich Kopfschmerzen davon! Sie war bei meiner Schwägerin, und wir alle drängten uns ihr nah. Und da reden die dummen Menschen noch lange schlecht davon; als wenn dies Drängen nicht ebenso natürlich als das Luftschöpfen wäre! Sie war so schön und erzählte so was Schönes, wozu man nicht dumm sein kann und wohl Gefühl haben muß und die hübsche Art!«

Der Bauherr

Zumindest als Bauherr des Brandenburger Tores, des immer noch repräsentativsten Wahrzeichens Berlins, kann Friedrich Wilhelm II. eine ehrenvolle Erwähnung in unserer Kunstgeschichte beanspruchen. Dieses Bauwerk wurde in seinem Auftrag an Stelle eines alten und unbedeutenden Tores von seinem Baumeister, Carl Gotthard Langhans, in den Jahren von 1788 bis 1791 nach dem Vorbild der Propyläen in Athen errichtet und als ein markantes Wahrzeichen für eine neue Baugesinnung verstanden, die sich zunehmend auf die griechische Antike hin orientierte.

Dieses neue Brandenburer Tor verschloß die Stadt nicht mehr gegenüber ihrer Umwelt, wie das bis dahin der Fall gewesen war; es stellte vielmehr in Umkehr der Funktion der mittelalterlichen Stadttore bereits die geistige Offenheit der selbstbewußten Residenz zur übrigen Welt hin dar. An die Tradition des römischen Siegestores erinnert nur noch die Quadriga, ein Meisterwerk Schadows, der sein erstaunliches Gesellenstück bereits mit dem Grabmal des Grafen von der Mark in der Dorotheenstädtischen Kirche geschaffen hatte.

Abermals hatte Friedrich Wilhelm ein Zeichen gesetzt und gerade durch dieses Bauwerk die friderizianische Ära mit ihren blutigen Feldzügen abgeschlossen. Das Tor erhielt nämlich bezeichnenderweise den Namen Friedenstor und dokumentierte damit die wahren politischen Intentionen dieses neuen Volkskönigs, der seinem Volk um jeden Preis einen dauernden Frieden garantieren wollte. Sein Ehrgeiz tendierte bekanntlich dahin, einmal als der »gute König« in die Geschichte einzugehen, nachdem sein Vorgänger die Zuneigung seines Volkes durch seine allzu autokratische Selbstherrlichkeit verspielt hatte. Selbst die Siegesgöttin der Quadriga tritt daher nicht in triumphaler Pose auf; sie will vielmehr als Friedensbringerin verstanden sein. Bezeichnend für die politischen Tendenzen, denen das Brandenburger Tor seine Entstehung verdankt, sind dann sowohl die Statue des Mars, der sein Schwert in die Scheide steckt, als auch die der Minerva, die das aufblühende friedliche Kulturleben symbolisiert.

Die Berufung von Langhans war ein ebenso instinktsicherer Griff des Königs wie seine Ernennung des allzeit aktiven Wöllner zum Vorsitzenden des Oberbaudepartements. Trotz der langen und verzehrenden Kriege, die der König gegen seinen Willen zu führen gezwungen war und die so mächtig an seiner Lebenssubstanz zehrten, erlebte Berlin zu seiner Zeit ungeahnte neue architektonische Impulse, die Goethe mit dem Satz kommentierte: »Eine grenzenlose Bautätigkeit beginnt.« Die Neubauten, die damals entstanden, waren in ihrer künstlerischen Dezenz und vornehmen Zurückhaltung ganz Ausdruck des in Geschmacksfragen so treffsicheren Monarchen selbst.

Friedrich der Große hatte noch mit Ausgaben für Bauarbeiten ungewöhnlich geknausert und etwa für Straßenbauten ebenso alle Mittel gesperrt wie für den Bau von Schulen und Kirchen. Sein Nachfolger hingegen betrachtete sein Bauprogramm auch als die wohl am ehesten geeignete Methode, seinen Untertanen Arbeit zu beschaffen. Kein Wunder daher, daß unter seiner Herrschaft das Handwerk goldene Zeiten erlebte und auch die Arbeiter ihr Brot reichlich in die Suppe zu brocken hatten. Selbst in Kriegszeiten bewilligte er die notwendigen Mittel, »damit die begonnenen Bauten nicht still stehen und die Arbeiter nicht über Mangel an Beschäftigung klagen«.

Nach dem Erwerb weiter Teile Polens waren die Staatseinnamen durch die Pachtrenten der neuen Domänen drastisch erhöht worden, daß man mit allem Elan an den Bau neuer Straßen denken konnte, die vor allem auch der Landwirtschaft zugute kamen. Die Vernachlässigung des Straßenbaus durch seinen Onkel war für Friedrich Wilhelm nun gerade ein Anlaß, diesen Nachholbedarf zu befriedigen. So errichtete er ein Chausseedepartement und ernannte 1791 den Grafen Brühl zu dessen Vorsitzenden. In einem Edikt vom 18. April 1792 wird der Beginn der Bauarbeiten für eine Straße von Berlin nach Potsdam verfügt. Die Einführung des Kunststraßenbaus in Preußen rechnet nun ganz gewiß zu den vielen Verdiensten, die sich dieser König um sein Land erworben hat.

Auch sonst war seine kurze Regierungszeit prall angefüllt mit künstlerischen Taten. Beim Ankauf von Gemälden für die königlichen Schlösser bewiesen er und später auch die Gräfin Lichtenau einen erlesenen künstlerischen Geschmack. In der Architektur trug der König selbst wesentlich dazu bei, das in leerem Formalismus erstarrende Rokoko zu überwinden und einem Klassizismus zum Durchbruch zu verhelfen, der dann noch nach seinem Tode in der Schinkelzeit eine fundamentale Neugestaltung des Berliner Stadtbildes einleitete. In der Kunstfertigkeit, Innenräume zu gestalten, brachten es die Baumeister des Königs, also vor allem Langhans, Gonthard und Erdmannsdorff, zu beachtlicher Perfektion. Von ihnen ließ er im Berliner Schloß die sogenannten Königskammern ausstatten und einen repräsentablen Konzertsaal in der Front zum Lustgarten hin ausbauen.

Darüber hinaus setzte er, dem Wörlitzer Vorbild folgend, auch den englischen Parkstil in Preußen durch. Die Parks von Monbijou, Charlottenburg, Niederschönhausen, aber auch weite Teile des Tiergartens wurden nach diesem Modell umgestaltet.

Während die Bildhauerei in Gottfried Schadow einen spezifisch berlinischen Repräsentanten von europäischem

Rang vorzuweisen hatte, verlor die Malerei an künstlerischem Gewicht. Allerdings wirkten damals noch Daniel Chodowiecki, der 1793 vom König zum Direktor der Akademie der Künste ernannt wurde, und Johann Wilhelm Meil, zwei Illustratoren von internationalem Ruf, in Berlin. Die Dekorationsmaler, die er beschäftigte, Johann Christoph Kimpfel und Johann Gottfried Niedlich, besaßen nur bescheidenes Talent.

Kurz nach seiner Thronbesteigung kaufte der König alles Land in der Nähe des Charlottenburger Besitzes Wilhelmines auf, das bis dahin zur Villa Wegelin gehört hatte. Auf diesem ausgedehnten Gelände und noch fünfzehn anderen benachbarten Grundstücken ließ er seiner Freundin einen anschaulichen Neubau mit Längsfront zum Fluß hin errichten. Im Frühjahr 1789 erhob sich die Richtkrone über dem zügig weitergeführten Bau, und der jüngere Boumann selbst hielt aus diesem Anlaß die Polierrede, indem er mit unverhohlener Ironie dem Kämmerer Rietz und seiner Gemahlin viele glückliche Stunden im neuen Haus wünschte.

Im Inneren dieses Neubaus hat dann aber Wilhelmine selbst mit erlesenem Geschmack gewaltet. Sie war in diesen Jahren von einer veritablen Baulust besessen und legte sich nun mächtig ins Zeug, das Wirklichkeit werden zu lassen, was sie sich in eifrigen Studien allein oder gemeinsam mit dem König angeeignet hatte. Am Ende brachte sie es in der Kunst der Innenausstattung zu solcher Meisterschaft, daß der König ihr die Leitung seiner gesamten architektonischen Projekte übertragen konnte, die bei ihr in den besten Händen lagen. In der Tat bleibt noch rückblikkend die Sicherheit ihres Kunstgefühls zu bewundern, mit der sie bereits neue Stilrichtungen vorwegnahm, ohne auf bewährte Traditionen zu verzichten. Ihr Haus und der dazu gehörige Garten waren Meilensteine auf dem Weg vom Spätbarock zu einem neuen Klassizismus und Romantizismus.

Ihre gestalterische Phantasie bewies Wilhelmine aber vor allem in der Anlage des Parks, der ihre Besitzung in Charlottenburg umgab. Er stellte schließlich mit seinen Pavillons, Lusthäuschen, Grotten und Tempelchen ein wahres Dorado für Kinder dar. Selbst eine Kegelbahn hatte sie in eine im gotischen Stil errichtete Eremitage einbauen lassen. Auch ließ sie einen künstlichen Berg aufschütten, auf den ein langer Spiralweg in die Höhe führte. Verständlich daher, daß sich bei den Festen und italienischen Nächten mit Feuerwerken, die sie zu veranstalten pflegte, die gesamte Berliner Prominenz bei ihr draußen in Charlottenburg einfand. Minister, Diplomaten, Offiziere, Künstler und Gelehrte versammelten sich um sie, und man nimmt ihr die Beteuerung ab, daß es bei diesen gesellschaftlichen Anlässen nie zu Exessen gekommen ist, wie ihr böswillige Pamphlete zu unterstellen liebten.

In ihrer »Apologie« läßt sie im Geist noch einmal ihre illustren Gäste an sich vorüberziehen, um dann resümierend zu bemerken: »Das war mein Hof, den ich um mich sammelte, und eines solchen Hofes würde sich, glaube ich, selbst Ludwig der Heilige nicht zu schämen haben.«

Trotzdem kolportierten ihre Gegner die glatte Unwahrheit, wenn sie ihrer schmutzigen Phantasie die Zügel schießen ließen und behaupteten, an den Orgien dieser Bacchantin hätten nur liederliche und verschuldete Offiziere teilgenommen, während sie, wie es hieß, lediglich den Körper, nicht aber den Geist bewirtet habe. Den König aber wollte sie, wie man ihr unterstellte, damit für sich gewinnen, daß sie ihm eine willkommene Gelegenheit bot, die Sorgen seines hohen Amtes zu vergessen und sich einmal als wirklich freier Mann zu fühlen.

Auch die Charlottenburger hatten allen Grund, die Unternehmungslust ihrer neuen Bürgerin ehrlich zu bewundern. »Es gleicht einem fürstlichen Schlosse an Pracht und

Schönheit«, so beschreibt der schriftgewandte Pfarrer Dressel das neue Palais an der Spree, das im Jahr 1874 dem Neubau des Berliner Vergnügungsetablissements »Flora« weichen mußte. »Sie läßt Berge auftragen, steinerne Brükken in die Luft bauen, um dadurch von einer Straße zur anderen, ohne die Erde zu berühren, oder da sie nun auch diese Straße zugezogen und in einen Garten verwandelt hat, um aus einem Garten in den anderen zu kommen.«

Im Charlottenburger Schloß, in dem Friedrich Wilhelm während der Parade im Mai, aber auch im Juni zu den Artilleriebesichtigungen auf dem Wedding zu residieren pflegte, ließ er sich noch ein Jahr vor seinem Tode in dem von seinem Vorgänger errichteten Flügel eine Winterwohnung ausbauen, die er dann aber nicht mehr beziehen konnte. Auch trug er sich lange mit dem Gedanken, diesem Flügel zur Spree hin einem neuen Trakt anzufügen, verwarf aber diesen Plan wieder und ließ stattdessen 1788 an der entgegengesetzten Seite des Schlosses in Fortsetzung der Orangerie nach einem Entwurf von Langhans durch den jüngeren Boumann einen Theaterbau errichten, der am 3. Juli 1791 mit der Aufführung der Oper »Der Talisman« eingeweiht wurde. Dieses Theater war zunächst nur den Mitgliedern des Hofes vorbehalten, wurde aber vier Jahre darauf auch einem breiteren Publikum zugänglich gemacht. Durch Langhans ließ der König auch ein Schauspielhaus auf dem Gendarmenmarkt errichten, dem dann vom gleichen Architekten ein dem »Vergnügen der Einwohner« gewidmetes Theater in Potsdam folgte. Schiller, Lessing, Iffland und Kotzebue beherrschten von nun an das Programm in diesen Theaterneubauten.

Auch im Charlottenburger Schloßpark legte der König seine gestaltende Hand an. Er beauftragte den bekannten Gartenarchitekten Eyserbeck, den er zu diesem Zwecke aus Wörlitz berufen hatte, die Anlagen im englischen Stil umzugestalten. Oft sah man ihn selbst mit dem Beil in der Hand auf dem weiten Gelände, wie er Anweisungen über die Auslichtung einzelner Hecken- und Baumgruppen erteilte, um weitere Durchblicke und Flächen zu schaffen.

Das Belvedere ließ sich der König bereits 1788 wie eine letzte Phantasmagorie des ausgehenden Rokoko von Langhans in der Nähe des Karpfenteiches im Charlottenburger Schloßpark erbauen, um hier in völliger Zurückgezogenheit von seinen Amtsgeschäften auszuruhen. Dieser dreigeschossige Rundbau, mit vier flachen balkonartigen Ausbauten und einem kupfernen Dachhelm versehen, auf dessen Spitze drei Genien einen goldenen Fruchtkorb halten, wirkte noch wie ein leiser Nachklang des Rokoko.

Theodor Fontane, von der Anmut und Leichtigkeit dieser Architektur merklich fasziniert, bietet in seinen »Wanderungen durch die Mark Brandenburg« eine minuziöse Beschreibung der beiden oberen Stockwerke: »Die Einrichtung beider Stockwerke ist dieselbe: ein einziges saalartiges Rundzimmer. Der Saal des ersten Stockwerkes ist der reichere; der Fußboden ist parkettiert, die Wände rhombisch getäfelt mit rotbraunem Pflaumenholz. An der weißen Decke kristallene Leuchter. Reliefdarstellungen aus Apollo- und Diana-Mythos umziehen, halb friesartig, halb supraportenartig, die obere Rundung, während Ottomanen und Polsterstühle, in ihren Lehnen selbst wieder geschweift, dem Rund der unteren Boisierung folgen. Zahlreiche Bilder, meist englische Stiche nach den Dramen von Shakespeare, stehen gruppenweise, die Rückseite nach vorn, an den Wänden umher. Die dunkle Täfelung, dazu der blaue Moiré-Stoff, der alle Polster überzieht, geben dem Zimmer einen festlichen, beinahe ernsten Charakter.

Anders der Rundsaal des zweiten Stockes. Hier ist dieselbe Art der Ausschmückung, aber ins Heitere übertragen. Wie dort Braun und ein tieferes Blau den Ton angeben, so lacht hier alles in Weiß und Rot und Gold. Konsolen, mit Tongefäßen in gefälliger Form, laufen girlandenartig um die Rundung her, und die scharlachenen Seidenbezüge, als sei es an ihrer leuchtendne Pracht nicht genug, haben ihr Rot noch mit bunten Malereien, mit Blumen und Buketts geschmückt. Wie im Zimmer des ersten Stockes so lehnen sich auch hier zwei Balkons und ein Kabinett an den Rundbau an; das Kabinett ist marmoriert und mit Wandleuchten von Goldbronze reich verziert.«

Die weitere Schilderung Fontanes kreist um die ominösen Geistererscheinungen im Belvedere, die inzwischen von der Forschung längst ins Reich der Fabel verwiesen worden sind. Immer schon hat sich die Phantasie an den mysteriösen Riten von Geheimorden entzünden können. In der Regel ist sie aber weit übers Ziel hinausgeschossen, ohne daß sich die Nachwelt sonderlich darum bemüht hätte, Bedenken gegen diese Ausschweifung anzumelden.

Der sonst so nüchterne und eher skeptische Fontane berichtet dann auch noch von einer jener Geistererscheinungen, die in den ersten Regierungsjahren Friedrich Wilhelms II. von seinen rosenkreuzerischen Ordensbrüdern in Szene gesetzt sein sollten, folgendermaßen: »Der König hatte den Wunsch ausgesprochen, die Geister Marc Aurels, des Großen Kurfürsten und des Philosophen Leibniz erscheinen zu sehen. Und sie erschienen. Dem König war gestattet worden, Fragen an die Abgeschiedenen zu richten; er machte den Versuch, aber umsonst. Es gelang ihm nicht, auch nur einen Laut über die bebenden Lippen zu bringen. Dagegen vernahm er nun seinerseits von den heraufbeschworenen Geistern strenge Worte, drohende Strafreden und die Ermahnung, auf den Pfad der Tugend zurückzukehren. Er rief mit banger Stimme nach seinen Freunden, er bat sie inständig, den Zauber zu beenden und ihn von seiner Todesangst zu befreien. Nach einigem Zögern trat Bischoffswerder in das Kabinett und führte den zu Tode Erschöpften nach seinem Wagen. Er verlangte, zur Lichtenau zurückgebracht zu werden, ein Wunsch, dem nicht nachgegeben wurde. So kehrte er noch während derselben Nacht nach Potsdam zurück.«

Nach dieser Schreckensnacht soll der König das Belvedere nicht wieder aufgesucht haben. Es stand nach seinem Tode noch lange Zeit leer. Erst unter Friedrich Wilhelm IV. kam dieser späte Traum des Rokoko wieder zu Ehren. Oft hielt dieser sich hier auf, um von oberen Stockwerken aus das lebhafte Treiben auf der Spree zu beobachten und seine Blicke bis weit über den Grunewald schweifen zu lassen.

Zu seinem eigentlichen Wohnsitz ließ sich Friedrich Wilhelm jedoch das Potsdamer Marmorpalais ausbauen, das in seiner gesamten architektonischen Substanz seine eigene Handschrift trug und somit sein persönliches Lebensgefühl überzeugend artikulierte. Schon als Prinz hatte er den Plan gefaßt, am Ufer des von ihm so sehr geliebten Heiligen Sees in einer noch völlig unerschlossenen Natur sich sein Tuskulum errichten zu lassen. An dieser Stelle hatte er einst als junger Offizier der Potsdamer Garnison im Hause des Kaufmanns Punschel glückliche und sorglose Stunden verlebt. Kaum hatte der Einsiedler von Sanssouci seine Augen geschlossen, übergab der neue König dem noch im Rokoko verhafteten Gontard den Auftrag zur Errichtung eines Schlosses an dieser Stelle, ließ ihn aber schon bald durch Langhans ablösen, der des Königs architektonisches Konzept dann auch kongenial zu realisieren verstand.

Die Vorstellung Friedrich Wilhelms von seinem Wohnsitz zielte darauf hin, durch klassische Schlichtheit der Linien maximale Wirkung zu erreichen. Der König behielt sich die Oberaufsicht über die Bauausführung vor und ließ sich jeden Entwurf zur »Allerhöchsten Genehmigung« vorlegen. Alles, was noch an dem Goldflitter von Sanssouci und an die pompöse kalte Pracht des Neuen Palais erinnerte, hatte vor seinem kritischen Blick keinen Bestand. Doch bei aller Einfachheit der äußeren Form legte er gesteigerten Wert auf die Erlesenheit des verwendeten Materials. Schließlich verdankte sein Palais dem für den Bau ausgesuchten Marmor seinen Namen. Aber auch sonst wurde keineswegs mit edlen Hölzern für Parkett und Täfelung gespart, und als das Schloß im Jahre 1790 bezogen werden konnte, erregte es durch sein exquisites Mobiliar einiges Aufsehen.

Allerdings war zu dieser Zeit nur der Mitteltrakt vollendet worden, und das Ganze wirkte mehr wie die anspruchsvolle Villa eines geschmackvollen Landedelmannes. Die Flügelbauten hat der König noch selbst entworfen und ihre Errichtung in Angriff nehmen lassen, doch starb er vor ihrer Vollendung, obwohl Boumann und sein Tresorier Rietz sich mit allem Elan dafür einsetzten, den begonnenen Bau so schnell wie möglich abzuschließen.

Da angesichts der gebotenen Eile das benötigte Material nicht schnell genug herbeigeschafft werden konnte, hatte man keine Skrupel, die alte Knobelsdorffschen Kolonnaden im Park von Sanssouci abzureißen und die Marmorsäulen zum Bau des Marmorpalais zu verwenden. Schließlich artete die Arbeit in einen Wettlauf mit dem Leben des Königs aus. Nach dessen Tode wurde dann diese Arbeit vollends eingestellt, und erst Friedrich Wilhelm IV., in vielem seinem Großvater verwandt, verfügte im Jahre 1843 die Wiederaufnahme des abgebrochenen Werkes. Persius führte damals diesen Auftrag ganz im Sinne des ursprünglichen Konzepts aus, und nach dessen Tod wurden die Säulenhallen im Geschmack der vierziger Jahre mit Standbildern versehen.

Auch der Park des Palais war eine ureigene Schöpfung Friedrich Wilhelms II., der hier mit seinem Gartengestalter

Johann August Eyserbeck einer ungebändigten Natur überraschende Effekte abrang.

Zweifellos boten die weiten Rasenflächen einen weiten Horizont, und die Pyramiden, Obelisken, Säulentrümmer, Grotten, Gedenkplätze und umflorten Vasen mit erbaulichen Inschriften reflektierten so ganz den Geist einer empfindsamen Zeit.

Ein halb versunkener Marstempel, der durch einen unterirdischen Gang mit dem Palais verbunden war, diente beispielsweise als Küche, eine Pyramide als Eiskeller, die Malerei wurde als Normannenburg ausstaffiert, und die Bibliothek erhielt das Gewand einer gotischen Kapelle mit bunten Fenstern. Nachdem die Archäologie durch ihre Ausgrabungen in Ägypten, Griechenland und Pompeji erstaunliche Funde zutage gefördert hatte, konnte man die Phantasie weit durch die Jahrtausende schweifen lassen. Man spielte im Umkreis dieses poetischen Schlosses am ebenso melancholischen wie romantischen Heiligen See mit sich selbst und seinen Empfindungen Versteck.

Das Marmorpalais wußte von fröhlichen Festen, wertvollen Konzerten, aber auch von mühevollen Arbeitsstunden und schließlich vom einsamen Sterben eines vom Leben Gezeichneten, der sich immer mehr in die »blaulakkierte Kammer« einspann, zu berichten. Nach dessen frühem Ende wohnte nur noch das Schweigen des Todes in diesen marmornen Gemächern. Friedrich Wilhelm III. mied dieses von ihm verfemte Schloß, in dem die Lichtenau ein- und ausgegangen war und ihre Triumphe als Favoritin des Königs gefeiert hatte. Die Statuen Schadows und die Bilder Rosenbergs und Frischs bedeckte schließlich dicker Staub, ehe Friedrich Wilhelm IV. die Schönheiten dieses Schlosses wiederentdeckte und es zu neuem Leben erweckte.

Der letzte architektonische Traum Friedrich Wilhelms II., der noch kurz vor seinem Tode verwirklicht werden konnte, war das bescheidene Schloß auf der Pfaueninsel, das so ganz der künstlerischen Imagination der Gräfin Lichtenau entstammt. Diese verlorene Insel, die ursprünglich den Namen »Kanincheninsel« trug, war dem Schloßherrn vom Heiligen See bei seinen Erkundungsfahrten nicht entgangen. An schönen Sommerabenden hatte er sich zuweilen über den See zu diesem unberührten Idyll hinüberrudern lassen, das ihm immer mehr ans Herz gewachsen war. Im Jahre 1793 erließ er daher den folgenden königlichen Befehl an seinen Finanzminister Struensee: »Zu dem Amte Bornstädt gehört eine in der Havel gelegene Insel, genannt Kaninchenwerder, welche ich der Lage halber zu einigen Anlagen selbst übernehmen will. Da aber die Revenüen des hiesigen Waisenhauses deshalb nicht leiden können, so erwarte ich von Euch höchsten Bericht, wie hoch solche bereits im Etat aufgeführt ist und wann selbige übernommen werden kann. Von jetzt an müsset Ihr den Befehl ergehen lassen, daß daselbst kein Stück Holz mehr gefällt werde.«

Mit dieser Anordnung begann sich neues Leben auf der verwilderten Kanincheninsel zu regen. Allerdings hatte dieses Stück Erde schon früher Geschichte gemacht. Unter dem Großen Kurfürsten hatte nämlich der bekannte Alchimist Johann Kunckel von Löwenstein von 1685 bis 1689 in dieser Abgeschiedenheit als »geheimer Laborant« seines Herrn Gold zu machen versucht. An der Stelle der heutigen Meierei hatte er sich ein Laboratorium einrichten lassen, in dem er zwar kein Gold herstellte, wohl aber ein rotes Glas erzeugte, das dann nach ihm benannt wurde.

Der Nachfolger des Großen Kurfürsten machte diesem Spuk auf der Insel, die von der Bevölkerung allerdings gemieden wurde, bald ein Ende, bis Friedrich Wilhelm II. seinem Gärtner Mosch, der bereits bei der Anlage des Neuen Gartens besonderes Geschick bewiesen hatte, den

Auftrag erteilte, diese Wildnis in einen englischen Park zu verwandeln, in dem man aus dem nahegelegenen Sakrower Gut Pfauen aussetzte.

Als Wilhelmine die Oberleitung der königlichen Bauten übernommen hatte, überraschte sie ihren König mit dem Vorschlag, auf der Insel ein Schlößchen zu errichten, ein römisches Landhaus, wie sie es auf ihrer Italienreise als halbverfallenes Kastell bei Capri gesehen hatte. Ihr Entwurf sah zwei flankierende Rundtürme vor, den einen mit spitzer Zinne, den anderen mit einer in Schießscharten zerbrochenen Brüstung und offenen Fensterbögen, die den Ruinencharakter der Anlage unterstreichen sollten.

Um den bereits von tödlicher Krankheit gezeichneten König eine Freude zu bereiten, wurde das aparte Bauwerk in äußerster Eile vom Potsdamer Zimmermeister Brendel in Fachwerk aufgeführt, das dieser mit Eichenplatten verkleiden und mit Putz bewerfen ließ, um den Eindruck von massiven Steinquadern vorzutäuschen.

Bei der Rückkehr des Königs aus Polen konnte er in der Tat das fertiggestellte Gebäude besichtigen, dessen Vestibül die Lichtenau mit Marmorfliesen hatte belegen lassen. Eine Wendeltreppe führte in einen Saal im ersten Stockwerk, der einen hinreißenden Blick über die Havel gewährte und dessen Innenarchitektur dem Geschmack der Lichtenau ein hohes Zeugnis ausstellt. Vom Holzbildhauer Angermann ausgeführt, stellt dieser Raum einen Höhepunkt der damaligen Innenarchitektur dar.

Ein »Liebesnest«, wie die Berliner meinten, wurde dieses anspruchslose Schlößchen nun allerdings nicht. Der schnell alternde und von Amtsgeschäften überhäufte König weilte nur stundenweise auf der Pfaueninsel, zu der er sich hin und wieder im Boot vom Marmorpalais hinüberrudern ließ. Um sich einen längeren Aufenthalt im Schloß erträglicher zu machen, ließ er sich noch eine Küche im

Norden des Schlosses im holländischen Landhausstil errichten, während die Meierei am Ostende der Insel als gotische Ruine getarnt wurde.

Die Pfaueninsel wurde vom Nachfolger Friedrich Wilhelms wie alle Stätten, an die sich Erinnerungen an die verhaßte Gräfin Lichtenau knüpften, sträflich vernachlässigt. Sie fiel wieder für eine Zeitlang in ihr urweltliches Dämmerdasein zurück. Erst nach der Freisprechung der Lichtenau fand das junge Königspaar Gefallen an diesem ungestörten Idyll und kehrte immer wieder in diese Stätte des Friedens ein.

»Ohnehin zu einem kontemplativen Leben geneigt, fand der König, aus den Stürmen des Krieges heimgekehrt, die Einsamkeit dieser Insel anziehender denn zuvor«, berichtet Theodor Fontane über das weitere Schicksal der Pfaueninsel. »Was ihm Paretz zu Anfang seiner Regierung, das wurde ihm die Pfaueninsel gegen den Schluß hin.«

Friedrich Wilhelm III. war es dann auch, der auf der Insel eine Tiermenagerie errichten ließ, die dann den Grundstock für den späteren Berliner Zoologischen Garten bildete. Die Berliner aber hatten inzwischen die Pfaueninsel als eines ihrer beliebtesten Ausflugsziele entdeckt. Daran hat sich bis heute wenig geändert. »Eine Fahrt nach der Pfaueninsel«, konnte bereits August Kopisch in den vierziger Jahren des vergangenen Jahrhunderts berichten, »galt den Berlinern als das schönste Familienfest des Jahres, und die Jugend fühlte sich überaus glücklich, die munteren Sprünge der Affen, die drollige Plumpheit der Bären, das seltsame Hüpfen der Kängeruhs hier zu sehen. Die tropischen Gewächse wurden mit manchem Ah des Entzückens bewundert.«

Die große Revolution

Im Jahre 1789 ist in Paris die Hölle los. Am 5. Mai sind in der französischen Hauptstadt die Generalstände zusammengetreten. Da Adel und Geistlichkeit sich der Forderung des dritten Standes, nicht nach Ständen, sondern nach Köpfen abzustimmen, katagorisch widersetzen, ist der Eklat nicht mehr aufzuhalten. Die Mehrheit des Hauses konstituiert über die Köpfe der Mächtigen hinweg eine Nationalversammlung zur Beratung einer neuen Verfassung. Das aber bedeutet unmißverständlich eine kompromißlose Kampfansage gegen das alte Regime. Die Eruptionen jener klassenkämpferischen Leidenschaften, die so lange unter der Oberfläche geschwelt haben, drohen nun mit einem Schlage das nur noch mühsam aufrechterhaltene Ordnungsgefüge Frankreichs zu sprengen.

Die weiteren Ereignisse dieses denkwürdigen Jahres überstürzen sich mit einer Dramatik ohnegleichen: Die Mitglieder der Nationalversammlung weichen, als die Regierung ihre Auflösung betreibt, am 20. Juli ins Ballhaus aus, und als der französische König Truppen zusammenziehen läßt, um diesem Spuk in einem Kartätschenhagel ein Ende zu bereiten, bricht in der Hauptstadt die offene Revolte aus.

Am 14. Juli stürmt das Volk von Paris die Bastille. Von nun an ist der revolutionäre Elan in diesem Lande nicht mehr zu bändigen. Der Adel wird kurzerhand abgeschafft und muß sich wortlos der brachialen Gewalt der Straße beugen, allgemeine Religionsfreiheit wird dem Geist der Aufklärung entsprechend lauthals proklamiert und die Geistlichkeit zum Eid auf die neue Verfassung gezwungen.

Die Jakobiner, die den Pariser Pöbel zu immer neuen Untaten aufputschen, spielen ihre gezinkten Karten aus, während sich die Vertreter des alten Regimes, vor allem der Adel also, aus dem Staube machen und die überstürzte Emigration einem kaum noch zu kontrollierenden Ausbruch des so lange angestauten Volkszorns vorziehen. Auch das Königspaar selbst, um sein nacktes Leben besorgt, entkommt zwar am 20. Juni seinen Schergen in Paris, wird dann aber in Varennes in der Nähe der rettenden Grenze aufgegriffen und nach Paris zurückgebracht.

In den nun folgenden Jahren, für die sich der Weltgeist ein Szenarium voller Dämonie ausgedacht hat, überstürzen sich die einzelnen Phasen des revolutionären Geschehens in Paris in atemberaubender Weise. In der neugewählten Nationalversammlung haben inzwischen die radikaleren Girondisten die Majorität errungen. Dem Volk von Frankreich ist nach so ungewöhnlichen Erfolgen gegen ein morbides und überaltertes Regime gehörig der Kamm geschwollen. Es fühlt sich in diesem geschichtlichen Augenblick ganz allgemein als das erwählte Messias-Volk, das neue Freiheiten zu verkünden hat und nun auch keinen Augenblick zögert, die politischen Parolen von einer neuen Freiheit, was immer man auch darunter verstehen mag, mit einem bisher kaum gekannten fanatischen Missionseifer in alle Welt hinauszutragen.

Die alten Mächte im östlichen Europa und anderswo, dessen ist man gewiß, werden ohnehin bald gnadenlos von einer neuen Zeit überrollt werden und ihrem kaum noch ungewissen Schicksal erliegen. Aber noch zieht man vor, mit geistigen Waffen den Kampf aufzunehmen. Eine Charta der allgemeinen Menschenrechte wird formuliert, das Evangelium einer neuen Menschheitsperiode, für das die Zeit längst überreif war. Und eine ganze Welt horcht auf und richtet die Blicke auf diese turbulente Metropole im Westen, in der sich indessen vor den Augen der Welt

Schreckliches anbahnt, dessen gnadenloser Vollzug die Menschen in aller Welt das Gruseln lehrt.

Die Zahl der Jakobiner wächst aber nicht nur im eigenen Lande. Überall rühren sich inzwischen schon die Freunde dieser blutigsten aller Revolutionen, Patrioten, wie sie sich zu nennen belieben, von der noch unausgegorenen Idee einer allgemeinen Volksverbrüderung und von schierem Tyrannenhaß entflammt und entschlossen, gegen die Tyrannis immer unerträglicher werdender absolutistischer Systeme anzurennen.

Die Intellektuellen der großen europäischen Metropolen sind längst diesen maßlosen Demagogen verfallen und dem Wahn einer allgemeinen Volksbeglückung durch eine totale Emanzipation der Vernunft hoffnungslos erlegen. Da sie die Meinung der Öffentlichkeit zu manipulieren verstehen, greift das schwelende Feuer der Subversion unaufhaltsam um sich. Berauscht man sich zunächst noch an dem Gedanken, die Aristokraten samt und sonders an den Laternen baumeln zu sehen, so wird man bald schon gänzlich unsentimental zur Tat schreiten. Soviel steht jedenfalls fest: Die Köpfe all derjenigen, die sich dieser obskuren neuen Freiheit nicht freiwillig beugen wollen, werden rollen müssen. So will es der entfesselte Mob von Paris.

Aber die Begeisterung für diese Tyrannenmörder, die sich selbst durch ihre Hemmungslosigkeit so demonstrativ ins Unrecht stürzen, ist vergleichsweise kurz. Schon beginnt in der französischen Provinz der erste befeuernde Impetus dieser Revolution zu erlahmen. Die Revoluzzer in der Hauptstadt haben sogar Grund genug, eine royalistische Gegenrevolution im Süden des Landes zu befürchten. Das neue Regime hat es demnach dringend nötig, von seinen inneren Miseren abzulenken; denn schon droht diese Revolution ihre Kinder zu fressen.

Um den Überdruck innerer Spannungen nach außen hin abzulenken, beschließt die Nationalversammlung am 20. April 1792 den Krieg gegen Österreich, das bis dahin tatenlos und wie konsterniert von den unbegreiflichen Ereignissen in Frankreich und der Entmachtung des Königs, der immerhin der Gemahl einer habsburgischen Prinzessin ist, zugesehen hat.

Damit ist, endlich, auch das alte Europa in Bewegung geraten. Zum ersten Mal muß es sich, in seinem Zentrum getroffen, einem Gegner stellen, dessen materielles und ideelles Potential nicht abzuschätzen ist und als dessen Geheimwaffe sich schon bald die Begeisterung fanatisierter Massen herausstellen wird. Nun muß es sich zeigen, ob die Souveräne dieses Erdteils entschlossen sind, ihre ererbten Rechte gegen die Erhebung der Straße zu verteidigen.

Soviel nur steht fest: Die europäischen Mächte müssen unverzüglich Ludwig XVI., den niemand von aller Schuld an diesem Desaster freisprechen kann, zu Hilfe eilen, ehe es zu spät ist und auch er wie so viele andere ein Opfer der unersättlichen Guillotine wird. Schon überfluten die französischen Emigranten, die ihr nacktes Leben retten und einiges von ihren angesammelten Reichtümern mit über die östliche Grenze in Sicherheit bringen konnten, die Lande am Rhein. Der Eindruck allerdings, den sie bei den Rheinländern erwecken, ist nicht sonderlich bestechend. Man hat es bei ihnen, wie sich nun zeigen wird, mit einer Gesellschaft zu tun, die von allen Malen progressiver Dekadenz gezeichnet ist. Genau genommen haben sie sich selbst in ihre Malaise hineinmanövriert, und niemand wird in diesen Tagen des Schreckens behaupten wollen, sie hätten aus dieser Lektion der Geschichte die einzig möglichen Konsequenzen gezogen. Sie wurden völlig ahnungslos von der harten Wirklichkeit eines bewaffneten Volksaufstandes überrascht, dessen mörderische Brisanz sie sich nie hätten träumen lassen.

Gleichwohl leben sie nicht eben schlecht mit der Illusion, die Herrschaft des Pöbels würde ebenso schnell wieder verschwinden, wie sie aufgetaucht ist. Griffen die europäischen Großmächte erst einmal zu den Waffen, würde es für die Zerstörer der alten Ordnung kein Pardon mehr geben. Schon brennt man darauf, sein Mütchen an ihnen zu kühlen. Die unbelehrbaren Bankerotteure aus Frankreich lassen sich jedoch keineswegs von der eindeutigen Sprache der Geschichte einschüchtern. Wo immer sie auch auftauchen, suchen sie nichts als ihr oberflächliches Amüsement. Wieder einmal geht eine Welt zugrunde, hat man den Eindruck, und sie tut es wie so oft auf eine herausfordernd noble Weise.

Zweifellos fühlen sich die französischen Emigranten von der Aufgabe überfordert, nun auch ihre Nutzanwendung aus einem der blutigsten Lehrstücke der neueren Geschichte zu ziehen. Statt dessen scheuen sie sich nicht, voll Arroganz und Verachtung auf ihre deutschen Gastgeber herabzublicken. Diese wiederum verstehen sich mit unverhohlenem Zynismus auf die Kunst, diesen Windbeuteln von Franzosen, die ihnen da ins Haus geschneit sind, das Fell gehörig über die Ohren zu ziehen.

Freilich haben die biederen Deutschen die ihnen so unerwartet zugefallenen Reichtümer schon bald mit einer nicht unbedenklichen Lockerung der allgemeinen Moral zu bezahlen. Die venerischen Krankheiten breiten sich verheerend in den rheinischen Landen aus. Allein die Stadt Koblenz meldet mehr als siebenhundert Frauen, die von der »Emigrantengalanterie«, wie man damals die Syphilis dezent zu umschreiben pflegte, infiziert worden sind. Als dann später die preußischen Truppen bei ihrem Aufmarsch gegen Frankreich in der Umgebung der Stadt auftauchen und hier Quartier beziehen, weiß der Oberbefehlshaber genau, was er tut, wenn er alle Emigranten aus den Quartierorten ausweist. Diese zur Erhaltung der Kampfmoral unerläßliche Maßnahme stößt allerdings auf den entschiedenen Protest der Einheimischen, die sich mit einem Male um eine unerschöpfliche Geldquelle geprellt sehen.

Kein Zweifel: die entscheidende Auseinandersetzung mit den subversiven Kräften jenseits der Grenzen ist nicht länger aufzuschieben. Denn schon überschlagen sich die alarmierenden Nachrichten aus dem Westen, wo sich eine diabolische Mordlust hemmungslos austobt.

Aber auch in Baden und in der Pfalz erscheinen, von den Ereignissen in Paris befeuert, mit einem Male die Bauern in unmißverständlich herausfordernder Pose vor den Schlössern. Selbst in Sachsen ist es, wie man hört, zu blutigen Ausschreitungen gegen Schloßherrn und Gutsbesitzer gekommen. Die Morgenluft dieser nun allerdings ungewöhnlichen Freiheit fegt also bereits schneidend über den Rhein hinüber. Wie lange noch werden die Armeen Europas untätig den unerträglichen Exzessen jenseits des Rheins zusehen?

Der Preußenkönig nimmt die Katastrophe des französischen Königshauses nicht ohne Besorgnis, auf jeden Fall aber mit tiefer Erschütterung zur Kenntnis. Das Haupt des Gorgo scheint diesen stark emotional reagierenden Monarchen anzustarren. Er weiß, daß alles, was sich in Paris vor den Augen der ganzen Welt abspielt, nur ein Spiel mit dem Feuer ist, das schon bald einen kaum noch einzudämmenden Weltenbrand aulösen kann. Aber niemand rührt auch nur eine Hand, als handele es sich dabei um eine Farce, die der Welt einen nun allerdings reichlich makabren Anschauungsunterricht liefert.

Unbegreiflich für ihn daher, daß der Kaiser nicht alle nur verfügbaren Kräfte mobilisiert hat, um seiner Schwester, der man so übel mitgespielt hat, schleunigst zur Hilfe zu eilen. Wieder einmal ist Preußen gezwungen, die Initiative zu ergreifen. Friedrich Wilhelm schickt daher den Fürsten Hohenlohe zum Kaiser nach Prag, um an seine Menschlichkeit und an seinen politischen Instinkt zu appellieren und ihn zum Eingreifen gegen den wildgewordenen Pöbel von Paris zu bewegen. Doch der preußische Unterhändler empfindet gleich bei der ersten Audienz, die man ihm gewährt, »daß der Kaiser einer tätigen Hilfeleistung für den König von Frankreich wenig geneigt ist«. Er wisse, so heißt es in dem Bericht Hohenlohes, sein Zaudern geschickt zu entschuldigen und messe den Emigranten alle Schuld an den unvorstellbar barbarischen Verhältnissen zu. Der Einsatz Friedrich Wilhelms für die Sache der französischen Dynastie scheitert also an der Lethargie des Kaisers. Das jedenfalls ist der Grund, warum die gewünschte Intervention zunächst unterbleibt.

Bereits im Dezember 1790 hatte Ludwig XVI. den König in Berlin dringend um Hilfe ersucht. Dieser hatte damals aus Gründen der Solidarität nicht nur sein Eingreifen zugesagt, sondern zugleich auch an die Adresse der neuen französischen Gewalthaber eine Aufforderung zur Mäßigung aller Maßnahmen und Einstellung der Massaker gerichtet. Die Antwort fiel dann auch provakativ genug aus: der König habe sich nur um seine eigenen Angelegenheiten zu kümmern, hieß es da lakonisch. Außerdem warnte man ihn davor, auf seinem Territorium Emigranten eine Gelegenheit zu bieten, Truppen für eine Konterrevolution aufzustellen.

Endlich trifft Friedrich Wilhelm, von einer Musterung seiner Regimenter aus Schlesien heimkehrend, am 27. August 1791 doch mit dem Kaiser im Lustschloß des sächsischen Königs in Pillnitz bei Dresden zusammen. Auch diesmal zeigt sich Leopold nur wenig geneigt, die Waffen sprechen zu lassen, um das Nest der Verschwörer in Paris auszuräuchern, ehe noch größerer und diesmal irreparabler Schaden angerichtet wird. Er begnügt sich mit dem Vorschlag, die Sache vor eine europäische Konferenz zu bringen. Aber der preußische König, die sichere Gefahr vor Augen und die heraufziehende Katastrophe witternd, drängt nun mehr energisch auf eine Entscheidung, und so fordert man dann doch noch von den Revolutionären kategorisch die Wiederherstellung der uneingeschränkten Rechte der Monarchie in Frankreich.

Diese gemeinsame Deklaration verpufft natürlich wirkungslos. Das Volk von Paris spürt den Aufwind einer neuen Zeit in seiner Trikolore, um die es sich geschart hat. Man glaubt, es sich leisten zu können, so aggressiv wie nur möglich auf das angekündigte »Konzert der europäischen Mächte«, das so disharmonisch klingt, zu reagieren. Das permanente Säbelrasseln des, wie sie meinen, bereits vom sicheren Untergang gezeichneten alten Regimes scheint ihnen jedenfalls nur wenig Eindruck zu machen.

Als die beiden Verbündeten am 7. Februar 1792 in Wien ein Militärbündnis gegen das neue Frankreich aushandeln, ist Preußens Schicksal fest an das Österreichs geknüpft. Aber kurz entschlossen werfen die Pariser Revolutionäre im Gefühl ihrer moralischen Überlegenheit die Handschuhe den Österreichern vor die Füße und sehen sich mit diesem Lande als im Kriegszustand befindlich.

Die heimlichen Spekulationen der neuen Machthaber tendieren dahin, den belgischen Patrioten, die gegen die österreichische Anwesenheit in ihrem Lande zu rebellieren begonnen haben, zu Hilfe zu eilen und sich dabei unversehens der einträglichen belgischen Provinzen zu bemächtigen. Als sie daher am 27. April 1792 in die österreichischen Niederlande einfielen, erging der königliche Befehl an die preußischen Truppen, sich nunmehr in Richtung Westen in Marsch zu setzen, obwohl nicht Preußen, sondern Österreich Territorien im Westen zu verteidigen hatte. Mit einer wahren Nibelungentreue stand der König zu seinen vertraglichen Verpflichtungen. Franz II., der eben Leopold auf dem Thron der Habsburger gefolgt war, konnte ihm daher testieren: »Das muß man wahrhaft sagen, daß der König von Preußen ein ehrlicher Kerl ist.«

Selbstredend war Friedrich Wilhelm II. als sorgsamer Sachwalter der preußischen Interessen auch Realist genug, um sich nicht zu kriegerischen Abenteuern hinreißen zu lassen, ohne heimlich auf Gebietszuwachs im Westen zu spekulieren, wenn man die Franzosen erst in die Enge getrieben haben würde. Aber für den Rosenkreuzer erhielt dieser Krieg mit Zunahme der Exzesse in Paris immer mehr Kreuzzugscharakter. Das Gefühl, sich für die Sache des Christentums gegen die Scheingöttin der Vernunft ins Zeug zu legen, beflügelte ihn dann auch, diesen Krieg gegen eine gänzlich unberechenbare Phantomarmee bis zum bitteren Ende durchzustehen.

Das erhoffte »Konzert der Mächte« kam natürlich nicht zustande. England und Holland lehnten es kategorisch ab, für die gemeinsame europäische Aufgabe auch nur einen Mann zu opfern. In Rußland predigte die Zarin zwar mit beachtlicher Beredsamkeit den Kreuzzug gegen die revolutierende Meute in Paris, aber auch sie bewies keinen Anflug von Solidarität und rührte keinen Finger für das bedrohte und wahrscheinlich sogar schon verwirkte Leben des französischen Königspaares. Im Gegenteil wünschte die große Katharina nichts sehnlicher, als Preußen in einen Krieg verwickelt zu sehen, um desto freier in Polen agieren zu können.

»Ich gab mir alle Mühe, um das Wiener und Berliner Kabinett in die französischen Angelegenheiten zu bringen«, bekannte sie erstaunlich freimütig ihre im Grunde so perfide Taktik. »Ich möchte sie tief in Geschäfte verwickelt sehen, um die Hände frei zu haben. Vor mir liegt vieles unerledigt. Jene müssen beschäftigt sein, damit sie mich nicht hindern.«

In Preußen war man inzwischen ganz allgemein von der Notwendigkeit einer Kampagne mit Frankreich überzeugt. Die Militärs brannten sogar darauf, nach so langen Friedensjahren wieder an die Triumphe des Alten Fritz anknüpfen und neue Siege an ihre Fahnen heften zu können. Die herbstliche Intervention in Holland anno 1787, als Friedrich Wilhelm dem Erbstatthalter, dem Mann seiner Schwester, der sich des von den Ständen mobilisierten Mobs der Straßen zu erwehren hatte, zu Hilfe eilte, hatte vielen von ihnen den Kamm schwellen lassen. Die schnellen und ermutigenden Erfolge verstärkten den Eindruck, die Lorbeeren des großen Königs wären noch längst nicht verwelkt. Schon damals hatte der Herzog von Braunschweig das Kommando über die preußischen Truppen geführt, aber man konnte sich selbst nicht so recht weismachen, daß es damals besonderer taktischer Finessen bedurft hätte, um die Gegner in einem militärischen Alleingang von nur wenigen Tagen zu zerreiben.

Kein Wunder, daß die Sirenengesänge der Emigranten, die von einem Spaziergang nach Paris tönten, den Preußen verlockend in den Ohren klangen. In zwei, bestenfalls drei Monaten, so redete man sich ein, wird das Unternehmen im Westen beendet sein. Man wird, ohne Zweifel, das Wunder von Roßbach wiederholen und eine Treibjagd mit den zerlumpten Sanseulotten veranstalten, die Preußens Gloria noch einmal vor aller Welt erstrahlen lassen würde.

Und dann noch dies: Man vertraut diesem König, der das Charisma eines echten Volkskönigs besitzt und der seine Soldaten durch sein Vorbild zu begeistern vermag. Der junge Metternich, der den König bei einem Zusammentreffen in Mainz aus nächster Nähe erlebte und von seiner menschlichen Erscheinung tief beeindruckt war, entwarf damals das folgende Porträt Friedrich Wilhelms, das nur die allgemeine Ansicht über ihn zusammenfaßte: »Er bot das Bild eines Königs dar, an Wuchs näherte er sich der Größe eines Riesen, und mit demselben stand seine Beliebtheit im Verhältnis. In allen Versammlungen ragte er um Kopfeslänge über die ihn umgebende Menge hinaus. Seine Manieren sind edel und einnehmend. Die Emigranten versichern, es würde genügen, daß er allein an der Grenze erschiene, damit die Sansculotten die Waffen streckten.«

Darüber hinaus glaubte man aber auch, über den größten Feldherrn der damaligen Zeit als Oberbefehlshaber der alliierten Österreicher und Preußen zu verfügen. In der Tat genoß der Herzog Karl Wilhelm Ferdinand von Braunschweig, mit allerlei Vorschußlorbeeren versehen, einen legendären Ruf als Schlachtenlenker. Dabei hatte der damals Siebenundfünfzigjährige, der aus seinen antiösterreichischen Affekten kein Hehl zu machen pflegte und die Österreicher nicht zu Unrecht als höchst unzuverlässige Verbündete und Kampfgefährten einschätzte, keine konkreten strategischen Leistungen und Erfolge aufzuweisen, auf die er sich hätte berufen können. Er konnte lediglich auf Friedrich den Großen verweisen, der ihm gelegentlich seine besondere Reverenz erwiesen hatte. Nicht einmal den Blitzkrieg gegen Holland, der im Grunde nicht mehr als eine Polizeiaktion war, konnte er als besonderen Erfolg für sich verbuchen.

Was ihm entscheidend fehlte, war die direkte Ausstrahlung und Aura des geborenen Schlachtenlenkers, der seine Soldaten mitzureißen versteht. Auch verfügte er, wie sich herausstellen sollte, kaum über den untrüglichen Instinkt, in offener Feldschlacht die Lage souverän zu überblicken und jeden Vorteil für die eigene Partei zu wittern und auszunutzen. Er wird auch in diesem Feldzug gegen die Revolution nur als Exponent einer Zeit, die längst von den weltgeschichtlichen Ereignissen überholt ist, agieren können.

Allerdings muß man diesem scharfdenkenden Methodiker zugute halten, daß er damals zu den wenigen gehörte, die sich über die Härte und Dauer des kommenden Feldzuges keine Illusion machten und diesem kriegerischen Ereignis mit keineswegs euphorischen Empfindungen wie so viele andere entgegensahen. Der Herzog mochte wissen, daß das Zeitalter des Absolutismus sich zu Ende gefiebert hatte. So hat man nach seinem Tode auch angenommen, er habe längst vor dem preußischen Debakel von Jena und Auerstedt, wo man die Legende von der Unbesiegbarkeit der preußischen Armee sang- und klanglos zu Grabe trug, den Zusammenbruch der alten Ordnungen geahnt und als Befehlshaber der geschlagenen Bataillone den Tod auf dem Schlachtfeld gesucht.

Aber ehe es überhaupt zu einem ersten Schlagabtausch mit den Franzosen kommen konnte, hatte der Herzog bereits einen unverzeihlichen psychologischen Lapsus begangen und damit eine Schlacht verloren. Er hatte nämlich bei Beginn des Vormarsches ein Manifest erlassen, das den blinden Kampfeseifer der aufmüpfigen Franzosen lähmen und ihnen eine panische Angst vor den herannahenden Armeen einjagen sollte. Dieser unzulängliche Versuch eines Einschüchterungsmanövers mißlang vollkommen. Die Franzosen fühlten sich dadurch beleidigt und schlossen sich nun erst recht zu einer unbezwinglichen Gemeinschaft zusammen. Die großsprecherischen Drohungen verpufften ins Leere, obwohl man dadurch glaubwürdig versichert hatte, man würde auf territoriale Gewinne auf Kosten Frankreichs unter allen Umständen verzichten. Bei diesem Krieg handele es sich, ließ man wissen, für die Vertreter der legitimen Ordnung vielmehr darum, die gewohnten und bewährten Verhältnisse zum Wohle aller Franzosen wiederherzustellen.

»Die Anarchie in Frankreich muß aufhören«, forderte der Herzog in seiner Deklaration unerbittlich. »Der König muß die Sicherheit und die Freiheit und die gesetzliche Autorität haben, die ihm zusteht. Die Nationalgarden, die gegen die Truppen der beiden verbündeten Höfe kämpfen und mit Waffen ergriffen werden, werden als Rebellen gegen ihren König und als Störer der öffentlichen Ruhe bestraft.

Die Stadt Paris mit allen Einwohnern ohne Unterschied soll sich sogleich und ohne Zögern dem König unterwerfen und ihn in volle Freiheit setzen. Für jede Beleidigung der königlichen Familie sollen alle Mitglieder der Nationalversammlung sowie der Staats- und Gemeindebehörden verantwortlich gemacht werden. Wenn die Tuillerien vergewaltigt und überfallen werden, so wird eine beispielhafte und ewig denkwürdige Rache genommen werden, indem die Stadt Paris einem militärischen Strafgericht und gänzlicher Zerstörung ausgeliefert wird.«

Dieses Manifest wog für die revolutionierenden Franzosen mehr als eine gewonnene Schlacht. Selbst die Royalisten solidarisierten sich angesichts der gemeinsamen äußeren Gefahr mit ihren Feinden, weche die Errungenschaft ihrer Revolution nicht mit einem Federstrich erledigt sehen möchten. Die »große Nation« fühlte sich darüber hinaus in ihrem Selbstgefühl getroffen und reagierte hoch empfindlich. Nur wenige Tage nach dem Bekanntwerden dieser Drohungen, die nicht gerade von der Selbstsicherheit der alten Mächte zeugte, werden am 10. August die Tuillerien gestürmt. Von diesem Tage ab werden Ludwig XVI. und Marie Antoinette nur noch als Gefangene des Volkes betrachtet und dementsprechend überwacht. Man eilte zu den Fahnen und formierte sich unter der Trikolore. Der Kampf konnte endlich beginnen: Allons enfants de la patrie.....

Die Kampagne in Frankreich

Ein Interventionsfeldzug gegen das revoltierende Frankreich ist nach Lage der Dinge unvermeidlich geworden. Die Herren des alten Europa müssen endlich ein Exempel statuieren, soll die französische Pest nicht auf den gesamten Kontinent übergreifen. Sie müssen Hand anlegen, um den französischen König aus der Gewalt des Pöbels zu befreien, ehe es zu spät ist.

In ganz Europa herrscht so etwas wie Aufbruchsstimmung. Man lebt in der Erwartung, einen Irrweg der Geschichte schleunigst korrigieren zu müssen. Und wieder einmal richten sich aller Augen auf Preußen, dessen Waffenruhm im Bewußtsein der Welt seit den Tagen des großen Königs keineswegs verblaßt ist. Man ist sich sicher, daß die zügellose Masse von Revoluzzern, die nur das Chaos zu schüren verstehen, bereits im ersten Ansturm zu überrennen und in alle Winde zu zerstreuen ist. Schließlich ist das bravouröse Abschneiden der preußischen Truppen beim holländischen Unternehmen noch in aller Munde.

Am 24. Juni 1792 begibt sich Friedrich Wilhelm, nachdem die strategischen Vorbereitungen abgeschlossen sind, zur Armee, die sich bereits im rüstigen Vormarsch befindet. An diesem Tage verzeichnet die Gräfin Voß dann auch in ihrem Tagebuch: »Heute ging der König zur Armee ab. Alles weinte. Der Abschied von ihm war sehr rührend. Er wird trotz seiner Fehler noch sehr geliebt. Gott wolle ihn uns erhalten und ihn gesund zurückführen.«

Die Stimmung des Königs und weiter Teile des Volkes artikuliert dann auch am besten ein Brief, den er eigenhändig auf ein Abschiedsschreiben der Königin – Witwe an diese richtete: »Ew. Majestät Fürsorge für mein Wohlergehen legt mir die Pflicht auf, Ihnen aufrichtig zu danken. Das Interesse, welches Ew. Majestät dem Feldzug zuwenden, überzeugt mich, daß auch Sie den Ausbruch der Anarchie, dessen Herd Frankreich ist und ganz Europa zu verheeren droht, in seiner ganzen Gefahr würdigen. Ich habe zur Abwendung dieser Gefahr alle Mittel versucht, welche mir die menschliche Weisheit hat eingeben können. Meine Absicht ist rein. Was die übrigen anbetrifft, so ergebe ich mich in den Willen Gottes.«

Inzwischen hat die preußische Armee Koblenz erreicht. Als Friedrich Wilhelm dort eintrifft, trägt seine majestätische Erscheinung und seine leutselige Haltung auch dem gemeinen Mann gegenüber entscheidend dazu bei, eine echte Kampfbereitschaft zu erwecken. An der Landesgrenze hält er dann noch einmal Heerschau, indem er seine Soldaten zur Tapferkeit ermahnt. Dann beginnt der Vormarsch in eines der unberechenbarsten Abenteuer der preußischen Geschichte überhaupt.

Man wird rückblickend nicht behaupten können, dieser Feldzug, zu dem Preußen mit 42 000 Mann das größte Kontingent beigesteuert hat, hätte unter einem günstigen Stern gestanden. Feldzüge wurden damals wegen der Witterungsverhältnisse bekanntlich ausschließlich im Sommer durchgeführt. Inzwischen aber neigt sich der Sommer seinem Ende zu. Gegen alle strategischen Erfahrungen und gegen alle bessere Einsicht riskiert die Führung damit, im Regen und Schlamm der Champagne stecken zu bleiben. In der durch nichts begründeten Zuversicht, nur einen Spaziergang nach Paris anzutreten, hat man es unterlassen, auch metereologische Imponderabilien mit ins militärische Kalkül zu setzen. Zudem erinnert die Schwerfälligkeit, mit der sich diese Armee vorwärtsbewegt, in keiner Weise mehr an die Elastitzität früherer Jahre.

Schließlich befindet man sich noch mitten im galanten Zeitalter, und das heißt in diesem Falle: Der Armee folgen ganze Wagenkolonnen von Kutschen mit Ehefrauen, Mätressen, Kindern, Marketenderinnen und Lagerhuren, alle mit Koffern und Hutschachteln vollbepackt.

Wer auch möchte sich entgehen lassen, mit den alliierten Truppen im Triumph ins legendäre Paris, in diese Stadt des Lichts, einzuziehen, wenn es sich darum handelt, den wildgewordenen und ausschweifenden Pöbel der französischen Kapitale zur Räson zu bringen? Ein unübersehbarer Train ist daher notwendig, um dieses Massenaufgebot im Grunde überflüssiger Schlachtenbummler und lästiger Esser zu versorgen.

Natürlich geht die Rechnung der unverbesserlichen Optimisten nicht auf. Sie enthält nun einmal zu viele unbekannte Faktoren. Die Vorstellung, man würde schon bald die vom Geist einer neuen Zeit verhexten französischen Freiwilligen wie Schlachtvieh vor sich hertreiben, erweist sich leider nur zu bald als eine fromme Täuschung. Wie eine Lawine rollt dieser Heerzug langsam nach Frankreich hinein. Am 22. August ist die Festung Longwy erreicht, und sogleich stellen sich vor den Mauern dieser Stadt unerwartete Schwierigkeiten ein. Regen, Finsternis und eine erbitterte Gegnerschaft der Einwohner erweisen sich als ungemein retardierende Momente, die nicht vorgeplant waren. So vergehen dann mehrere nützliche Tage, ehe die Festung zur Kapitulation bereit ist und die weiße Fahne hißt.

Eine Woche darauf ist man gezwungen, den fanatischen Widerstand der Franzosen vor der Festung Verdun zu brechen. Erst muß die ganze Stadt in Schutt und Asche geschossen werden, ehe die Bewohner den Kommandanten bestürmen, die aussichtslose Verteidigung aufzugeben. Als es diesem nicht gelingt, die Bürgerschaft zu einem blutigen Opfer für die neu errungene Freiheit zu bewegen, erschießt er sich auf dem Marktplatz vor aller Augen. Bestürzt über diese makabre Szene, öffnet die Besatzung die Tore und zieht mit dem höhnischen Ruf »Auf Wiedersehen in den Ebenen von Chalons« in die Gefangenschaft ab.

Mit der Eroberung von Verdun scheint der Weg nach Paris nunmehr freigekämpft zu sein. Alle drängen mit einem Male zur Eile. Man möchte noch vor Einbruch des Winters das verlockende Ziel erreichen. Und während der Regen die Straßen aufweicht, die Disziplin sich bereits zu lockern beginnt und die Soldaten sich angesichts der miserablen Organisation des Nachschubes aufs Plündern verlegen, tastet man sich gegen einen völlig unbekannten Gegner wie durch einen Nebel vorwärts.

Als echter Soldat, der er nun einmal ist, reitet der König seinen Männern durch Sturm und Regen voran. Er weiß nur zu gut, welch anfeuernde Wirkung das gute Beispiel der Vorgesetzten, die auch das Letzte mit ihren Männern teilen, auf die Moral der Truppen ausübt. So erträgt er klaglos die Unbilden des Wetters wie sie alle, und da die preußische Infanterie damals keine Mäntel besitzt, verzichtet er trotz strömenden Regens ebenfalls auf einen Mantel, übrigens sehr zum Entsetzen der ihn begleitenden Emigranten, die aus Gründen der höfischen Etikette nunmehr gezwungen sind, auch auf ihre Mäntel zu verzichten.

Und während wie ein unheimlicher Schatten von Westen her die Revolutionsarmee heranrückt, wiegt man sich in Berlin noch in Siegeszuversicht. Man gibt den Franzosen bestenfalls noch acht Tage Zeit, bis die Alliierten das Weichbild von Paris erreicht haben werden. Aber der Feind gibt sich keineswegs geschlagen und trifft keinerlei Anstalten, die blutige Auseinandersetzung zu vermeiden. Er rüstet sich vielmehr mit dem Mute der Verzweiflung zum

Widerstand bis zum Äußersten. Mit 40 000 Mann ist General Dumouriez auf dem Wege, die Angriffsspitzen der Preußen abzufangen, während eine zweite französische Armee unter Kellermann von Metz aus aufbricht, um sich mit Dumouriez zu vereinigen. Das fatale Manifest des Braunschweigers, das den Abtrünnigen blutige Rache schwört, falls sie nicht unverzüglich die Waffen niederlegen, hat die Massen erst recht in Bewegung versetzt, die neuen Freiheiten um jeden Preis zu verteidigen. Man hat die Franzosen an ihrem empfindlichsten Nerv, an ihrer Nationalehre, getroffen. Mit der unwiderstehlichen Parole »Das Vaterland ist in Gefahr« haben sie den nationalen Notstand erklärt und damit den Verteidigungswillen gewaltsam hochgeputscht.

Während sich die Revolutionsarmeen zum Kampf formieren, kämpfen die Alliierten einen Verzweiflungskampf gegen den strömenden Regen, der sich gegen sie verschworen hat und alle Wege geradezu unpassierbar macht. Schon grassiert die Ruhr in der Armee und lichtet beängstigend die Reihen der Regimenter. Die Nachtlager auf aufgeweichtem Boden, das verseuchte Trinkwasser und der Genuß unreifen Obstes erweisen sich als Krankheitsursachen, gegen die man machtlos ist.

Goethe, der bekanntlich im Gefolge seines als preußischer General fungierenden Herzogs diesen makabren Feldzug ins Land der Freiheit und Gleichheit mitmacht, läßt in seiner Darstellung dieser Kampagne in Frankreich jene so kritischen Tage wieder aufleben. »Wir befanden uns in den gefahrvollen Schluchten des Argonner Waldes«, erzählt er rückblickend. »Nur langsam und unter großen Beschwerden bewegte sich der Zug vorwärts. Es regnete unaufhörlich. Nirgends befand sich eine trockene Stelle, wo man etwas hätte niederlegen können. Die Aufmerksamkeit, welche Friedrich Wilhelm II. diesem gefahrvollen

Marsch zuwandte, gab uns Vertrauen. Er hatte streng befohlen, alles Fuhrwerk hinter die Kolonne zu bringen. Nur jeder Regimentschef durfte einen Wagen vor seiner Truppe führen. Der König postierte sich meist dorthin, wo alles bei ihm vorbei mußte. Als er meinen Wagen erblickte, sprengte er an mich heran und fragte ärgerlich: ›Schon wieder ein Karren, wem gehört er?‹ Auf meine Antwort: ›Dem Herzog von Weimar‹, durfte ich passieren.«

Mitte September sind die Preußen nur noch zwanzig Meilen von Paris entfernt. Inzwischen hat Dumouriez jedoch alle Gebirgspässe abriegeln lassen. Die Lage der alliierten Truppen wird damit immer bedrohlicher. Goethe, der von der bravourösen Haltung des preußischen Königs nur mit Tönen der höchsten Anerkennung spricht, beschwört abermals diese kritischen Tage herauf, wenn er schreibt: »Wir kampierten auf naßkalter Erde; wir schlugen zwar die Zelte auf, aber in welchem Zustande! Man sah sich in grundlosem Kot versenkt. Die verfaulten Schlingen der Zelttücher zerrissen, und die durchnäßte Leinwand schlug dem über Kopf und Schulter zusammen, der darunter sein Heil suchte. Wer unter einem Regimentswagen gegen den strömenden Regen Deckung fand, durfte sich glücklich schätzen. Wie schrecklich war unsere Lage, wenn man bedenkt, daß wir im Angesichte eines mächtigen Feindes, inmitten eines uns tödlich hassenden Volkes, abgeschnitten von der Heimat und den Hilfsquellen uns befanden.«

In der Tat war dieser Kriegszug schon längst zu einem unkalkulierbaren Risiko geworden. Immerin spielte man dieses Verbanquespiel mit hohen Einsätzen an Kriegspotential. Das Prestige, das man dabei aufs Spiel setzte und das zu verlieren man auf dem besten Wege war, konnte man gar nicht hoch genug einschätzen.

Dazu kam noch dies: Der Herzog von Braunschweig, der sich mit den politischen Grundsätzen des konservativen

Königs nur wenig befreunden konnte, war nur mit halbem Herzen bei diesen Unternehmungen, die, wie sich bald herausstellen sollte, durchgreifende Entschlüsse und blitzartiges Reagieren auf die Operationen des Gegners erforderten. Ferdinand galt allgemein als frankophil, und da er zudem im Rufe stand, der bedeutendste Feldherr seiner Zeit zu sein, hatten ihn sogar die Vertreter der französischen Revolutionsregierung aufgesucht, um ihn, wie es hieß, für den Oberbefehl über ihre Armee zu gewinnen.

Durch das lässige Engagement der Österreicher, die zwar mit 50 000 Mann in den Niederlanden stationiert, aber mit nur 12 000 Mann zur Stelle waren, war die Stimmung des Herzogs nicht eben die beste. Der befeuernde Impetus für einen Überraschungsangriff, der dem Unternehmen wahrscheinlich eine günstigere Wendung verliehen hätte, war bereits verpufft, ehe man die Nähe dieses quantitativ sicher nicht unterlegenen Feindes zu wittern begann. 300 000 Mann waren in Frankreich zu den Waffen geströmt und brannten nun darauf, dem Feind die ihm gebührende Abfuhr zu erteilen.

Der Braunschweiger war im Gegensatz zu Friedrich Wilhelm, der auf eine möglichst schnelle Entscheidung drängte, kein Mann schneller Entschlüsse. Schon beim Kriegsrat in Potsdam war er der einzige gewesen, der nicht an einen kurzen Feldzug geglaubt hatte. Nun verhielt er sich dementsprechend zaudernd. Aber immerhin überblickte er wie wenige die horrenden Schwierigkeiten, die den Heeren der Koalition noch bevorstanden. Die französische Festungskette und schließlich der hochgeputschte Fanatismus der zu den Waffen geeilten Freiwilligen waren durchaus Faktoren, die er in sein strategisches Konzept einbrachte. Wie in aller Welt sollten auch die so wenig flexibel operierenden Söldnerarmeen imstande sein, auf einen solchen Gegner blitzschnell mit einer nur halbwegs vergleichbaren Einsatzbereitschaft zu reagieren? Am Ende blieb dann eben doch nur ein vorsichtes Manövrieren, das als oberste Weisheit der alten Strategie galt, die einzige Möglichkeit, nicht leichtfertig die besten Regimenter sogleich aufs Spiel zu setzen. Der König unterstellte sich nur widerstrebend dem Konzept des Oberkommandierenden, und so bestand die ganze schwerwiegende Problematik der Führung dieses Feldzuges darin, wie Goethe sogleich richtig bemerkte, zu entscheiden, »welche von beiden Gewalten, der König Friedrich Wilhelm II. oder der Herzog von Braunschweig, eigentlich der Obere ist.«

Inzwischen hatten sich die Armeen Dumouriez und Kellermanns vereinigt. Auch diese verfügten so wenig über einen abgesprochenen Kriegsplan wie die Verbündeten. Man verließ sich aufs Improvisieren und auf die Tüchtigkeit der alten Offiziere, die dieses Sansculottenheer führten. Am 19. September befahl der König dann, des langen Herumlavierens überdrüssig, dem Oberkommandierenden nachdrücklich, den Feind um jeden Preis anzugreifen und ihn zu schlagen.

Und wirklich: am 20. September stehen sich die feindlichen Armeen in der Nähe des Dorfes Valmy gegenüber. Zwei verschiedene Welten begegnen sich an diesem Tag, um ihre Kräfte zu messen. Die Franzosen sind beträchtlich im Vorteil. Sie haben auf den Höhen günstig Stellung bezogen, um die Angreifer mit blutigen Köpfen heimzuschicken. Die Preußen hingegen versuchen mit alter friderizianischen Taktik den Feind zu attackieren. Noch einmal prescht die Infanterie wie bei einer Parade gegen die feindlichen Stellungen vor; aber dieser läßt sich von der Ordnung des Exerzierplatzes keineswegs imponieren. Der König übernimmt selbst das Richtungs-Bataillon, und so geht es mit klingendem Spiel wie eh und je gegen den Feind.

Aber nun zeigte sich: Diese Grenadiere, mit denen der große König seine Großmacht erfocht, sind nicht umsonst in die Schule der Aufklärung gegangen. Sie haben mittlerweile das Denken gelernt. Auch die brandenburgischen oder pommerschen Bauernsöhne sind nicht mehr so bedingungslos bereit, für die Sache ihres Souveräns ihre Haut zu Markte zu tragen. Sie lassen sich auch keineswegs durch das Vorbild des Königs beeindrucken, der ungerührt mitten im Kugelregen ihren Formationen voranreitet. Sie sollen doch auf ihn schauen, fährt er sie an, sobald sie die Köpfe einziehen, wo er doch hoch zu Roß dem Feind ein viel lohnenderes Ziel als sie bietet. Aber sie wissen, daß er gut reden hat, da er wie alle Hohenzollern kugelfest ist und nur eine silberne Kugel ihn treffen kann.

Schon ist jeder vom Erfolg dieses Angriffs überzeugt, da sprengt vom linken Flügel her der Braunschweiger Herzog heran und läßt zum Rückzug blasen. In einer erregten Auseinandersetzung mit dem König gibt dieser am Ende nach und vertut damit die große Chance dieses Tages. Der zügige Angriff verwandelt sich damit in einen Stellungskrieg, in jene Kanonade von Valmy, die sich bis in den Abend hineinzieht und das Ende der preußischen Angriffstaktik besiegelt.

Der Herzog läßt nunmehr die Artillerie in Aktion treten, und schon beginnt ein mörderischer Geschoßhagel auf die Hügel von Valmy. Die französischen Reiter sind inzwischen abgestiegen und füttern ihre Pferde. Befeuernd spielt ihre Regimentsmusik das »Ça ira« und die »Marseillaise«, und während man, sinnlos wie alles an diesem Tage, Schuß um Schuß erwidert, ringen die Emigranten, die auf eine Entscheidung drängen, verzweifelt die Hände. Aber nun verzichtet auch der König darauf, den Kampf wieder aufzunehmen und seine besten Regimenter nutzlos diesem Bombardement preiszugeben. Er versucht, wenigstens das

Schlachtfeld zu behaupten und das Prestige der Armee, die bereits ihr bestes Pulver verschossen hat, zu retten.

Plastisch vermittelt Friedrich August Ludwig von der Marwitz als Augenzeuge den Verlauf dieses historischen Tages in seinen Memoiren: »Die Armee marschierte auf wie in Berlin. Die Batterien vor, der Feind stand auf den Höhen. Der König setzte sich vor das Richtungsbataillon, kommandierte ›Vorwärts, marsch!‹ und ritt drauflos. Die Armee avancierte mit klingendem Spiel. Eine Haubitzgranate schlug in einen feindlichen Pulverkasten; er flog auf, und man sah auf der Stelle Verwirrung und Flucht. Alle, die gegenwärtig waren, sind überzeugt, daß, wenn der Angriff so fortgesetzt worden wäre, wie er begonnen wurde, der Feind augenblicklich geworfen worden wäre. Aber der Herzog von Braunschweig kam vom linken Flügel gejagt und kommandierte »Halt!«. Es entstand eine heftige Unterredung zwischen ihm und dem König. Es ist mit Gewißheit bekannt geworden, daß der Herzog sich stützend auf den Umstand, daß man nicht wissen kann, was der Feind etwa hinter den Anhöhen verborgen habe sich vor aller Verantwortlichkeit für das Heer, für den König und die königlichen Prinzen losgesagt hat, wenn der Angriff fortgesetzt werden sollte. In diesem Fall möchte der König das Kommando übernehmen, aber auch behalten. Diese Aussicht schien dem König zu drückend. Er gab höchst unzufrieden nach, und der Angriff verwandelte sich in eine nutzlose Kanonade, die bis zum Abend dauerte.«

Der französische Marschall St.Cyr hat später bemerkt, daß »un grand désastre« bei der französischen Armee durch diese Fehlentscheidung vermieden worden wäre.

Am Abend jenes 20. September ist der mit so viel Erwartung begonnene Feldzug endgültig begraben. Die Stimmung bei den Mannschaften ist miserabel. Das alte System hat kläglich versagt. Die Franzosen verfügen, wie sich gezeigt hat, über eine unschlagbare Waffe: über ihre Begeisterung. Man kann sich sogar glücklich preisen, noch einmal mit einem blauen Auge davongekommen zu sein und diese weltgeschichtliche Entscheidung so unblutig überstanden zu haben. Die Preußen haben 184 Mann, Tote, und Verwundete, zu beklagen, die Franzosen 150 Tote und 260 Verwundete.

Der Braunschweiger Herzog versucht nach dem kläglichen Ergebnis dieses Treffens die Version durchzusetzen, man wäre nicht militärisch, sondern durch die feindliche Natur besiegt worden. Die Wahrheit aber ist, daß eine alte Welt am Fanatismus eines Freiwilligenheeres gnadenlos zerbrochen ist. Das war übrigens auch Goethes Meinung, der das Fazit dieses Tages in die bekannten Worte zusammenfaßte: »Von hier und heute geht eine neue Epoche der Weltgeschichte aus.«

Die Haltung des Königs während der Operationen war nach Meinung aller Beteiligten über jede Kritik erhaben. Sein Sohn, der Kronprinz, bemerkte dann auch zu diesem Tag: »Der König ritt mit der größten Kaltblütigkeit und Contenance vor dem ersten Treffen auf und nieder und bezeigte ab und zu Mißfallen, wenn er bemerken konnte, daß sich die Leute bückten oder gar auseinandersprangen, um den ricoschettierenden Kugeln auszuweichen. Nach einer vierstündigen Kanonade nahm endlich das Feuer auf beiden Seiten ab und hörte zuletzt ganz auf. Wie es finster zu werden anfing, wurde die Armee zurückgenommen. Die Nacht wurde sehr kalt und windig.«

Am nächsten Tag wurde der Kampf nicht wieder aufgenommen. Es fehlte auf beiden Seiten an Artilleriemunition. Aber immerhin lagerte man nun noch eine geschlagene Woche lang auf diesem ungastlichen Plateau, um das Schlachtfeld zu behaupten. In der Zwischenzeit wurde mit den Franzosen wegen des Rückzugs verhandelt. Bei diesen

Verhandlungen bewies der Herzog allerdings ein beachtliches diplomatisches Geschick, indem er Dumouriez die Möglichkeit eines Bündnisses Preußens mit Frankreich vorspiegelte und damit erreichte, daß wenigstens der Rückzug ohne Störung erfolgen konnte. Es gelang ihm somit, aus diesem Hexenkessel herauszukommen und die Fahnen und Kanonen, die Symbole militärischer Ehre, aus dem Fiasko zu retten.

Die Emigranten sind begreiflicherweise über den Ausgang des Feldzugs maßlos enttäuscht und beschuldigen den Herzog, von den Franzosen bestochen worden zu sein. Aber der Braunschweiger ist Realist genug, um zu begreifen, daß der Versuch, mit den Truppen in Paris einzumarschieren mit einem entsetzlichen Blutbad hätte bezahlt werden müssen. Dort hatte man schon, um die Masse zu fanatisieren, die unzweideutige Parole ausgegeben: »Hinein werden sie kommen, hinaus aber nicht.«

Die Rückzugsbewegungen der Armee bleiben hoffnungslos im Schlamm der französischen Landstraßen stecken. Man kann unterwegs kaum trockenes Holz auftreiben, um die notwendigsten warmen Mahlzeiten für die erschöpfte und entkräftete Truppe herrichten zu können. Die Monturen der Soldaten trocknen nicht mehr am lebendigen Leibe, der Proviantnachschub ist inzwischen völlig ins Stocken geraten, und aus den verwüsteten Dörfern kann man nicht mehr furagieren.

Dieser Rückzug ist mehr als eine Niederlage; er ist das Inferno selbst. Einer der sonderbarsten Vaganten des 18. Jahrhunderts, der Magister Friedrich Christian Laukhard, vermittelt uns ein sicher authentisches Bild jener Schrekkenstage: »Nichts nahm unsere Leute ärger mit als der Durchfall und die darauf folgende fürchterliche Ruhr. Die Abtritte, wenn sie gleich täglich frisch gemacht wurden, sahen jeden Morgen so mörderisch aus, daß es jedem übel und elend werden mußte, der nur hinblickte. Alles war voll Blut und Eiter, und einige Male sah man sogar Unglückliche darin umkommen. Ebenso lagen viele blutige Exkremente im Lager herum, von denen, die aus nahem Drange nicht an den entfernten Abritt hatten kommen können.«

Im Lazarett von Longwy verfaulten die Kranken in ihrem eigenen Kot. Niemand eilte ihnen zur Hilfe, wenn sie von lauter Ungeziefer aufgefressen wurden. Wer in den Lazaretten das Personal nicht mit Geld bestechen konnte, war ein verlorener Mann. Er besaß nur wenig Aussicht, mit heiler Haut davonzukommen.

Überall, wohin man schaute, war die Hölle los. Kaum tausend Mann hatte man in offener Schlacht verloren, aber 19 000 Soldaten überstanden den Rückmarsch nicht. Apathisch lagen die Ruhrkranken allenthalben am Wegrand. Man nahm am Ende kaum noch Notiz von ihnen, rücksichtslos wurden sie von den Lafetten überfahren.

Am 21. Oktober ist es dann endlich soweit, daß der Rest der zwar ungeschlagenen, aber stark reduzierten und maßlos deprimierten Armee die französische Grenze wieder in östlicher Richtung überschreiten kann. Mit nur noch 20 000 Mann bezieht man in der Gegend von Koblenz die Winterquartiere, um die Regimenter wieder aufzufüllen und sie mit neuen Waffen zu versorgen. Mit banger Sorge harrt man hier dem Frühling entgegen, während die Hiobsbotschaften vom Vorrücken der Sansculotten nicht abreißen wollen. Der erste Koalitionskrieg aus weltanschaulichen Gründen hat damit ein überraschend frühzeitiges Ende gefunden. Die Fridericus-Legende von einem unschlagbaren Preußen war von nun an nur noch eine Fiktion, mit der man keinen Feind mehr schrecken konnte.

Im Treisand der Geschichte

Im Sommer 1790 weilt Wilhelmine in Pyrmont. Hier pflegt sich um diese Zeit immer noch die große Welt zu treffen, während die Entwicklung der politischen Verhältnisse in Frankreich kaum noch irgendwelche optimistische Prognosen zuläßt. In jenem Lande ist die Hölle los. Ein Heer von Emigranten, die um ihr Leben zittern müssen, strömt in kopfloser Verwirrung über den Rhein. Eine ganze Epoche, spürt man nun deutlich, neigt sich dem Ende zu.

In Pyrmont allerdings scheint die Zeit still zu stehen. Und während der preußische König sich anschickt, an der Kaiserkrönung in Frankfurt teilzunehmen und die neuen Probleme, die ihm, die ganz Europa seit der großen Revolution in Frankreich auf der Seele brennen, mit den anderen betroffenen Souveräns zu besprechen, hält seine Favoritin mit bemerkenswerter Grandezza im Modebad Pyrmont hof. Ihre brillianten gesellschaftlichen Talente, mit denen sie geschickt über ihre Herkunft hinwegzuspielen versteht, machen sie auch hier bald zum Mittelpunkt eines Zirkels von Persönlichkeiten, die man unbedenklich zur gesellschaftlichen Creme des damaligen Europa rechnen kann.

»Die Herzoginnen von Braunschweig und von Mecklenburg«, so kann sie daher ihrem König berichten, »baten mich zum Frühstück, und seit der Zeit bittet mich alles, die Brunnen zu trinken. Die Gräfin von der Mark auch, die reizende Pose vor der Braunschweigerin macht, so daß deren Hofdame von Witzleben sagt, das Kind ist so gut und bieder, wenn es doch nie verderben möge...

Lellchen hat sich so im Vorbeigehen der Herzogin von Mecklenburg-Schwerin ihren Mohren ausgebeten, sie könne mit ihm doch nicht so spielen wie er. Worüber ein solches Gelächter ward, daß allen die Augen tränten. Überhaupt spielen die Kinder hier eine große Rolle, bei einigen neidischen Berliner Damen ausgenommen.«

Wie gewohnt antwortet Friedrich Wilhem umgehend und drückt seine unverhohlene Freude darüber aus, »daß die Leute in Pyrmont sich jetzt bessern. Es war schon mein Entschluß, dazwischenzufahren und die groben Berliner Madames zur Raison zu bringen.« Von einer Reise nach Frankfurt rät der König jedoch dringend mit der Begründung ab: »Die Krönung ist ja nichts als leerer Tand, Babel und Fabel, wie Jakob Böhme sagt.«

Ende Juli des Jahres ist es dann so weit, daß die Mobilmachung gegen das aufmüpfige Volk der Franzosen abgeschlossen ist und »daß die Armee am Sterbetage unseres verewigten Alexanders über die Grenze rückt. In Gottes Namen!«

Immer noch macht Friedrich Wilhelm, wie man sieht, seine politischen und militärischen Entscheidungen von den Direktiven abhängig, die er von Alexanders Geist durch Wilhelmines Vermittlung empfängt. Damit hat sie doch noch einen gewissen Einfluß auf die Entschlüsse des Königs erlangt. Zumindest vermittelt sie ihm in diesen kritischen Tagen jene Selbstsicherheit, die er nun unbedingt benötigt, um eine Sache, die den gesamten Kontinent betrifft, ins reine zu bringen.

Wilhelmine spielt ihre sicher entschuldbare Farce mit erstaunlichem Geschick und Einfühlungsvermögen bis zu Ende und profitiert wie so oft von der Wundergläubigkeit dieses zum Mystiker geborenen Souveräns, dessen Gutgläubigkeit immer wieder bestechend wirkt. Stets geht sie mit sicherem Flair für die Grenzen des Zumutbaren phantasiereich auf dieses abgekartete Spiel ein. Als sie es schließlich überdrüssig ist, immer nur den verstorbenen Sohn in dieser Tragikomödie auftauchen und reden zu lassen, erfindet sie weitere Medien hinzu, denen sie stets die passenden Stichworte in den Mund legt.

»Weil der König unaufhörlich über tausendfache Gegenstände fragte, was der Geist dazu sagte, so erfand ich die Bekanntschaft eines rechtschaffenen Mannes«, gibt sie nach des Königs Tod während ihrer Vernehmung vor der Untersuchungskommission zu Protokoll. Angebahnt wurde das dadurch, daß ich angeblich von meinem Sohn länger nichts hörte. Diese imaginären Leute waren keine Wundermänner, waren auch keine richtigen Personen. So brachte ich meine Ansichten durch die Blume bei; denn meinen eigenen schlichten Rat hätte der König gewiß verachtet, der immer Außergewöhnliches hören wollte.«

Erstaunlicherweise verfügt Wilhelmine ausreichend über Phantasie, um einen »Alten aus Maastricht« als Hilfsgeist auftreten zu lassen und auch ihn mit einer für den König unwiderstehlichen mystischen Aureole zu umgeben. Als sie später in Italien weilt, wird sie einer anderen, nicht weniger mysteriösen Phantasiegestalt zur Existenz verhelfen, um den König in die, wie sie annimmt, erfolgversprechende Richtung zu lenken. Es handelt sich dabei um den »Alten Freund«, den »très reverend père«, hinter dessen Orakelsprüche sich Wilhelmine wieder einmal selbst verbirgt, um dem König ihre gutgemeinten Ratschläge zu unterbreiten.

Sie ist sich durchaus dessen bewußt, welch schwere Verantwortung sie mit diesem fragwürdigen Rollenspiel in einer aus den Fugen geratenen Zeit, in der sich unter entsetzlichen Wehen ein neues Europa zu konstituieren beginnt, auf sich genommen hat. Es gelingt ihr immer wieder, die oft für Preußen so schicksalsentscheidenden Entschlüsse ihres königlichen Lebensgefährten durch den Einsatz einer ganzen Komparserie von Spukgestalten zu bestimmen oder doch wenigstens fernzusteuern. Immer wieder ist es der gesunde Menschenverstand und der ungetrübte Wirklichkeitssinn dieser erstaunlichen Frau, die den König davor bewahren, sich allzu sehr von den Realitäten zu entfernen und den Boden unter den Füßen zu verlieren.

Während der gewiß enervierenden Zerreißprobe mit Frankreich, mit der sich Preußens Monarch als Exponent eines geschwächten und in einem brisanten gesellschaftlichen und politischen Umbruch befindlichen Europa gegen einen noch völlig unabschätzbaren Gegner in ein atemberaubendes Abenteuer einläßt, verleihen ihm Wilhelmines anonyme Geister in der Tat einen nicht zu unterschätzenden moralischen Rückhalt. Er hat sich im Bewußtsein der Solidarität sämtlicher europäischer Herrscher, für die es inzwischen um Sein oder Nichtsein zu gehen scheint, im Vertrag zu Reichenbach und später in seinen Vereinbarungen mit Kaiser Leopold in Pillnitz bereitgefunden, als Vorkämpfer des alten Europa noch einmal in die Schanze zu springen, solange sich der französische König um sein nacktes Leben Gedanken machen muß. Denn schon kann man sich nicht mehr leichtfertig darüber hinwegtäuschen, daß, wenn nicht schleunigst für Abhilfe gesorgt wird, Funken des subversiven Geistes auch über den Rhein springen und ein unvorstellbares Chaos anrichten werden. Die Throne, spürt man, beginnen zu wanken. Selbst die physische Existenz der Potentaten dieses Erdteils ist in einer anarchischen Welt ernsthaft bedroht.

Wilhelmine weiß daher, was sie tut, wenn sie dem König zu diesem Feldzug zuredet. Sie weiß so gut wie er selbst, daß er damit seine eigene Macht abschirmt und sicher auch mit einigen Gebietserweiterungen zu rechnen hat. »Sagt meinem Vater«, so läßt die in dieser entscheidenden Stunde, in der Preußen anfängt, wirkliche Großmachtpolitik zu betreiben, den Geist Anderchens verkünden, »er wird den erretten, dem Gewalt geschieht von dem, der Unrecht tut.

Gott wird mit ihm sein, wenn er fromm und reinen Herzens ist.«

Damals war der Feldzug allerdings eine beschlossene Sache. Aber für Wilhelmine handelte es sich wie stets vor allem darum, das Selbstvertrauen des Freundes bei Durchführung des Krieges zu festigen und ihn nicht ohne ihre moralische Stärkung in irgendein unüberschaubares Abenteuer zu schicken.

Da ihm an ihrem Rat gerade in dieser entscheidenden Stunde viel gelegen ist, unternimmt der König alles, Wilhelmine auch während des Feldzuges im Westen in seiner Nähe zu wissen. Im Juli 1792 folgt sie ihm daher für einige Zeit nach Mainz, wo er mit Kaiser Franz II. zusammentrifft. Sie wohnen im Lustschloß des Mainzer Kurfürsten, der keine Anstrengungen scheut, seinen Wohnsitz, der einen hinreißenden Blick auf das weithin vorgelagerte Panorama von Rhein und Main gewährt, durch Feste, Bälle, Illuminationen und Feuerwerke in ein vertitables Feenschloß zu verwandeln. Zweifellos muß Wilhelmine damals im Mittelpunkt dieser glänzenden Gesellschaft gestanden haben, die sich noch einmal vor der großen Sintflut, die bald wie ein Strafgericht über Europa hereinbrechen sollte, amüsieren wollte. Als die anerkannte Favoritin des Preußenkönigs macht sie damals die Honneurs und wird uneingeschränkt von Höflingen und Emigranten, die Abschied vom Traum einer besonnten Vergangenheit nehmen, gebührend bewundert. Um ihren privaten Wünschen ein nachhaltiges Gehör zu verschaffen, benutzen sie damals viele als »Vorzimmer« zum König. Trotzdem muß betont werden, daß sie nie das Vertrauen mißbrauchte, das dieser ihr bedingungslos entgegenbrachte.

Während Friedrich Wilhelm dann nach altem preußischen Brauch seinen Soldaten nach Frankreich hinein voranreitet, hält Wilhelmine in mondänen Badeorten wie

Aachen und später Spa hof. Ununterbrochen gehen die Stafetten zwischen dem König und ihr hin und her. Bereits am 29. Juli, dem Todestag Alexanders also, hatte sie seinem Vater einen aufschlußreichen Bericht über die Zustände in der Grenzstadt Aachen übermittelt: »Um drei Uhr nachts sind wir hier gesund und glücklich angekommen, ohne eine Unannehmlichkeit als die Gedanken, sich auf lange Zeit von meinem besten Freund getrennt zu wissen; doch ist auch hier ein Trost, daß Sie sich mit einer großen Sache beschäftigen, und ich will für Sie beten an dem für uns beide so traurigen, aber auch so glücklichen und merkwürdigen Tag. Ich werde so viel wie möglich für mich allein leben. Auf dem Flur, wo ich wohne, wohnt eine Comtesse de Rivière, welche zwei kleine Kinder hat. Überhaupt sind so viele Frauen hier, die alle sehr unglücklich aussehen. Unsere Tochter küßt Ihnen die Hände und wird hier sehr fleißig studieren. Vergessen Sie uns nicht. Wir haben unser einziges Erdenglück in Ihnen!«

Am 14. August verlegt Wilhelmine ihren Standort nach Spa, während ihr galanter König, der auch während des Feldzuges auf die Gegenwart schöner Frauen nicht verzichten kann, einige Zeilen aus dem Lager Weil La Croix an sie richtet: »Lag bei Trier im Karthäuser. Im Bett hörte ich die alten Mönche singen. Sonst habe ich recht lustig in dem alten Kloster gelebt. Einmal habe ich zweiundfünfzig französische Damen bei mir gehabt; auch Madame Maréchal de Groglie ist öfter bei mir. Dann wurde beim Prinzen brav pokuliert, und nach dem Essen kamen alle dortigen französischen Damen pour prendre congé. Es waren über siebzig; einige Chaninessen aus Metz sind die hübschesten. Ich werde morgen wieder einige vierzig bei Luxemburg kennenlernen.«

Am 27. August ist die alliierte Armee vor der Festung Longwy angekommen. Von hier aus kommentiert Friedrich Wilhelm noch einmal die politische Lage in einem

Brief an Wilhelmine so: »Der französische König sitzt im Temple im Gefängnissturm. Sonderbar! Sonderbar! Wird er darin bleiben? Werde ich ihn da finden? Da herausholen? Gottes Wille geschehe! Ich lese, wenn ich einen Augenblick Zeit habe, den ganzen Prozeß des schwedischen Königsmörders durch. Wie unglücklich ist ein König, den Gottes Schutz verläßt!«

Auch in Spa befindet sich Wilhelmine in durchaus erlauchter Gesellschaft. »Die Gräfin d'Alton, eine geborene Irländerin, ist hier«, teilt sie dem König mit. »Lellchen, Ihr Sohn, lehrt die kleinen Franzosen auf preußisch ›Präsentiert das Gewehr!‹«

In Spa sucht Wilhelmine, aus Brüssel kommend, auch der junge Lord Templeton auf, einer ihrer Anbeter aus glücklicheren Berliner Tagen. Viele vermuten, es hätte sich bei diesem jungen Engländer um einen Spion gehandelt, den seine Regierung auf Wilhelmine angesetzt habe, um von ihr Staatsgeheimnisse zu erpressen. Auffallend war allerdings, daß er die um so viele Jahre ältere, wenn auch immer noch reizende Frau mit seinen sicher ernstgemeinten Heiratsanträgen geradezu bestürmte.

Auch diesmal ist ihr sein Besuch doch recht fatal, wie sie unbekümmert dem König bekennt. »Gestern ist der junge Lord Templeton aus Brüssel angekommen, um bis zum Karneval zu bleiben«, schreibt sie ins Hauptquartier. »Ich wünsche sehr, daß er wieder auf eine gute Art aus Berlin käme. Er ist sehr reich und von guter Familie, mir aber doch gewisser Ursachen wegen hier gar nicht willkommen, weil ich nicht vermeiden kann, ihn zu sehen... Auch gestehe ich mit Offenheit, die ich meinem besten Freunde schuldig bin, daß er mir nicht gleichgültig ist, besonders, da er alles in der Welt getan, um mich wiederzusehen. Mein Wohl hängt davon ab, daß er hier weggehet... Wer sich in Gefahr begibt, kommt darin um.«

Die Einnahme von Verdun, übrigens kein besonders rühmenswertes strategisches Meisterstück der Armee, löst bei den Emigranten verständlicherweise Jubel aus, der sich jedoch nur zu bald als verfrüht herausstellen wird. Natürlich hat der König die Nachricht von der Einnahme der Festung sogleich nach Spa hinübergesandt, und wieder hat Wilhelmines Bruder als Stafettenreiter zwischen beiden fungiert. Wieder zeigt sie sich zutiefst um das Ergehen des Königs beunruhigt, da ihr mitgeteilt wurde, bei der Belagerung wäre eine Kanonenkugel ganz dicht an ihm und seinem Pferde vorbeigesaust. Sonst aber ist sie guter Dinge und schmiedet mit den Emigrantenfrauen, die zwischen Hoffnung und Verzweiflung schwanken, kühne Zukunftspläne. So hat die Marquise d'Alsfeld sie bereits in ihr nur zwanzig Meilen von Paris gelegenes Schloß eingeladen, »wenn Sie erst in Paris sein werden«, wie sie dem König erwartungsvoll schreibt.

»Ich kann aber noch nichts dazu sagen«, setzt sie vieldeutig hinzu, »da ich meine Bestimmung (durch die Geister) noch nicht weiß. Die guten Französinnen glauben, es ist alles schon so gut wie ausgemacht. Sie wohnen schon alle wieder in Gedanken in ihren Häusern in Paris. Wie mancher wird noch zur Ruhe gehen, ehe es so weit kommt.«

Während alles sich noch der frommen Täuschung eines schnellen Sieges hingibt, durchschaut Wilhelmine die Lage viel illusionsloser. Vielleicht wittert sie mit dem unverdorbenen Instinkt einer Frau eben schon mehr als andere, was es heißt, die entfesselte Wut ungezügelter Volksmassen zu bändigen.

Auch sie selbst bekommt etwas von diesem angestauten Haß zu spüren: Am 21. September, also nur einen Tag nach der ominösen Kanonade von Valmy, wäre sie beinahe einem Attentat erlegen. Darüber berichtet sie dem König sogleich folgendes: »Ich fuhr um fünf Uhr auf dem Wege nach..., eine Stunde von Spa, in Gesellschaft der alten Gräfin M., der Türksen und Mylord Templeton, im zweiten Wagen Mylady Wallis, die d'Asfeld und unsere Tochter. Auf halbem Wege hören wir eine Stimme: »Halt! halt!« Der Kutscher hält still. Ein Mensch kommt an den Wagen heran, sieht mich an und sagt: »Ist der Prinz von Hessen hier drin?«

Mit diesen Worten hörte ich auch zugleich die Stimme, die Sie wohl wissen (Alexander). Ich schrie den Kutscher »Fahr zu!«, und soeben faßt der Bösewicht nach seiner Tasche. Wir fuhren noch eine gute Strecke, ohne ganz zu glauben, daß er etwas im Sinne habe. Doch mir, die ich wohl wußte, daß die Stimme nie ohne große Ursachen kommt, war ganz sonderbar...

Endlich ließ ich umkehren. Als wir nunmehr so weit von Spa waren, als vom Berliner Schloß nach dem Brandenburger Tor, geschah ein Pistolenschuß, dem Wagen ganz nah, daß der Kutscher die Pferde kaum halten konnte. Lord Templeton sah heraus, und der Bösewicht hatte noch die Pistole in der Hand, und Pulvergeruch kam in den Wagen.«

Der Attentäter wurde später in der Stadt gestellt und der Polizei übergeben. »Ich bedauere ihn«, so schließt Wilhelmine ihren Bericht, »denn meine Stunde war noch nicht gekommen. Gott wird mir einst die Gnade geben, daß mein bester Freund mir die Augen zudrückt.«

Aber auch der König hat seine schwerwiegenden Probleme in dieser Zeit. Die Kampagne in Frankreich hinein, die mit so viel Begeisterung und Elan begann, ist, wie sich zeigt, im Morast der Champagne stecken geblieben. Man hat vor dem Wetter dieses Herbstes kapitulieren müssen, und mit dem Traum von einem Spaziergang nach Frankreich ist es vorerst und vielleicht sogar für immer vorbei.

Natürlich zeigt sich auch der preußische König von diesem unerwarteten Ausgang des mit aller Energie von ihm aufgegriffenen und geführten Unternehmens mächtig enttäuscht. Immer wieder denkt er über die Gründe dieses Mißerfolges nach und schreibt darüber nach Spa hinüber: »Successe zu haben und doch nicht vorwärts zu können, ist wohl eine seltene Lage, und das ist doch die unserige gewesen. Ich habe mich durch das viele Nachdenken darüber fast verrückt gemacht. Aber Gottlob ist es nicht zu Zweifeln in meinem Kopf gekommen... Nun aber bin ich seit Empfang Ihres Briefes getröstet und heiter, mehr, als wenn ich Bataillen gewonnen und solche tröstlichen Äußerungen nicht erhalten hätte.

In der nämlichen Zeit sind es jetzt vierzehn Jahre, auch im Kriege, daß ich überzeugt wurde, daß solche Gnadenwege noch wahrhaftig in der Welt vorhanden sind. Wie außerordentlich wäre mein Erstaunen gewesen, wenn ich erfahren, daß das gute, kleine Geschöpf, was damals noch unter dem Herzen seiner Mutter lag, in vierzehn Jahren nachher einst die Bestimmung haben würde, ein solcher Gnadenbote für mich zu werden...«

Während Friedrich Wilhelm sich in der Ruhestellung in Koblenz die Zeit damit vertreibt, die Liebeskünste der kleinen Französinnen zu bewundern, grassiert noch immer die Ruhr im Heere und lichtet gnadenlos die Reihen seiner Regimenter. Wilhelmine aber tröstet sich inzwischen in Charlottenburg durch ihren intensiven Umgang mit den Kindern über den unglückseligen Ausgang des Krieges hinweg. Einmal gewährt sie dem König auch einen aufschlußreichen Einblick in ihr Familienidyll: »Wilhelminchen greift mit seinen kleinen dicken Händen nach der Vase, unter welcher seines Bruders Bild ist; dann bückt er sich und macht den kleinen Mund auf und küßt es... Ihre Tochter ist sehr artig. Auch Lelle küßt ihm Hände und Füße aus lauter Liebe. Nur sein Pferd aus Holz wollte er ihr anfangs nicht geben. Aber ich brauche nur zu sagen: Pap liebt dich nicht mehr, dann gibt er alles hin... Überhaupt fehlen nur Sie, um das Glück häuslichen Friedens vollkommen zu genießen. Sagen Sie doch bald wie Otto von Wittelsbach: Ich will auch wieder einmal auf meinem eigenen Herde kochen lassen...«

Während der König nach der Eroberung des von den Franzosen besetzt gehaltenen Frankfurt sich als Befreier feiern läßt und eine unvergeßliche Zeit ungetrübten Wohlbehagens in der freien Reichsstadt verbringt, verlebt Wilhelmine ihr Weihnachtsfest mit den Kindern so: »Lellchen hat sich Bleiengländer gekauft und macht die Einnahme von Frankfurt nach und ruft: »Gewonnen!« und Ihr Wilhelm kreischt vor Vergnügen...«

Der König antwortet auf diese Schilderungen einer stolzen Mutter mit einer Einladung nach Frankfurt. Und abermals macht diese sich auf, ihm zu folgen. Sie kommt mit den Kindern und erregt einiges Aufsehen bei den weltläufigen Frankfurtern. Scharfsinnig beobachtet sie das lustige Treiben in der Stadt, und da sie den König wie sonst niemand kennt, kommentiert sie die Eskapaden seiner kritischen Mannesjahre mit den Worten: »Sie sind eben wie die alten Helden vor einigen tausend Jahren, welche einst so gut wußten, den Krieg und die Liebe zu vereinigen, und da ich überzeugt bin, daß Sie es nie wie Antonius machen, so mögen Sie auch nur Ihr Herz einer sanfteren Leidenschaft, als der Krieg ist, überlassen; besonders da ich überzeugt bin, daß es, solange als andere Pflichten Ihnen am Herzen liegen, niemals zum Schaden sein wird.«

Da ihr die Vergnügungssucht ihrer Tochter ehrlich Sorge bereitet, weiht sie den König auch in ihre Erziehungsprobleme ein: »Ich überlasse es Ihnen, ob unser Kind zu viel tue; seit wir hier sind, das heißt in drei Wochen, hat Kindchen folgende Pläsiers gehabt: dreimal in der Komödie, dreimal in Charlottenburg, einmal in Falkenhagen, zweimal Musik bei mir, freilich ganz klein ohne Gesellschaft, dreimal Mittagessen bei Schütz, einmal bei Kassieke. Nun frage ich, ob das vernünftig ist für eine junge Person, die ihre Zeit nicht edel genug anwenden kann und von der wir wünschen, daß sie einst einen ehrlichen Mann glücklich machen soll...

Sie sehen, daß ich meinen Kummer in meinen häuslichen Angelegenheiten habe und jetzt den schwersten wegen Erziehung der Kinder. Nur so lange wünsche ich zu leben, bis unsere Tochter ehrlich und tugendhaft aus meiner Herde gekommen ist, denn wie ich sehe, leider ist es mit Menschen, denen man ein Kind anvertrauen will, nichts. Ich will nun einmal, daß man nicht einen Schatten von Verdacht auf unserer Tochter ihre Aufführung einst werfen soll. Ich weiß, was ich mir habe durch meine Wildheit, den Schein nicht zu vermeiden, für Schaden getan! Ich war jung und wild und hatte keinen Führer noch Führerin als Ihnen, und Sie waren zu gut!«

Einen Tag darauf rafft sich Marianne, der dann wirklich noch ein abenteuerliches Leben beschieden sein soll, zu einem Brief an ihren Vater auf, in dem es heißt: »Ich höre soeben, daß Lellchen an Sie schreibt, also muß ich als Ihre Tochter und als die, die Sie so sehr liebt und schätzt, doch wohl auch schreiben. Ich wünsche aber, daß ich hätte es nicht nötig; dann könnte ich Ihnen alles sagen, was ich für Sie wünsche. Die glücklichen Nachrichten, die wir erhalten haben, freuen mich sehr. Ich bin aber nicht eher zufrieden, als bis ich Sie hier sehe. Ich wünsche Ihnen die beste Gesundheit und bitte Sie, mir eine Zeile zu schreiben.«

Wilhelmines Fürsorge für den König nimmt mit den Jahren eher mütterliche Züge an. Immer ist sie ehrlich um sein körperliches und seelisches Wohl besorgt. Immer wieder auch erteilt sie ihm gutgemeinte Ratschläge zur Erhaltung seiner Gesundheit, die bereits ein wenig zu wünschen übrig läßt. Als er vom Westen abrupt nach Polen aufbricht, beschwört sie ihn in einem Brief vom 25. September 1793: »Hüten Sie sich vor Verrätern und bösen Menschen in Polen. Essen Sie nichts von unsicheren Menschen; doch ohne Gottes Willen soll ja keinem Menschen ein Haar gekrümmt werden.«

Zu Ehren seines 49. Geburtstages setzt sie sich sogar an ihren Schreibtisch und verfertigt ein Gedicht, von dem sie bekennt, ihr Herz habe es ihr diktiert. »Lesen Sie es lieber zweimal, damit Sie es recht verstehen«, beschwört sie ihn. Sie läßt den König in ihrem keineswegs ungeschickten Poem vor dem Weltgericht erscheinen, wo er von den höheren Mächten kein Verdammungsurteil zu erwarten hat, weil die Motive seines Handelns immer rein und lauter waren, wenn es auch nicht immer diesen Anschein hatte:

»Den König hier verstoß
ich nicht!
Er fehlte zwar wie alle
dort im Staube,
doch, nicht wahr, sie glauben
an das, was er hier sieht,
stets rein und stark
belebt.«

Frankfurter Intermezzo

Am 2. Dezember 1792 war Friedrich Wilhelm II. an der Spitze seiner Truppen als Befreier in Frankfurt eingezogen und hatte in der Stadt sein Hauptquartier aufgeschlagen. Damit hatte für die Krönungsstadt des deutschen Reiches eine turbulente, aber auch glanzvolle Zeit begonnen, der der lebensbejahende Preußenkönig seine persönliche Note verlieh. Was sich dann alles im kommenden Winter in der freien Reichsstadt zutrug, war noch einmal eine überzeugende Schaustellung von Preußens Glanz und Größe auf fremdem Boden. Die Optimismus ausstrahlende Persönlichkeit Friedrich Wilhelms ließ die Frankfurter schnell die Schrecken der Franzosenzeit vergessen.

Eine große Zahl von Fürsten befand sich damals im Gefolge des Königs, unter ihnen auch Herzog Karl August von Weimar. Sie alle genossen das ungezwungene Leben in der Etappe. Eine Suite fürstlicher Damen und ein ganzer Schwarm von Militärs und Diplomaten bevölkerten die Stadt. Ihre ungezwungene Fröhlichkeit schien darüber hinwegzutäuschen, daß man sich mitten in einem Krieg befand, über dessen Ausgang es eigentlich keine besonders optimistischen Prognosen mehr gab. Jedenfalls erwartete man mit einigem Unbehagen den kommenden Frühling, der eine Fortführung der Waffenhandlungen bringen mußte.

Friedrich Wilhelm II. hatte im Roten Haus auf der Zeil Quartier bezogen. Die beschwingte Atmosphäre dieser südlichen Stadt wirkte offenbar irgendwie befreiend auf ihn. Und so begann nun mitten im Kriege eine der unbeschwertesten Saisons, die Frankfurt je erlebt haben mochte. Die vornehmen Patriziersfamilien, die sich durchaus mit den feudalen Gästen von überall her messen konnten, unterließen nichts, um ihren Befreiern den Aufenthalt so angenehm wie möglich zu machen. Vor allem das Theater profitierte von der Theaterleidenschaft des Königs, der kaum eine Vorstellung ausließ, aber auch auf Soiréen, Konzerten und nächtlichen Bällen auftauchte und sich dabei die Herzen der Frankfurter wie im Fluge eroberte. Darüber hinaus lieferte er durch seine Amouren ausreichend Stoff für den üppig ins Kraut schießenden Stadtklatsch. Einem Mann wie ihm, der sich noch elementar seines Daseins freuen konnte, verübelte man solche Eskapaden keineswegs. Wo er auch auftauchte, immer war er von einem Schwarm von Frauen umgeben. Die attraktivsten Schauspielerinnen und Baletteusen bildeten, vertraut man den Chronisten jener Tage, sein ständiges Gefolge.

Zu den glänzendsten Erscheinungen dieses ungewöhnlichen Frankfurter Winters rechnete vor allem Prinz Louis Ferdinand, Sohn des jüngsten Bruders Friedrichs des Großen, eine Mischung von tollkühnem Draufgänger und Künstler, in dessen Feldausrüstung sich auch stets ein Piano befand, das er meisterlich beherrschte. Nun hat er in der Etappe ausreichend Gelegenheit, die Frankfurter Damen durch sein genialisches Wesen hinzureißen. Als er auf einem Benefizkonzert für einen verarmten Musiker auftritt, liegt ganz Frankfurt ihm zu Füßen.

Allerdings sind die finanziellen Belastungen, die die Frankfurter für ihre Besatzung aufzubringen haben, nicht eben unbeträchtlich. Frau Rat Goethe meldet daher ihrem Sohn nach Weimar, sie habe nun schon seit Monaten Besatzungssoldaten bei sich in Quartier.

»Wir haben jetzt königliche Garde aus Potsdam hier«, berichtet sie. »Ich habe einen Kapitän und einen Leutnant, desgleichen vier Gemeine. Im Vertrauen sei Dir gesagt, ich fange an, das Ding herzlich müde zu werden. Mein Haus sieht zum Erbarmen aus, und ist die Historia zu Ende, so brauche ich ein volles Jahr, bis alles wieder in vorigen Stand kommt. Übrigens befinde ich mich wohl.«

Die ganze Sympathie der Frau Rat gehört aber dem König. Daß er ein Theaternarr ist, weiß sie an ihm durchaus zu rühmen; denn das füllt »der anterpriße den Beutel«, da der König stets mitsamt einem großen Gefolge von Herzögen, Prinzen und Offizieren bei den Vorstellungen zu erscheinen pflegt. Es ist ein Leben wie bei der Kaiserkrönung, bemerkt Goethes Mutter: »Jetzt hängt der Himmel voller Geigen; alle Tage wird getanzt.«

In der Tat hat der preußische König einigen Anlaß, sich in diesen Frankfurter Tagen in eine euphorische Stimmung hineinzusteigern. Am 6. Januar weilt er auf einem Ball, den seine beiden ältesten Söhne im Thurn- und Taxischen Palais in Anwesenheit der Spitzen der Gesellschaft ausrichten. Um ein Uhr in der Nacht stiehlt sich der König heimlich davon, rast im Schlitten zu den preußischen Stellungen und leitet selbst den geplanten Überfall auf Hochheim, bei dem er die Franzosen mit blutigen Köpfen in einem Überraschungscoup zurückwirft, vierundzwanzig Kanonen erbeutet und schließlich am anderen Morgen wieder als Sieger in Frankfurt einzieht.

Diese Dreikönigsnacht bleibt dem König auch in anderer Hinsicht unvergessen. Auf dem Ball war er nämlich der letzten großen Liebe seines Lebens begegnet, der Frankfurter Patrizierstochter Sophie von Bethmann - Metzler, deren bestechende Erscheinung sein so leicht entzündbares Herz in helle Flammen versetzte. Von diesem Augenblick an wird der Achtundvierzigjährige mit aller Vehemenz seiner jäh auflodernden Leidenschaft über Monate hin um die dreißig Jahre jüngere Frau werben.

Natürlich bemächtigt sich auch der Frankfurter Stadtklatsch sogleich dieser sich anspinnenden Romanze des Königs, dieses »Vielgeliebten«, dessen natürlichem Charme sich auch die Frankfurter nicht entziehen können. Frau Rat Goethe trifft sicher die allgemeine Stimmung, wenn sie ihrem berühmten Sohn so Bericht erstattet: »So wie der König von allen geliebt wird, ist wohl schwerlich ein Monarch geliebt worden. Wenn er einmal weggeht, so weine ich gewiß acht Tage, und vergessen wird er von uns allen zeitlebens nicht.«

Die Popularität des Königs steht in diesen Tagen zweifellos im Zenit. Dieser so anders geartete Neffe des asketischen Königs gewinnt die Herzen der Süddeutschen im Sturm. Und während er selbst mit aller Courtoisie um die Gunst der jungen Frankfurterin wirbt, bahnt sich das Verhältnis seiner beiden Söhne zu den mecklenburgischen Prinzessinnen Luise und Friederike an. Er selbst zeigt sich von deren anmutigen Erscheinungen entzückt, und sogleich berichtet er Wilhelmine über sie: »Wie ich die beiden Engel zum ersten Mal sah, war ich so frappiert von ihrer Schönheit, daß ich ganz außer mir war, als die Großmutter sie mir präsentierte. Ich wünsche sehr, daß meine Söhne sie sehen möchten und sich in sie verlieben.«

Dieser Wunsch des Königs ging in der Tat in Erfüllung. Glanzvoll wird ganz im pompösen Stil jener Zeit die Doppelverlobung am 24. April 1793 in Darmstadt begangen. Die ganze Stadt ist an diesem Tag in einen friedlichen Aufruhr geraten. Endlich erlebt sie einmal wieder eine ihrer historischen Stunden. Alle Gasthäuser und Unterkünfte sind überfüllt. Selbst aus der weiteren Umgebung hat sich eine unübersehbare Zahl von Schaulustigen eingefunden. Sie säumen die Straßen und Plätze, als Friedrich Wilhelm gegen Mittag mit seinem großen Gefolge erscheint und durch die Straßen reitet. Im Georgeschen Palais findet die feierliche Zeremonie statt. Der König selbst steckt den Brautpaaren die Ringe an die Finger und legt ihre Hände zusammen. Er ist fest davon überzeugt, mit der

Wahl der Frau für seinen Nachfolger einen besonders guten Griff getan zu haben, da eine konventionelle Heirat aus Staatsräson das introvertierte Naturell des Prinzen nur noch gesteigert hätte.

Wilhelmine kommentiert dieses Darmstädter Ereignis von Berlin aus folgendermaßen: »Ich für mein Teil habe große Freude über die Vermehrung Ihres Hauses; freilich hätte ich es lieber gesehen, es wären die englischen Prinzessinnen gewesen. Da es aber nicht anders ist, so wünsche ich viel Glück. Es wird vielleicht eine gute Gesellschaft für Ihnen sein; nur verlieben sie sich nicht in sie. Doch hoffe ich, daß Sophie Ihnen davon abhalten wird.«

Die erfahrene Kennerin des menschlichen Herzens schließt demnach keineswegs die Möglichkeit aus, der König könnte von einer Leidenschaft zu einer seiner reizenden Schwiegertöchter ergriffen werden.

Die ungewöhnliche Intensität, mit welcher der Alternde um Sophie von Bethmann wirbt, scheint jedoch diese Versuchung gar nicht erst aufkommen zu lassen. Selbst Goethe hatte sich vom Anblick der beiden jungen Prinzessinnen tief betroffen gezeigt, als sie während der Belagerung von Mainz das Marienborner Lager aufsuchten. »Gegen Abend war uns, mir aber besonders, ein liebenswürdiges Schauspiel bereitet«, notiert er in seinen Erinnerungen. »Die Prinzessinnen von Mecklenburg besuchten das Lager. Ich heftelte mich in mein Zelt ein und durfte die so hohen Herrschaften, welche unmittelbar davor ganz vertraulich auf und niedergingen, auf das genaueste betrachten. Und wirklich konnte man in diesem Kriegsgetümmel die beiden jungen Damen für himmlische Erscheinungen halten, deren Eindruck auch mir niemals verlöschen wird.«

Nach der kurzen und flüchtigen Begegnung auf dem Ball seiner Söhne in der Epiphaniasnacht kann der König erst wieder Mitte März einige Worte mit Sophie wechseln.

Am 21. März trifft er sie auf einem Reitausflug im Frankfurter Stadtwald, nachmittags auf der Promenade und abends im Theater. Jedoch schon am Tage darauf muß er an der Spitze seiner Truppen zur Belagerung nach Mainz aufbrechen. Er zeigt sich dabei untröstlich, die eben erst angeknüpften zarten Beziehungen nicht an Ort und Stelle fortsetzen zu können. Die Stunden seiner Begegnungen mit der Frankfurterin, für die er entflammt ist, waren allzu knapp bemessen.

Während seiner Abwesenheit reißt dann auch der Briefwechsel des Königs mit Sophie keinen Augenblick ab. Schon aus seinem Quartier in Kelsterbach schreibt er nur einen Tag nach seiner Abreise aus Frankfurt: »Ich hoffte, mein Fräulein, Sie noch am Montag in Hochheim zu sehen, aber das unstete Leben, das ich augenblicklich führen muß, beraubte mich eines so wertvollen Vorteils. Dieser Verlust ist mir umso empfindlicher, als ich Sie fragen wollte, ob ich es wagen dürfte, Ihnen zu schreiben, um auf diese Weise wenigstens von Zeit zu Zeit etwas von Ihnen zu hören. Ich lege einen so großen Wert darauf, und es würde mich so glücklich machen, daß ich nicht umhin konnte, diesen Brief an Sie zu richten und diese Frage auf diesem Wege zu stellen. Wenn Sie nein sagen, so werde ich Ihnen zu gehorchen wissen.

Ich werde aber unruhig sein, bis ich Ihre Antwort erhalte. Adressieren Sie bitte »bei der Armee«. Diese Briefe erreichen mich sicher, denn meine Quartiere wechseln zu oft in diesen ersten Marschtagen.«

Sophie hat ihm augenscheinlich ihre Einwilligung für einen Briefwechsel nicht versagt. Diese überraschende Bereitwilligkeit ermunterte den König, ihr nunmehr Tag für Tag einen Gruß aus dem Feldlager nach Frankfurt zu senden. Da er erfahren hat, sie habe bei Chiron an einem Ball teilgenommen, schreibt er ihr mit der Verve eines jugendlichen Liebhabers: »Wie ist dieser Abend lang geworden. Ich starb fast vor Verlangen, zu Chiron zu kommen. Da das so nahe war, so war die Versuchung groß, aber unglücklicherweise hatte ich zuviel Abhaltungen. Hoffentlich ist der Reitausflug von heute morgen gut verlaufen. Haben Sie sich vielleicht an denjenigen erinnert, der Sie gestern begleitete! Ach, wenn es doch immer und immer so wäre! Der Morgen von gestern, das Ende des Schauspiels und das Forsthaus von heute morgen werden nie aus meinem Gedächtnis verschwinden. Ich habe so viel zu denken und zu sagen, aber ich schließe, um Ihre Geduld nicht zu ermüden. Ich muß mich fast anstrengen, um ein Ende zu machen, geradeso wie ich mich heute morgen anstrengen mußte, Ihnen mit äußerlicher Ruhe adieu zu sagen.«

Sophie verhält sich gegenüber den Werbungen des Königs betont zurückhaltend. Sie besitzt so viel Lebensform, um dem Befreier ihrer Vaterstadt die ihm gebührende Reverenz zu erweisen, aber von Liebe kann offenbar bei ihr die Rede nicht sein, viel eher von echter Wertschätzung und Verehrung für einen Mann, der sich die Sympathie ihrer Mitbürger wie sonst keiner errungen hat.

»Sire«, so antwortete sie ihm daher am 24. März, »ich habe schon recht viele Briefe in meinem Leben geschrieben, aber ich gestehe, daß es mir bei keinem so schwer geworden ist, ihn aufs Papier zu bringen als bei diesem. Die besondere Nachsicht, die Ihre Majestät mir immer bewiesen haben und an die ich heute appelliere, beruhigt mich ein wenig.

Gestern zwischen neun und zehn Uhr habe ich den Brief erhalten, den Ihre Majestät mir zu schreiben geruht haben, mit der Güte, die Sie für alle Welt haben, nur daß ein so unbedeutendes Wesen, wie ich es bin, sich dieser Güte nicht würdig fühlt. Ich habe gestern tausendmal zu schreiben versucht und habe immer wieder das Geschriebene zerrissen, aber diesen Brief habe ich angefangen mit der festen Entschließung, ihn zu beenden und abzusenden, es koste, was es wolle! - Ich war gestern auch sehr in Verlegenheit, wie ich ihn senden sollte. Dann aber sah ich von fern im Theater denMarquis von Luchesini, und da dachte ich, wenn ich ihm den Brief unter Couvert durch eine dritte unbekannte Hand zustellen ließ.«

Die Stimmung in der Stadt nach Abzug der Truppen schildert Sophie sicher zutreffend so: »Wie traurig ist die ganze Stadt über die Abreise Ew. Majestät, wie öde das Theater durch die Abwesenheit Ew. Majestät - das hörte man allgemein sagen. Wenn alle Wünsche, die man herzinnigst zum Himmel sandte für das Glück der Unternehmen von Ew. Majestät erhört werden, so wird Ew. Majestät nichts mehr zu wünschen übrig bleiben. Man spricht nicht nur von dem »guten König« und dem »guten General«, man bewundert auch den guten und väterlich gesinnten Fürsten, der, obwohl vom Lärm und Getümmel des Kriegs umgeben, sich wie ein gewöhnlicher Sterblicher bemüht, das künftige Glück seiner Kinder zu sichern. Wie bedauere ich, im Anfang von Ew. Majestät eine so irrtümliche Ansicht gehabt zu haben, die mich von Ew. Majestät in sorglicher Entfernung hielt.«

Sophie hat, wie aus diesem Brief hervorgeht, allen Grund, ihr Vorurteil über den König zu revidieren. Sein ritterliches Auftreten und seine ungekünstelte Herzlichkeit haben sie inzwischen von seiner menschlichen Integrität überzeugt.

Bei einer neuen Begegnung mit Sophie auf einem Maskenball bei der Verlobung seiner Söhne am 25. April entflammt er aufs neue für die schöne Frankfurter Patrizierstochter. Aber an diesem Abend deutet sie ihm an, ein gewisser J., dessen vollen Namen sie nicht nennen mag, bewerbe sich ernsthaft um ihre Hand. Trotzdem läßt Friedrich Wilhelm von seinen Werbungen nicht ab. Nach Beendigung des Balles greift er noch in der gleichen Nacht zur Feder, um ein neues Rendezvous mit ihr zu vereinbaren. Doch nun scheint Sophie bereits, das Aufsehen, das ihre Affäre mit dem König in der Öffentlichkeit zu erregen beginnt, ernsthaft zu fürchten. Sie lehnt jede weitere Begegnung mit ihm ab und versucht, das angebahnte Verhältnis in eine anhaltene Freundschaft zu verwandeln.

Aber die Serie der leidenschaftlichen Briefe, die der König an sie richtet, reißt auch jetzt noch nicht ab. Als er nach längerer Abwesenheit am 23. Mai wieder nach Frankfurt zurückkehrt, begibt er sich noch am gleichen Tag ins Theater, um Sophie zu sehen. Aber sie hat es vorgezogen, diesmal daheim zu bleiben, um ihm nicht zu begegnen. Daher richtet der König noch am gleichen Abend einen Brief an die junge Frau, der in seiner Herzlichkeit ein besonderes menschliches Dokument darstellt.

»Wie unsagbar unglücklich bin ich jetzt«, läßt er sie wissen, »da ich nach Frankfurt gekommen bin und Sie weder habe sehen noch sprechen können. Es bleibt mir nur das Eine, Ihnen wenigstens schriftlich meine Klagen vorzutragen. Ach, hätte ich doch einen Dichter, der sie in Reime setzte; Regini würde sie in Musik setzen, und das würde ein Kunstwerk geben, das auch das härteste der Herzen erweichen würde...

Die eigentliche Belagerung (von Mainz) wird nun bald beginnen, ich werde dann noch ein Mal ins Theater kommen können; nach der Belagerung aber - ich wage gar nicht, daran zu denken - werde ich Ihnen für immer Lebewohl sagen müssen.

Würde es nun das nächste Mal, wenn ich wiederkomme, sehr ungehörig sein, wenn ich im Vorüberreiten in Ihren Garten käme oder wenn ich mich dort mit Ihrer Frau Mama nach dem Theater zum Abendessen ansagte und erst vom

Garten aus die Rückreise anträte, oder könnte ich mich nicht wenigstens am Gartentor am Mainufer mit Ihnen unterhalten, wobei Sie dann wie eine Nonne am Gitter wären! In irgendeiner Weise hoffe ich, Abschied von Ihnen nehmen zu können. Es würde unmöglich sein, dies vor aller Welt tun zu müssen. Ich habe mich mehr in der Gewalt als viele andere; das aber ginge über meine Kräfte!«

Sophies Antwort fällt, wie nicht anders zu erwarten, so lakonisch wie nur möglich aus: »Ich habe wegen Ew. Majestät sehr viel Kummer und Demütigung erfahren, und Gott weiß doch, daß ich unschuldig bin!« Aber immer noch breitet der gefühlvolle König sein ganzes Herz vor ihr aus und gibt ihr zu verstehen, er habe sie mehr als jede andere Frau geliebt. Die Folge dieser leidenschaftlichen Liebesbeteuerungen aber ist nur, daß Sophie ihn beschwört, bei allem an ihren Ruf zu denken und ihr keine Briefe mehr zu schreiben. Die Leidenschaftlichkeit des alternden Mannes hat sie zutiefst beunruhigt, wie sich nun zeigt, und schon macht man ihr Vorwürfe, sie halte ihn durch ihr Eingehen auf seine Werbungen von der zügigen Durchführung der Mainzer Belagerung ab.

Wilhelmine betrachtet den stürmischen Verlauf dieser neuen Liebesaffäre ihres Freundes mit der erstaunlichen Gelassenheit einer Frau von Welt, die sich stets ihrer Sache sicher ist. Von Berlin aus bemerkt sie dazu: »Ich habe Mamsell Bethmann niemals sehr schön gefunden, aber viel Charakter in ihren Zügen, schöne Haare und Augen und gut gewachsen, auch soll es ihr nicht an Talenten fehlen. Bei meinem Aufenthalt in Frankfurt sagten mir viele glaubwürdige Leute, daß Sie ihr gar nicht mißfielen und daß manche Promenade, um Ihnen zu sehen, veranstaltet worden ist. Aber es war nicht meines Amtes, es Ihnen zu sagen. Da nun das Ungefähr des Schicksals Ihnen ihre Bekanntschaft gemacht hat, ist es mir erst erlaubt, davon zu sprechen. Ist es keine Sünde, so möchte ich wohl, daß Sie möchten einmal recht glücklich sein, weil ich überzeugt bin, daß Sie es würden. Daß ich Ihnen niemals schmeichle, das wissen Sie.«

In banger Vorahnung, nicht mehr lange zu leben, bricht der König Wilhelmine gegenüber in den verzweifelten Ruf aus: »Sophie, Sophie, die wird wohl die letzte Liebe in meinem Leben sein!« Sie war es in der Tat, und vielleicht war es sogar ein unbewußtes Verlangen, das in ihm aufstieg, das Leben, das ihm schon zu entschwinden droht, noch einmal aus vollen Zügen zu trinken und seine Anstrengungen um den Besitz Sophies zu verdoppeln.

Als er bei einem Reitausflug nach Frankfurt von einem schweren Unwetter überrascht wird, sucht er im Gartenhaus der Bethmanns am Main einen Unterschlupf. Aber er trifft dort nur Sophies Mutter an, die sich redlich alle Mühe gibt, die Liebesaffäre, die nun auch der Familie Bethmann einiges Unbehagen zu bereiten beginnt, als ein freunschaftliches Verhältnis des Königs der gesamten Familie gegenüber erscheinen zu lassen. Frau von Bethmann wird von nun an mit in den Briefwechsel einbezogen, und der Frankfurter Operndirigent Regini, der den König laufend mit Cellonoten versorgt, fungiert von nun an als Postillon d'amour. Aber der Öffentlichkeit entgeht dann doch nicht, daß Friedrich Wilhelm seiner Angebeteten eine edle englische Stute schenkt.

Noch einmal sucht Sophie gemeinsam mit ihrer Mutter den König am 19. Juli im Lager von Mainz auf. Auch während dieses Besuches verhält sich Sophie streng im Rahmen der Etikette. Aber selbst damit ist neues Öl in die Flammen der Leidenschaft, die den König nicht mehr zur Ruhe kommen lassen, gegossen worden.

Nachdem Mainz am 22. Juli gefallen ist, trifft Friedrich Wilhelm am Donnerstag, dem 24. Juli, in Frankfurt ein und steigt wieder im Roten Haus ab. »Die Freude, Friedrich Wilhelm II., den Erretter des Landes und Befreier von Mainz, wieder in höchsterwünschtem Wohlsein zu sehen, war überaus groß und verursachte einen allgemeinen Jubel«, berichtet das »Frankfurter Staats-Ristretto« seinen Lesern. »Abends verfügte sich Seine Majestät nach der Komödie, wo freudiges Vivatrufen Höchstdieselben auf dem ganzen Wege begleitete.«

Im Theater wird der König abermals stürmisch vom Publikum gefeiert. Er nimmt die Ovationen sichtlich bewegt entgegen. Im Grunde hat ihn aber tiefe Traurigkeit ergriffen, da er Sophie nicht unter den Anwesenden vorfindet. Daher schreibt er nach seinem Theaterbesuch um elf Uhr nachts noch folgenden Brief an sie: »Der traurige Augenblick ist gekommen, wo ich Ihnen für immer Lebewohl sagen muß, wo jede schmeichelnde Hoffnung für die Zukunft zerstört ist. Ihr Bild wird immer in leuchtenden Zügen in meinem Herzen bleiben. Ja, liebe Sophie, ich gestehe es: unsere Trennung würde mich zur Verzweiflung bringen, wenn ich überzeugt wäre, daß ich Sie jemals so glücklich machen könnte, wie Sie es verdienen.

Ich sagte Ihnen, daß ich morgen um 6 Uhr fort muß, daß ich bei Ihrem Garten vorbeikommen werde, aber es würde unbeschreiblich sein, zu verlangen, Sie morgen wiederzusehen, nachdem ich Sie diesen ganzen Nachmittag gelangweilt habe. Sie wiederzusehen, das wäre zu viel Glück; ich werde verzichten müssen. Vergessen Sie aber wenigstens nicht das Wesen, das unter allen, die auf dieser Erde sind, das ergebenste und anhänglichste ist und bleiben wird.«

Der galante König des deutschen Rokoko, dessen Charme ganz Frankfurt erlegen ist, bittet Sophie zum Schluß, ihm einen ihrer Handschuhe als Andenken an Sie zu schenken, und treuherzig fügt er hinzu: »Er wird mich niemals verlassen bis zum Grabe.«

Trotzdem läßt der König, der so ganz Kind seiner empfindsamen Zeit ist, es nicht bei diesem Abschiedsbrief bewenden. Schon zwei Tage später, als er wirklich einen Handschuh von ihr erhält, bedankt er sich aus Bodenheim dafür und informiert sie über die militärische Lage: »Ich werde morgen von Bodenheim nach Kirchheim gehen, wo ich nicht lange bleiben werde. Es ist viel Unordnung vorhanden. Wenn Mainz sich nicht ergeben hätte, wären wir in Verlegenheit gewesen. Der Feind drückt sehr auf die Österreicher und zwingt sie, sich gegen Mannheim zurückzuziehen. Ich hoffe, hier eingreifen zu können. Der Herzog und der General Wurmser sind im Streit. Der eine will rechts, der andere links gehen, und wenn sie die Karre in den Dreck gefahren haben, geben sie mir das Vergnügen, sie wieder herauszuziehen. Das aber unter uns, mein Engel.«

Auch damit ist die Romanze noch keineswegs abgeschlossen. Der König denkt bereits an eine neue morganatische Heirat, die Sophie in den Stand einer Gräfin von Brandenburg versetzen würde. Aber Sophie lehnt einen solchen Plan strikt ab: »Sollte ich auch die Ungnade Eurer Majestät auf mich laden, sollte die ganze Welt drohen, auf mich zu stürzen, sollte dieser Augenblick, in dem ich schreibe, der letzte sein: ich kann, ich darf, ich will - ich sage es noch einmal - nichts von diesen Gefühlen wissen. Ich bin mir der unendlichen Güte, die Euer Majestät mir bewiesen haben, voll bewußt, aber - ich kann nicht anders.«

»Leben Sie wohl auf immer!« antwortet der König lakonisch auf diese erneute Absage, die ihn aus allen Himmeln zu stürzen scheint. »Ich werde Sie lieben, solange ich lebe. Ja, Sie haben mich heute zum unglücklichsten der Menschen gemacht, und trotzdem muß ich Ihnen innigen Dank sagen für die Freundschaft, die Sie mir gleichzeitig bezeigt haben... Mein Herz ist zu voll, um mehr zu sagen: fragen Sie Ihr eigenes Herz. Ich habe eine schreckliche Nacht vor mir und einen noch schrecklicheren Tag; denn dieser Tag wird mich für immer von alle dem entfernen, was mir lieb ist auf Erden. Leben Sie wohl, Sophie, ich umarme Sie tausend Mal in Gedanken; die Tränen ersticken mich.«

Am 1. Oktober trifft Friedrich Wilhelm noch einmal kurz bei einer Aufführung von Mozarts »Zauberflöte« mit Sophie zusammen. Am Tage darauf aber kommt es zu einer letzten Begegnung im Bethmannschen Gartenhaus. Schon am anderen Tag teilt er ihr aus Hünfeld mit, daß sein Aufbruch aus Frankfurt überstürzt erfolgte; denn »denken Sie, als ich in Gelnhausen ankam, traf ich einen Kurier aus Polen, der wenn ich ihn früher erhalten hätte, meine Abreise unnötig gemacht hätte. Die Polen haben nachgegeben, und der Vertrag ist unterzeichnet... Und wieviel hätte ich Ihnen noch zu sagen gehabt, wenn man uns nicht beständig unterbrochen hätte. Sie sind schwer kennen zu lernen, aber je mehr man Sie kennt, umso mehr liebt man sie. Und daß ich Sie wirklich nicht mehr lieben darf; dann wäre mir wahrlich besser gewesen, ich wäre gleich, im Augenblick, da ich Sie verlassen mußte, gestorben.«

Fast ein ganzes Jahr lang zieht sich die leidenschaftliche Werbung des Königs hin, und als sich das inhaltsschwere Jahr 1793 dem Ende zuneigt, schreibt er am 27. Dezember an Sophie: »Ach, ich glaube, daß Sie mich vergessen haben, nach drei Monaten der Trennung und in einem Alter von neunzehn Jahren ... Glauben Sie mir, daß ich immer Ihren Wünschen ergeben bin, »bienveillant« im Superlativ, aber in einem einzigen Punkt ungehorsam bis ins Grab.«

Und noch einmal, am 8. März 1794, stellt er ihr die Schicksalfrage: »Sagen Sie ja, und alles ist in Ordnung gebracht.« Aber er empfängt abermals ihr kategorisches »Jamais«. Und doch bittet er sie in den schweren politischen Schicksalsschlägen dieses Jahres um Fortsetzung ihres Briefwechsels mit ihm, der, wie er behauptet, sein einziger Trost ist. Immer wieder nimmt sich dieser fast Fünfzigjährige, auf den eine Welt blickt, die Zeit, Liebesbriefe zu schreiben, weil er ohne Aufwallungen des Gefühls nicht leben kann. Aber es sind nun einmal nicht die Eigenschaften des Herzens, mit denen man Völker regiert.

Erst gegen Ende des Jahres 1795 scheint der König endgültig resigniert zu haben. Jedenfalls ringt er sich am 29. Dezember folgendes Geständnis vom Herzen: »Sie waren mir teuer vom ersten Augenblick an, da ich Sie gesehen habe, und Sie werden es mir immer bleiben. Unerhörte Anstrengungen haben meine Leidenschaft heruntergestimmt auf die zarten Gefühle, die ein Bruder für eine angebetete Schwester hegen kann, und diese Gefühle werden erst mit meinem letzten Seufzer aufhören. Ich hoffe jetzt zwar, Sie niemals wiederzusehen, aber lieben werde ich Sie trotzdem immer. Ihr Basrelief hängt in meinem Zimmer. Es ist gut gemacht, aber nicht ähnlich genug. Welche kalte Erinnerung, welch' trauriger Rest. Das also ist alles, was mir von Sophie bleibt, die ich so oft »meine Sophie« zu nennen wagte. Leben Sie glücklich, liebe Freundin.«

Sophie selbst ist es, die dieser letzten Episode im Leben des letzten Rokokokönigs ein entscheidendes Ende setzt: Sie heiratet schon bald den großbritannischen und kurbraunschweigischen Gesandten bei der Stadt Frankfurt, Joachim von Schwarzkopf. Allein, diese Ehe dauerte nur zehn Jahre. Schon im Jahre 1806 starben kurz hintereinander beide Ehegatten.

Der Kampf am Rhein

Ruhe hatten die preußischen Truppen nach ihrem Rückzug aus Frankreich kaum zu erwarten; denn schon wittern die »Neu-Franzosen« Morgenluft und brennen darauf, die fragwürdigen Errungenschaften ihrer blutigen Revolution über ihre Grenzen hinauszutragen. Zwar sind die preußischen Bataillone gegen Ende November wieder aufgefüllt und einsatzfähig, aber zur gleichen Zeit steht Custine bereits mit 18 000 Sansculotten bei Höchst und mit 23 000 Mann bei Frankfurt.

Er ist schon während des Rückzugs der Alliierten ins Rheinland eingefallen und operiert, ohne Direktiven aus der Pariser Zentrale zu erhalten, auf eigene Faust. Eine Hiobsbotschaft jagt die andere; denn inzwischen hat Custine bereits Landau erreicht und ist in Eilmärschen auf Speyer vorgedrungen. Am gleichen Tag, an dem sich in Valmy zwei Welten begegnen, wird die traditionsreiche Stadt sichere Beute der Franzosen.

Custine, ein ehemaliger Marquis, der sich einen martialischen Schnurrbart, in jenen wildbewegten Tagen das Symbol eines freien Mannes, zugelegt hatte und deshalb bei seinen Soldaten, die ihn vergötterten, als »le général Moustache« eine einmalige Autorität genießt, hält die Lande am Rhein auch in diesem Winter in ständiger Unruhe. Seine Dynamik, mit der er seine Truppen mitreißt, stellt alles bisher Gewohnte weit in den Schatten. Diesmal handelt es sich nicht um einen Eroberungsfeldzug wie noch unter dem Sonnenkönig. Dieser Kondottieri scheint den missionarischen Auftrag auszuführen, die Völker zu »befreien«, um sie dann allerdings recht unsanft zu zwingen, sich schleunigst ins Lager des neuen Frankreich, an dessen

Fahnen das Blut von Tausenden klebt, zu schlagen. Im übrigen ist er der rechte Mann, den Geist des Aufruhrs zu schüren. Das gelingt ihm leicht mit der griffigen Parole, die damals schon bedrohlich durch ganz Europa umhergeht: »Krieg den Palästen, Frieden den Hütten!« Und während in Paris der Schreckensmann Danton zur Weltrevolution aufruft und die unerlösten Völker mit unmißverständlicher Suada auffordert, sich um die französische Nation als der Bannenträgerin der neuen und wahren Freiheit zu scharen, verbreitet die französische Soldateska am Rhein schon Furcht und Schrecken.

Custine ist rücksichtslos in die Friedhofsruhe der alten »Pfaffenstraße« eingebrochen. Er ist sich seines Sieges gewiß. Schließlich führt er freie Männer an, die für seine fanatisierenden Ideale bis zum Letzten zu kämpfen entschlossen sind. Die Söldner der alten Armeen, so scheint es, sind vor diesen ungemein flexiblen Sansculottenhaufen längst ins Hintertreffen geraten, ehe überhaupt ein Schuß gefallen ist. Die verträumten Städte am Oberrhein öffnen ihnen dann auch kampflos die Tore. Bereits am 21. Oktober fällt Mainz. An ernsthaften Widerstand ist nicht zu denken. Der Kurfürst hat schon vierzehn Tage zuvor seine Residenz verlassen und das Weite gesucht. So kann Custine sein Hauptquartier ungestört ins Schloß verlegen. Zwei Tage darauf ist auch Frankfurt seine sichere Beute.

Custine geht mit den Bürgern der deutschen Krönungsstadt nicht gerade zimperlich um. Er scheint nicht einmal darauf erpicht zu sein, Sympathien für die vielgerühmten neuen Freiheiten zu gewinnen. Darum fordert er von den Frankfurtern Kontributionszahlungen in Höhe von zwei Millionen Gulden. Mit der massiven Drohung, die Stadt sonst plündern zu lassen, sollen die verschreckten Bürger diese horrende Summe in einer Frist von nur zwölf Stunden aufbringen. Da die Stadtkasse ohnehin nur ein beträchtliches Defizit aufweist, muß der Magistrat die Bürger um Darlehen aus ihren Ersparnissen angehen. Aber schließlich erpreßt Custine durch rabiate Geiselnahme doch noch eine Million Franc, während Deputierte der Stadt sich nach Paris aufmachen, um wegen einer Stundung des Restes zu verhandeln.

Zu dieser Restzahlung kommt es dann allerdings nicht mehr. Der preußische König hat nämlich inzwischen die unverzügliche Rückeroberung Frankfurts beschlossen und zu diesem Zweck das Kommando dem Oberstleutnant Rüschel übertragen, der, von hessen-darmstädtischer und preußischer Kavallerie wirkungsvoll unterstützt, mit einem 6 000 Mann starken hessischen Korps den Sturmangriff gegen die Stadt ausführt.

Am 2. Dezember, dem ersten Adventssonntag, als die Frankfurter sich gerade in ihren Kirchen versammelt haben, wird das Feuergefecht vor den Toren eröffnet. Schon verbreitet sich unter den Soldaten das Gerücht, das Friedberger Tor wäre erstürmt worden, so daß sich Prinz Karl von Hessen-Philippstal mit seinen Leuten darauf stürzt. Als diese dann vor dem verschlossenen Tor anlangen, ergießt sich aber ein mörderisches Gewehrfeuer über sie. Auch der Prinz wird getroffen und stirbt einige Tage später an seiner Verwundung. In der allgemeinen Verwirrung erweist sich der König wieder einmal als der treibende Motor des Geschehens. Er reißt die Soldaten mit sich und wagt sich so weit in die vordersten Linien, daß seine Umgebung ernsthaft um sein Leben besorgt ist.

Schließlich beginnt der Festungskommandant, General von Helden, einzusehen, daß er auf verlorenem Posten steht. Seine Truppen reichen nicht aus, ernsthaft Widerstand zu leisten. Außerdem nimmt die Bevölkerung ganz allgemein eine immer drohendere Haltung ihm gegenüber ein. Die Kanonen, die er schleunigst auf den Festungswällen aufbauen will, erreichen ihren Bestimmungsort nicht mehr. Die Frankfurter zerschneiden die Zugseile und zertrümmern die Räder der Haubitzen. Zugleich haben Handwerksgesellen in Blitzeseile, mit Stöcken und Äxten bewaffnet, die Wachtposten an den Toren der Stadt überrumpelt. Die Zugbrücken rasseln hernieder, und unter dem Jubel der Einwohner nehmen die hessischen Truppen Besitz von der Stadt. Sie haben allerdings bei dem Gemetzel 18 Offiziere und 168 Mann verloren. Friedrich Wilhelm läßt diesen »tapferen Helden« sogleich vor dem Friedberger Tor ein Denkmal errichten.

Die Franzosen ziehen sich zunächst abwartend hinter den Rhein zurück. Durch diesen Gegenschlag ist ihnen ihr Kriegsplan reichlich verhagelt. Nur Mainz behaupten sie als Bastion ihres Widerstandes und als Brückenkopf für künftige erfolgreiche Vorstöße. Kaum einer von ihnen zweifelt daran, eines Tages werde von hier aus die Weltrevolution, von der man so emphatisch tönt, ihren unaufhaltsamen Vormarsch antreten.

In Mainz hat man diese freiheitstrunkenen Franzosen sogar mit unverhohlener Begeisterung begrüßt. Die Intellektuellen in der Stadt, darunter auch Georg Forster, der vor Jahren eine Weltreise mit James Cook unternommen hat, stehen den Ideen, die so verheißungsvoll von Paris her herüberwehen, mit unverhohlener Sympathie gegenüber. Sie begrüßen daher die französischen Truppen wie Brüder des gleichen Glaubens. Diese »Klubbisten« zögern nicht, einen Freiheitsbaum mit blau-weiß-roten Bändern und einer Jakobinermütze auf seiner Spitze auf dem Marktplatz zu errichten. Den Vorübergehenden wird auf einer Tafel großsprecherisch versichert: »Dieses Land ist frei! Tod demjenigen, der es anzugreifen wagt!« Zunächst finden sich die Mainzer auch bereit, diese Farce von der neuen Freiheit mitzuspielen. Dann aber beginnt ihnen vor deren

Ausgang doch zu grauen, je mehr sie die Praxis der allgemeinen Volksverbrüderung zu spüren bekommen.

Der Klub hat inzwischen die Lenkung der Geschicke in der Bischofsstadt übernommen. Dabei zeigt sich immer mehr, daß Mainz eigentlich nur noch eine bedrohte Insel in einem Lande ist, in dem inzwischen die Alliierten die volle Macht übernommen haben. Im Februar werden Wahlen in der Stadt durchgeführt, und nun läßt sich nicht mehr verheimlichen, daß das Strohfeuer der ersten Begeisterung mächtig im Abflauen begriffen ist. Die Enttäuschung der »Befreiten« ist allgemein. Forster selbst verschafft sich nur noch mit dem Stoßseufzer Luft: »Man muß ihnen die Freiheit befehlen!«

In der Abgeschlossenheit von allem Umland beginnen Handel und Wandel zu stocken. Niemanden in der Stadt kann es unter diesen Umständen verborgen bleiben, daß die Alliierten ihre Truppen zusammengezogen haben, um dem Spuk einer »freien rheinischen Republik« ein schnelles und wahrscheinlich auch blutiges Ende zu bereiten.

Zu Beginn des Frühjahrs können die Preußen bereits einige militärische Erfolge für sich verbuchen. Am 23. März haben sie bei Bacharach den Rhein überschritten und vier Tage später bei Waldalgesheim unter der Führung ihres Königs ein französisches Korps überraschend angegriffen und aufgerieben. Wieder einmal hat sich Friedrich Willhem II. als einfallsreicher Taktiker mit großem Reaktionsvermögen erwiesen. Er hat damit gezeigt, daß seine Armee bei überlegener Führung diesen bunt zusammengewürfelten Horden der Revolutionäre dann eben doch erheblich überlegen ist.

Nach diesem Erfolg kann man sich endlich Mainz zuwenden, wo die Regierung der »rheinisch-germanischen Republik«, wie alle Welt weiß, in den letzten Zügen liegt. Am 31. März ist die Zernierung der Festung abgeschlossen: 30 000 Belagerer haben eine Besatzung eingeschlossen, die von jeder Verbindung mit Paris abgeschnitten ist und kaum noch zu hoffen wagt, von Custine entsetzt zu werden.

Gleichwohl richtet man sich in Mainz auf eine langanhaltende Belagerung ein. Merlin, der Kommissar des Nationalkonvents in der Stadt, läßt die Festungswerke ausbauen und verstärken. Er zeigt sich bestürzt darüber, in welchem Maße die französischen Befreier das Land aussaugen und gerade jene Schichten der Bevölkerung gegen sich aufbringen, auf deren Sympathie und Hilfe man in den kommenden Kämpfen spekuliert hat. Über ein knappes halbes Jahr, so überschlägt man, ist Mainz ausreichend mit Lebensmitteln versorgt. Man hat nämlich beizeiten genügend Magazine angelegt und Munition gespeichert. Dagegen fehlt es an Futter für die Pferde und an Arzneimitteln.

Für die Belagerer steht es indessen fest, daß man die Stadt in absehbarer Zeit nicht aushungern kann. Auch ist mit einer Revolte innerhalb der Bevölkerung kaum zu rechnen. Doch sollte man keine Zeit verlieren; ein Angriff Custines aus dem Hinterhalt ist nämlich keine Fiktion. Daher entschließt man sich zum Bombardement der Stadt. Auf deren unersetzlichen kunsthistorischen Schätze kann man bedauerlicherweise keine Rücksicht nehmen. Die Vorstellung allerdings, diese Stadt mitsamt ihren Kunstwerken in Flammen aufgehen zu sehen, ist unerträglich. Doch zwingen die Verhältnisse diese Entscheidung geradezu herbei. Alles, was man an starkkalibrigen Geschützen auftreiben kann, wird sogleich vor den Mauern und Wällen von Mainz aufgebaut, ja man läßt sogar auf Kanonenbooten entsprechend weittragende Geschütze aus Holland herbeitransportieren.

Inzwischen haben die Belagerten durch wiederholte Ausfälle aus der Stadt alles versucht, den Belagerern das Leben so schwer wie nur möglich zu machen. So wird in der Nacht vom 30. zum 31. Mai das Lager in Marienborn überfallen. Damals arbeiten sich dreitausend Franzosen unter Führung eines ortskundigen Bauern durch die hügelige Landschaft voran und werden erst bemerkt, als sie die Vorposten erreicht haben. Sie haben den Auftrag, den oberkommandierenden preußischen General von Kalckreuth, und den Prinzen Louis Ferdinand, der sich bei den dortigen Einheiten befindet, gefangenzunehmen oder zu töten. Erst durch das plötzlich einsetzende Gewehrfeuer werden die Schlafenden geweckt und greifen zu den Waffen. Das Haus des Prinzen wird bereits umstellt, als es diesem doch noch gelingt, ins Freie zu kommen und seine Mannschaften geschlossen ins Gefecht zu führen. Auch der Weimarer Herzog eilt zur Hilfe, doch erst nach anderthalb Stunden gelingt es, die Eindringlinge zurückzuschlagen. Die Preußen haben in diesem nächtlichen Überfall immerhin zwei Offiziere und neunzig Mann eingebüßt.

Goethe, selbst Augenzeuge dieses dramatischen Zwischenfalls, hat später seine Erinnerungen an das Ereignis jener Nacht auf folgende Weise festgehalten: »Die Sonne ging auf mit trübem Schein, und die Opfer der Nacht lagen nebeneinander. Unsere riesenhaften wohlbekleideten Kürassiere machten einen wunderlichen Kontrast mit den zwerghaften, zerlumpten Ohnehosen; der Tod hatte sie ohne Unterschied hingemäht.«

Immer wieder wagen die Belagerten verzweifelte Ausbrüche aus der Stadt, und immer wieder werden sie mit blutigen Köpfen unter starken Verlusten zurückgewofen. Im übrigen versucht man in Mainz, das Verhängnis, das über aller Häupter schwebt, durch gespielte Gelassenheit zu verdrängen. Trotz des kaum je unterbrochenen Bombenhagels wird in der Stadt auch weiterhin Theater gespielt, getanzt und gelacht, während den Belagerern eine

»zentnerschwere Langeweil«, wie sich der Freiherr von Stein damals auszudrücken beliebte, nicht erspart bleibt. Man amüsiert sich in der Etappe, so gut es irgend geht. Friedrich Wilhelm beweist wieder einmal sein Herz für die Soldaten, denen er Bordelle einrichten läßt, in denen sie zu Preisen von acht bis vierzig Kreuzern zu ihrem Vergnügen kommen können.

Eines Tages wird sogar ein opulentes Frühstück auf dem Rasen zwischen den Vorpostenreihen serviert. Tische werden mit Pasteten, Rebhühnern, Enten, knusperigem Weißbrot, hundert Flaschen Rheinwein und fünfundzwanzig Flaschen Champagner gedeckt, denn den Franzosen liegt daran, den Beweis dafür anzutreten, daß es ihnen an nichts fehlt, um so die Geduld der Gegner weiter auf die Folter zu spannen. Dreißig Personen nehmen an diesem Schlemmermahl teil. Die Soldaten umarmen sich in dieser Stunde einer allgemeinen Verbrüderung. Sie wünschen diesen scheußlichen Krieg zum Teufel, fügen sich aber dann wieder in das Unvermeidliche und schwören heilige Eide, bei der nächsten Gelegenheit, wenn es wieder hart auf hart geht, es an der nötigen Tapferkeit nicht fehlen zu lassen. Nach zwei Stunden ist alles wie ein schöner Traum zerstoben, und unverzüglich leben die Feinseligkeiten wieder auf.

Am 17. Juni wird das letzte große Bombardement aufgenommen und vier Tage später Mainz durch einen Trompeter zur Übergabe aufgefordert. Sowohl die Bürger als auch die französischen Soldaten brennen darauf, dem Kriege ein Ende zu bereiten, der ohnehin keinen glücklichen Ausgang mehr verspricht. Aber die fanatischen Klubisten widersetzen sich dem Willen der Masse, die nun der Zerstörung der historischen Teile der Stadt mit wütenden oder schmerzverzerrten Gesichtern tatenlos zusehen muß. Am 27. Juni ist bereits die Liebfrauenkirche einem Brand zum

Opfer gefallen. Krachend stürzt der schönste Turm der Stadt, noch aus der Zeit der Gotik stammend, in sich zusammen.

In der darauffolgenden Nacht wird das Zentrum der Stadt unter scharfes Geschützfeuer genommen. Drei Türme des Doms, das Schiff, der Kreuzgang und fünfzehn Häuser in seiner Umgebung werden ein Raub der Flammen.

Goethe, von diesem nicht alltäglichen Schauspiel aufgeschreckt, erfüllt seine Chronistenpflicht abermals und zeichnet folgende Eindrücke auf: »Wir sahen auf der Schanze von Marienborn dem schrecklichen Schauspiel zu; es war sternenhellste Nacht, die Bomben schienen mit den Himmelslichtern zu wetteifern, und es waren wirkliche Augenblicke, wo man beide nicht unterscheiden konnte. Neu war uns das Steigen und Fallen der Feuerkugeln; denn wenn sie erst mit einem flachen Zirkelbogen das Firmament zu erreichen drohten, so knickten sie in einer gewissen Höhe parabolisch zusammen, und die aufsteigende Lohe verkündete bald, daß sie ihr Ziel zu erreichen gewußt... Und wie deutete nicht ein solcher Anblick auf die traurigste Lage, indem wir, um uns zu retten, uns einigermaßen wiederherzustellen, zu solchen Mitteln greifen mußten.«

Wie Goethe verfolgen auch die Bewohner der Umgebung dieses fragwürdige nächtliche Schauspiel. Sie kommen voll auf ihre Kosten und sehen die Zeugen einer großen Vergangenheit in Schutt und Asche versinken. Selbst die Frankfurter eilen in ihren Equipagen herbei, um den Fortgang dieses barbarischen Zerstörungswerkes aus nächster Nähe zu betrachten. Sie werden noch wochenlang dazu Gelegenheit haben; denn noch sind die Machthaber in der Stadt nicht zur Übergabe bereit.

Am 14. Juli wird den Franzosen an ihrem Konföderationsfest von elf bis ein Uhr ein Waffenstillstand gewährt. In dieser Stunde hält Merlin auf dem Marktplatz eine beschwörende Rede an die Mainzer, keinen Augenblick auch nur den geringsten Zweifel an seiner Bereitschaft lassend, die Stadt um jeden Preis bis zur letzten Patrone zu verteidigen. Die Klubbisten klatschen frenetisch Beifall und steigern sich trotz der Hoffnungslosigkeit der Lage, die niemand hinwegdiskutieren kann, in eine euphorische Stimmung, die sich längst nicht mehr mit der furchtbaren Wirklichkeit deckt.

Aber noch in der gleichen Nacht bricht der Feuersturm mit doppelter Wucht über die unglückliche Stadt herein. Das Benediktinerkloster geht in Flammen auf, ein Bombenlager fliegt in die Luft, Fensterscheiben zerspringen, und Schornsteine stürzen unter mörderischem Gepolter in sich zusammen.

In der Nacht zum 17. Juli führt Prinz Louis Ferdinand einen preußischen Angriff auf das Fort Welsch an. Man erzählt sich längst Rühmliches von seiner Tapferkeit. Vor einigen Tagen erst hat er einen österreichischen Soldaten, der verwundet im Niemandsland lag, durch das Sperrfeuer der Gegner in Sicherheit gebracht. Kein Wunder daher, daß er das Idol aller Soldaten ist, mit denen er kameradschaftlich verkehrt und die bereit sind, mit ihm auf Biegen oder Brechen durchs Feuer zu gehen.

Nun aber hat es ihn beim Sturm auf Welsch doch erwischt. Als ihn ein Kartätschensplitter am Oberschenkel trifft, läßt er sich einen Notverband anlegen und führt seinen Auftrag mit schmerzverzerrtem Gesicht, aber mit der gleichen Umsicht zu Ende. Nach Behandlung seiner Wunde bittet er den König, ihn während der Heilung zu Madame de Contandes, einer schönen Emigrantin, nach Mannheim zu entlassen. Der großzügige Monarch ernennt ihn zum Generalmajor und läßt in zu Schiff nach Mannheim schaffen.

Es dauert seit dem Durchhalteappell Merlins am Nationalfeiertag der Franzosen noch einige Tage, ehe die Verhandlungen wegen der Übergabe von Mainz mit einem Brief an den Kommandanten beginnen. Natürlich fürchten die unverbesserlichen Klubbisten im Falle ihrer Niederlage um ihr nacktes Leben. Daher fordert man den Abzug unter ehrenvollen Bedingungen.

Endlich, am 23. Juli, wird die Kapitulationsurkunde unterschrieben. In geschlossenen Formationen ziehen die Franzosen aus der zertrümmerten Stadt. Während die Regimentskapellen die Marseillaise intonieren, zeigen sich die Soldaten, die vorher noch die Mainzer Weinkeller geleert haben, überaus froh gestimmt. Viele Mainzerinnen folgen ihren Ehemännern und Freunden.

In Paris, wo Forster noch über eine Aufnahme der »Rheinisch-germanischen Republik« in den Verband des französischen Staates verhandelt, ohne zu ahnen, daß diese Phantasmagorie längst aufgehört hat zu existieren, geht es indessen drüber und drunter. Marat ist, wie man erfährt, von Charlotte Corday im Bade erstochen worden. Dantons Stern ist wieder im Sinken, nur Robespierre hält noch die Macht eine Zeitlang in seinen blutbefleckten Händen. Custine jedoch, der so lange die Rheinlande beunruhigt hat und dem man nun die Schuld für das Fiasko von Mainz zuschreibt, da er der bedrohten Stadt nicht zeitig zum Entsatz herbeieilte, wird nun ein Opfer jener Revolution, der er so lange gedient hatte. Am 28. August 1793 muß auch er als Hochverräter das Schafott besteigen.

Die polnische Frage

Am 21. Januar 1793 endet das so wenig rühmliche Leben Ludwigs XVI. auf der Guillotine. Die Revolutionäre in Paris haben mit dieser ungeheuerlichen Provokation die gesamte Kulturwelt in die Schranken gefordert. Ihr Selbstbewußtsein ist trotz des Chaos im Lande ins Unermeßliche gestiegen. Doch Friedrich Wilhelm gibt sich gegenüber den Zerstörern der europäischen Ordnung noch keineswegs geschlagen. Freilich, mit der Ermordung des französischen Königs ist der eigentliche Kriegsgrund aus der Welt geschafft. Wenn die Franzosen damit beginnen, sich selbst zu zerfleischen, so ist das ihre eigene Sache. Soll man sich daher noch länger in die internen französischen Angelegenheiten mischen und das Leben doch nur eines Soldaten für die Wiederherstellung der Ordnung in jenem Lande riskieren?

Was ihm jetzt noch zu tun bleibt, ist vor allem der Versuch, die Lande am Rhein von der französischen Soldateska zu befreien. Leider sieht er sich bei der Durchführung dieser Mission durch die mangelnde Einigkeit unter den Alliierten wesentlich in seinen Entschlüssen und Aktionen gelähmt. Immer wieder fühlt er sich von Österreich im Stich gelassen, und immer wieder muß er bei den Kämpfen am Rhein selbst die Initiative ergreifen, obwohl er sich im Gegensatz zu seinem Verbündeten keine Landgewinne versprechen kann. Zudem ist es längst ein offenes Geheimnis, daß sich die Franzosen um einen Separatfrieden mit Preußen bemühen.

Man weiß in Paris nur zu gut von der Kriegsmüdigkeit in Berlin. Die Staatskasse hat sich dort durch die exorbitanten Kosten der Feldzüge erschreckend schnell geleert.

Immer wieder muß der König nach neuen Geldquellen fahnden. Außerdem locken ihn die nun ganz gewiß einträglicheren militärischen Operationen im Osten, sein gesamtes Kriegspotential dorthin zu verlagern und den westlichen Kriegsschauplatz seinen unzuverlässigen Verbündeten zu überlassen. Denn noch ist die leidige polnische Frage nicht gelöst, noch gebietet ihm die Staatsräson, alle Kräfte auf eine für Preußen befriedigende Lösung dieser Aufgabe zu konzentrieren.

Begreiflich daher, daß Friedrich Wilhelm nicht mehr mit ganzem Herzen bei der Sache ist, seitdem Österreich die Kriegsführung vorwiegend ihm überläßt. Dazu ist die Stimmung in Preußen angesichts dieser unerfreulichen Entwicklung plötzlich umgeschlagen. Die öffentliche Meinung drückt wohl am überzeugendsten ein Brief des Ministers von Haugwitz vom 9. März 1793 aus.

»Wenn Österreich die Niederlande zurückerobern kann, desto besser für uns und Österreich«, heißt es darin. »Der König wünscht dies mit Aufrichtigkeit, aber ob es mit unserer Hilfe oder nur mit den eigenen österreichischen Kräften geschieht, das ist uns politisch gleichgültig. Indessen dürfen Sie sicher sein, daß wir Österreichs Sache nie verlassen. Nur dürfen Sie nicht vergessen, daß es nicht an uns ist, voranzugehen. Wir werden es sorgfältig vermeiden, die erste Rolle zu spielen.«

Gegen Ende des gleichen Jahres lädt auch der König selbst seinen verhaltenen Ärger über die sträfliche Indifferenz seines Verbündeten ab, indem er an Wilhelmine schreibt: »Bedauerlich ist, daß ich künftiges Jahr den Krieg fortsetzen soll, aus dem der politische Vorteil doch nur hauptsächlich auf Österreich fällt. Gott sieht mein Herz und weiß, daß zu Anfang des Krieges mein Hauptaugenmerk war, dem unglücklichen französischen König zu helfen und damit Gott und den Menschen nützlich zu sein...

Da es aber nicht sein sollte, so hielt ich es für meine Pflicht als Souverän, auch an meine Staaten zu denken. Wie freue ich mich dann, als ich Alexanders Ausspruch las: Es ist nicht umsonst gearbeitet worden; der mit treuem Herzen arbeitet, empfängt seinen Lohn.«

Der König befindet sich in der Tat in einem unlösbar erscheinenden Dilemma. Die Belagerung von Mainz, die sich über so viele Wochen hinzog, gehört sicher nicht zu den Ruhmesblättern der preußischen Geschichte. Man war gezwungen, kostbare Zeit ohne entscheidende strategische Aktionen verstreichen zu lassen. Doch kann der König wenigstens vor seinem Gewissen bestehen. Dieser langwierige Krieg im Westen, der ihn auch an der zügigen Durchführung seines Reformprogramms zum Besten seiner Untertanen gehindert hat, hat er immer als die Erfüllung einer unumgänglichen Pflicht betrachtet. Dafür hat er nun das unerbittliche Verdikt seiner Kritiker hinzunehmen.

Im Westen ist der Karren in der Tat, wie er sich Sophie Bethmann gegenüber geäußert hat, »in den Dreck gefahren«. Doch als Souverän eines der alliierten Staaten besitzt er keine ausreichenden Vollmachten, entscheidend in den schleppenden Ablauf der Dinge einzugreifen. Sein Elan, der stets auf schnelle Entscheidungen hindrängt, droht allmählich zu verpuffen; denn immer wieder muß er den zaudernden Braunschweiger antreiben, sich dem Gegner endlich in offener Feldschlacht zu stellen.

Seinen Anordnungen ist es dann schließlich auch nur zu verdanken, daß die Franzosen am 14. September 1793 bei Pirmasens entscheidend geschlagen werden. Sie haben den Verlust von viertausend Mann, zweitausenden Gefangenen und achtundneunzig Kanonen zu beklagen. Im November wird noch ein französischer Angriff bei Kaiserslautern erfolgreich abgeschlagen. Im Grunde handelt es sich jedoch in jedem Falle immer um Geplänkel, säkulare

Entscheidungen fallen dabei keineswegs. Gegen Ende des Jahres muß der Braunschweiger Herzog sogar dem massiven Druck der Franzosen weichen und die Belagerung von Landau aufgeben.

Der österreichische General Wurmser, dessen Konzept erheblich mit den preußischen Feldzugsplänen divergiert, ohne daß eine Übereinstimmung zu erzielen wäre, führt derweil Krieg auf eigene Faust und kann die Franzosen bei Weißenburg hinter ihre Linie zurückwerfen. Aber von einer Vernichtung des Gegners kann auch diesmal keine Rede sein.

Dabei ergeben sich immer wieder Gelegenheiten für erfolgversprechende gemeinsame Operationen. Die kaum noch überschaubaren turbulenten Verhältnisse in Paris haben die Moral der französischen Armee erheblich gelähmt. Ihre Truppen am Rhein warten vergebens auf Direktiven aus Paris. Sie befinden sich in einem desolaten Zustand. Die Kommissare, die Robespierre zur moralischen Aufrüstung der Soldaten an den Rhein schickt, bemühen sich vergebens, die Disziplin wiederherzustellen. Nun macht es sich negativ bemerkbar, daß sie keine Militärs sind und weder über die erforderliche Fachkompetenz noch über ein überzeugendes Konzept für die weitere Kriegsführung verfügen. Allein, die Alliierten verschlafen ihre großen Chancen. Sie verstehen sich einfach nicht darauf, Kapital aus der verfahrenen Lage des Gegners zu schlagen und ihn aus dem Lande zu jagen. Eine lahme, in sich uneinige Führung verzettelt die besten Kräfte, die im Osten so viel dringender als hier auf verlorenem Posten benötigt würden.

Lange noch zögert Friedrich Wilhelm, nunmehr endlich die Interessen seines eigenen Landes mit aller Konsequenz zu vertreten. Seine Minister bestürmen ihn, nicht länger aus reiner Nibelungentreue zu einem unzuverlässigen

Bündnispartner seine nicht unerheblichen Kräfte im Westen zu vergeuden. Und wirklich: am 22. September verläßt der König den westlichen Kriegsschauplatz, um sich zunächst nach Berlin und darauf nach Polen zu begeben.

Dieser jähe Aufbruch ist offensichtlich ein Affront gegenüber seinen so überaus lässigen Verbündeten, denen er eine Lektion erteilen möchte. Sie sollen, endlich, begreifen, daß er überdrüssig ist, noch länger die Last des Krieges allein zu tragen. Nicht einmal sein Versuch, ihn doch wenigstens finanziell zu unterstützen, hat offene Ohren in Wien, London oder Amsterdamm gefunden. Auch die deutschen Kleinstaaten hüllen sich in verlegenes Schweigen, als es sich darum handelt, nun auch ihrerseits Opfer für die Erhaltung ihrer Freiheit zu bringen. Für jetzt, läßt Friedrich Wilhelm die Österreicher wissen, scheide er vom Kriegsschauplatz mit nur wenig Hoffnung auf Erfolg; denn es erscheine ihm zweifelhaft, ob das eigenwillige Vorgehen Wurmsers diesen Krieg noch entscheiden könnte.

Am 5. Oktober nimmt der König endgültig Abschied von Frankfurt, das seine Triumphe sah und das er mehr als alle anderen Städte schätzen und lieben gelernt hatte. Er wird die Stadt in seinem Leben nicht wiedersehen.

Ein Kurier aus Polen, der ihn in Gelnhausen erreicht, überbringt ihm die Nachricht von der historischen »stummen« Sitzung des polnischen Reichstages vom 25. September 1793, in der die Abgeordneten, der Gewalt der Waffen sich beugend, einer abermaligen Teilung Polens mit verbissener Wut zustimmen. Als dann am 13. Januar des folgenden Jahres die Verträge mit den Großmächten ratifiziert werden, hat Preußen nicht nur die Städte Danzig und Thorn, sondern auch noch ansehnliche Gebiete im Umkreis von Posen und Kalisch hinzugewonnen. Allerdings braucht man zu deren Inbesitznahme nichts dringender als Soldaten.

Friedrich Wilhelm II. hat sich längst als geschickter und einfühlsamer Kolonisator erwiesen. Der geschlossene Widerstand des polnischen Adels und das verständliche Mißtrauen der bäuerlichen Bevölkerung des Landes schaffen ihm kaum Probleme. Zwar sieht man in ihm einen entschiedenen Gegner ihres katholischen Glaubens, aber der König ist diplomatisch genug, äußerste Toleranz walten zu lassen und für das Muttergottesbild in Czenstochau zwei wertvolle Kleider zu spenden.

Für seine Rückkehr nach Berlin hatte sich der König keinen besonderen Empfang gewünscht. Er weiß wie wenige, daß es nur ein Pyrrhussieg war, den er da errungen hat. Die großen Entscheidungen stehen noch aus. Er hat nur dem Land und seinen Standesgenossen gegenüber seine verdammte Pflicht und Schuldigkeit erfüllt. Niemals ist er in diesen erregenden Wochen und Monaten von seiner Lebensdevise abgewichen, die er bereits vor Jahren Voltaire gegenüber so formuliert hatte: »Um ruhigen Gewissens in die Zukunft zu blicken, muß man ein rechtschaffener Mann sein. Das will und werde ich immer sein. Ich bemühe mich, während meines ganzen Lebens weisen Aufmunterungen Ehre zu machen. Dann will ich geduldig abwarten, bis sich auch für mich der Vorhang hebt, um in die Ewigkeit zu blicken.«

Der Höhepunkt des schicksalhaften Jahres 1793 aber bleibt für den König, auf dessen Schultern das Schicksal dieses Kontinents lastet, die Doppelhochzeit seiner beiden ältesten Söhne Friedrich Wilhelm und Ludwig mit den mecklenburgischen Prinzessinnen Luise und Friederike. Während das französische Königshaus zu existieren aufgehört hat und ganz Frankreich sich zerfleischt, erlebt Berlin noch einmal eine eindrucksvolle Demonstration der unverbrüchlichen Anhänglichkeit aller Volksschichten an das angestammte Herrscherhaus der Hohenzollern, die diesem populären Volkskönig so viel zu verdanken haben.

Am 8. Dezember war der Kronprinz und sein Bruder von der Front im Westen her in Berlin eingetroffen, um die notwendigen Vorbereitungen für diese Doppelhochzeit zu treffen. Fünf Tage darauf setzte sich dann der Reisewagen der beiden Prinzessinnen von Darmstadt aus in Bewegung. Am 21. Dezember treffen die Bräute mit ihrer Großmutter in Potsdam ein, nachdem sie bereits in Baumgartenbrück von berittenen Postdamer Bürgern auf märkischem Boden begrüßt worden waren.

Ein Voraustrupp der berühmten Garde du Corps übernahm sodann die Eskorte bis Potsdam, in dem alle Fenster hell mit Kerzen erleuchtet waren. Der König selbst hatte darum gebeten, in Berlin von einer Illumination abzusehen und das dadurch ersparte Geld »als einen Beitrag zur Unterstützung der durch den Krieg gewordenen Soldatenwitwen und Waisen zu verwenden«.

Am anderen Tag, einem Sonntag, fuhren die Prinzen, die ihre Bräute im Potsdamer Schloß begrüßt hatten, nach Berlin voraus, um sie dort offiziell zu empfangen. An diesem strahlenden Wintertag war ganz Berlin auf den Beinen. Bereits in Schöneberg umbrandte der Jubel einer unübersehbaren Menschenmenge die Gäste. Noch einmal wurden hier die Pferde gewechselt. Dann eröffneten sechsundvierzig blasende Postillone, alle in glänzenden neuen Uniformen, den Zug. Es folgten die Gilden und Innungen, Bürgerssöhne in altdeutschen Trachten, insgesamt zwanzigtausend Mann. Eine Schwadron des Regiments Garde du Corps bildete die Schlußformation.

In Berlin hatte sich der Magistrat am Potsdamer Tor zum feierlichen Empfang eingefunden. Auf der weiteren Fahrt durch die Leipziger Straße bildet die Bürgerwehr Spalier. An der Ehrenpforte Unter den Linden, gegenüber dem Zeughaus, hatten sich weißgekleidete Kinder mit Blumensträußen postiert. Luise erhielt hier von einem Mädchen ein

Festgedicht überreicht und war davon so gerührt, daß sie sich gegen alle Regeln der Etikette spontan niederbeugte und das Kind in ihre Arme schloß.

Der König, sichtlich bewegt von der Begeisterung und Disziplin der Berliner, empfing seine Schwiegertöchter gemeinsam mit den Söhnen um drei Uhr vor dem Schloß. Die Fürstin Radziwill, Tochter des Prinzen Ferdinand, des jüngsten Bruders Friedrichs des Großen, berichtet dann weiter über den Verlauf dieses denkwürdigen Tages: »Der Empfang der Prinzessinnen war sehr feierlich. Ich sah sie vor den Fenstern unseres Palais vorbeifahren. Wir begaben uns dann ins Schloß, wo die beiden Königinnen, die Gemahlin Friedrich Wilhelms II. und die Witwe Friedrichs des Großen und die königliche Familie sie in den Gemächern des Königs erwarteten. Als sie den Wagen verließen, geleiteten die Prinzen sie in das Audienzzimmer, wo der König selbst die Königinnen, Prinzessinnen und Prinzen vorstellte.

Niemals in meinem Leben hatte ich oder habe ich seitdem ein so hinreißendes Wesen gesehen wie die Kronprinzessin. Ihre Schwester war ebenso reizend, aber ihre Züge waren mit denen der Prinzessin Luise nicht zu vergleichen. Beide trugen weiße Atlaskleider und einen Federkranz, die eine rosa, die andere blau, auf dem Kopf. Obwohl Prinzessin Ludwig um zwei Jahre jünger als ihre Schwester war, zeigte sie sich doch minder befangen. Sie wußte allen Menschen liebenswürdige Dinge zu sagen.

Am Abend erfolgte die Vorstellungscour für die Prinzessinnen und darauf Cour und Spiel bei der Königin. Man sagte, daß diese eine ihrer badischen oder Homburger Nichten als Schwiegertöchter vorgezogen hätte und nicht besonders zufrieden mit der Wahl der Söhne wäre. Es wurde Lotto gespielt, und die Prinzessin verneigte sich gegen die Personen, die bei der Cour vorüberkamen, als die

Königin mit einiger Schärfe sagte: »Wenn ich Cour abhalte, gilt Sie mir allein, und ich bin die einzige, die man grüßt.« Auch Prinzessin Ludwig wurde getadelt. In ihren ausgeschnittenen, hermelinbesetzten lila Kleidern und Brillantkronen sahen die Prinzessinnen noch hübscher als am Nachmittag aus.

Am folgenden Tag war Tafel und dann der Ball. Beide Bräute tanzten mit vollendeter Grazie, und der König bewunderte besonders ihren Walzer, einen Tanz, der bei Hofe, wo keine Prinzessin ihn zu tanzen wußte, bisher verboten war. Die Königin war empört über diese Indécence und darüber, daß ihre Schwiegertöchter einen von ihr mißbilligten Tanz einführten. Sie ließ ein neues Verbot an ihre Töchter ergehen und wandte die Blicke ab, um ihre Schwiegertöchter nicht Walzer tanzen zu sehen.«

Am Heiligen Abend findet dann die Trauung des Kronprinzenpaares im Weißen Saal des Schlosses, der taghell erleuchtet ist, statt. Hier hat man einen Altar unter einem mit rotem Sammet ausgeschlagenen Baldachin errichtet. Während Oberkonsistorialrat Sack, der Hofprediger, die Traurede hält, haben sich alle geladenen Gäste um den Altar versammelt. Nachdem das Brautpaar die Ringe gewechselt und der Pfarrer das Schlußgebet gesprochen hat, donnern die im Lustgarten aufgestellten Geschütze die ersten Salven, um den Berlinern die vollzogene Trauung anzuzeigen.

Trotz der Strapazen dieser festlichen Tage begab sich der König am folgenden Morgen in die Domkirche zum Weihnachtsgottesdienst mit dem jungen Paar. Danach bezogen der Kronprinz und seine junge Frau das kronprinzliche Palais Unter den Linden, in dem er bis zu seinem Tode zu wohnen pflegte, sooft er in Berlin weilte.

Zwei Tage darauf fand auch die Trauung des zweiten Königssohnes statt, bei der nach dem Willen Friedrich

Wilhelms eine so unübersehbare Menge des Volkes aus allen Schichten die Gemächer des Schlosses füllte, daß er selbst alle Mühe hatte, sich einen Weg durch diese Massen zu bahnen.

Inzwischen aber waren die Verhältnisse in Polen einer noch ungewissen Entscheidung entgegengetrieben. Schon im November waren zwanzigtausend preußische Soldaten unter Hohenlohe vom Westen her nach Polen aufgebrochen. Diese Demonstration unmißverständlicher königlicher Entschlossenheit verfehlte ihre Signalwirkung keineswegs. In Wien nahm man diese Truppenverschiebung allerdings als einen betont unfreundlichen Akt zur Kenntnis. Vorwurfsvoll schrieb der Kaiser, der sich bis dahin davor gedrückt hatte, den Preußen in ihrem einsamen Kampf um die deutsche Sache am Rhein zur Seite zu stehen: »Jetzt ist das Elend im Reiche so groß, da, wenn die Reichsstände dem Eindringen des Feindes nicht eine allgemeine Volksbewaffnung entgegenstellen, das Reich seine letzten Kräfte in nutzlosen Unternehmungen zersplittern wird.«

Auch Lord Malmesbury, der englische Botschafter, zeigt Enttäuschung darüber, daß sich der sonst so langmütige König dazu durchgerungen hatte, sich nunmehr vor allem auf die Interessen seines eigenen Landes zu konzentrieren.

»Auf Berlin ist nicht zu rechnen«, schrieb er damals an seine Regierung. »Haugwitz bedeutet garnichts. Luchesini herrscht despotisch. Möllendorf ist altersschwach. Seine Talente, sein Geist sind dahin, nichts ist zurückgeblieben als seine Eitelkeit und seine Niedertracht. Alle höheren Offiziere sind erbost, und viele von ihnen haben jakobinische Neigungen. Kalckreuth ist so erbämrlich nachlässig, daß ihm allein der Verlust Triers zur Last fällt.«

Am 4. Januar 1794 hat auch der Herzog von Braunschweig als Oberkommandierender endgültig das Handtuch geworfen. »Mein sehnlichster Wunsch, das mir von

Ew. Majestät anvertraute Kommando niederlegen zu dürfen«, so heißt es in seinem Entlassungsgesuch, »gründet sich auf der Erfahrung, daß alle in den letzten Kampagnen getroffenen Maßnahmen aus Mangel an Einverständnis vereitelt worden sind. Es macht mir tiefen Kummer, daß ich durch die Schuld anderer in meine schlechte Lage gesetzt worden bin, und ich fühle die Wahrheit, daß die Welt die Generale nur nach dem Erfolg beurteilt, in ihrer ganzen Bitterkeit. Alle Vorwürfe werden auf mich fallen, und man wird die Unschuldigen mit den Schuldigen verwechseln...

Die die Mächte entzweienden Ursachen dauern fort. Ich bin nicht gegen den Krieg und tue diesen Schritt nicht, um dem Krieg zu entgehen, allein ich fürchte die Schande, weil die anderen Generale ihre vielen Fehler mir zur Last legen werden und ich nicht imstande bin, nach meinen Ansichten zu handeln.«

Friedrich Wilhelm übertrug darauf dem General von Möllendorff den Oberbefehl. Dieser durchbrach dann am 23. Mai die Reihen des Gegners bei Kaiserslautern und nahm diese Stadt in seinen Besitz. Bis hinter die Saar trieb Möllendorff damals die Franzosen zurück. Bei dieser Aktion erwarb sich Blücher seine ersten militärischen Meriten, als er mit seinen Husaren mehrere Infanterieregimenter des Feindes in die Flucht schlug und vierhundert Gefangene machte.

Die allgemeine Kriegsmüdigkeit in Berlin entging trotz der ungeminderten Bereitschaft des gesamtdeutsch denkenden Königs, dem Reich im Westen den notwendigen Schutz nicht zu versagen, den Verbündeten keineswegs. Die Bestürzung darüber war bei ihnen allgemein und verständlich. Deshalb auch erhielt der englische Gesandte in Stockholm, Spencer, im Jahre 1795, als die Verhandlungen mit den Franzosen kurz vor dem Abschluß standen, den

Auftrag, sich unverzüglich nach Berlin zu begeben, um den Separatfrieden Preußens mit Frankreich um jeden Preis zu verhindern. Friedrich Wilhelm zeigte sich in diesem vorgeschrittenen Stadium der Verhandlungen nur wenig geneigt, diesen Unterhändler der Verbündeten überhaupt zu empfangen. Der englische Gesandte in Berlin riet Spencer daher dringend, durch Vermittlung Wilhelmines, die stets ein offenes Ohr beim König fand, eine Audienz mit diesem zu erreichen.

Wilhelmine selbst hat später über dieses Ereignis, das man ihr als Indiz für ihre Bestechlichkeit zur Last legen wollte, in ihrer »Apologie« folgendes berichtet: »Im Januar 1795, ehe ich nach Italien ging, erhielt ich von Lord Spencer ein Billet, worin er mich um eine Unterredung in einer wichtigen Angelegenheit bat. Ich ließ ihm durch den Überbringer mündlich sagen, daß ich ihn am Abend sieben Uhr empfangen würde. Er kam zur bestimmten Stunde, und nach einigen gleichgültigen Gesprächen, wandte er sich zu einem ungleich wichtigeren Gegenstande: daß er wisse, der König wolle mit Frankreich Frieden schließen. Er stellte mir den Schaden, der daraus für Preußen entstehe, sehr dringend vor, sprach von mehreren Millionen Piastern, die England an Preußen jährlich bezahlen wolle, und ließ sich dabei in eine weitläufige Auseinandersetzung der Gründe ein, die aber meinem Gedächtnis entfallen sind.

Meine Antwort war, daß ich nicht absähe, wie ich zu dieser Sache gezogen würde. Nie hätte ich mich in Staatsgeschäfte gemischt, und ich würde hiervon nicht abgehen. Der Lord bat mich dringend, ihm bei dem König nur eine einzige Stunde Audienz, jedoch ohne Beisein der Minister, zu verschaffen und zugleich sein Gesuch, daß der König keinen Frieden schließe, zu unterstützen. Im Falle ich letzteres bewirke, habe er von seiner Regierung Order, mir 100 000 Guineen als eine Erkenntlichkeit auszuzahlen, die mir umso willkommener sein müßte, weil ihm bekannt sei, daß der König für mein künftiges Schicksal noch nicht gesorgt habe.

Sein Geldanerbieten machte mir dessen Absicht verdächtig. Ich sagte ihm, seine Anträge seien mir unangenehm. Ich würde zwar dem König seinen Wunsch um eine Audienz zugleich aber auch seinen mir gemachten Antrag mitteilen.

Am folgenden Tag erzählte ich dem König die mit Spencer gehabte Unterhaltung. Der Monarch lächelte und sagte, er würde ihm Audienz geben, gleichwohl aber tun, was bereits beschlossen sei. Ob diese Audienz wirklich stattfand, weiß ich nicht. Das aber weiß alle Welt, daß der Baseler Frieden wirklich zustande kam: ein sicherer Beweis, daß der Gesandte mit seinem Gesuche nicht durchgedrungen ist. Das ist der mir vorgeworfene »Verkauf des preußischen Staates an England«, das sind die 100 000 Guineen, von denen ich gehört, aber nicht eine einzige gesehen habe.«

Während die kriegerischen Unternehmungen im Westen zu stagnieren begannen, spitzten sich die Verhältnisse im Osten dramatisch zu. In minuziöser Kleinarbeit hatte die nationale Partei Polens unter Leitung von Kosciuszko von seinem sächsischen Exil aus den Aufstand im Lande systematisch vorbereitet. Dieser moderne Kondottieri hatte bereits in Amerika gekämpft; auch stand er mit den Schrekkensmännern von Paris in Verbindung. Als er dann im Frühjahr 1794 das Signal zur allgemeinen Volkserhebung gab, konnte er wie ein Triumphator ganz Polen hinter sich scharen. Überall, wohin er kam, wurde er enthusiastisch als Befreier begrüßt. Nachdem die Russen sich als Kolonisatoren des Landes nicht von der besten Seite gezeigt und den Boden des Erträglichen überspannt hatten, brach der Sturm im ganzen Lande aus. Kosciuzko versprach den Bauern nicht mehr oder weniger als ihre Befreiung von der Leibeigenschaft und wurde von einer Welle heller Begeisterung emporgetragen.

Und in der Tat: der Erfolg schien mit ihm zu sein. Am 4. April konnte er die Russen bei Raclwice schlagen und nach mehreren siegreichen Gemetzeln als Sieger in Warschau einziehen. König Ladislaus beugte sich dem Druck der Straße und überließ Kosciuzko das Regiment im Lande. Der Mob aber kannte kein Pardon mit den Kollaborateuren der Russen, die man, ohne ein Urteil zu fällen, zum Galgen schleppte. Lediglich das schnelle Heranrücken der preußischen Truppen bewahrte das Land vor einer Selbstzerfleischung.

Ganz Polen konzentrierte nunmehr seine Kräfte auf die Verteidigung der Hauptstadt. Tag und Nacht wurde bei Musik und Gesang an den Befestigungswerken gearbeitet. Wenn Warschau fiel, hatte man begriffen, war Polen verloren. Daher wurden vor den Toren der Stadt alle nur verfügbaren Einheiten zusammengezogen, nachdem man alle Waffenfähigen zu den Fahnen gerufen hatte. Auf den weiten Ebenen um Warschau herum, so hatte man geplant, wollte man die heranrückenden Preußen empfangen und sie mit blutigen Köpfen wieder nach Hause schicken.

Friedrich Wilhelm hatte Mitte Mai selbst das Oberkommando über die in Polen eingefallenen Truppenverbände übernommen. Bei seinem Erscheinen wurde er lebhaft von ihnen begrüßt. Aber bald stellte sich heraus, daß man es mit einem fanatischen, zum Letzten entschlossenen Gegner zu tun hatte. Am 6. Juni errangen die Preußen gleichwohl ihren ersten Sieg bei Szczekociny. Zwanzig Tage später hatten sie bereits die Warschauer Region erreicht. Der König drängte darauf, die Stadt von Norden her, wo die Fortifikationsarbeiten noch nicht abgeschlossen waren, im Sturm zu nehmen. Aber seine militärischen Experten rieten ihm wegen der zu erwartenden starken Verluste von diesem Überraschungscoup ab. So richtete man sich auf eine längere Belagerung der polnischen Hauptstadt ein. Laufgräben und Tranceen wurden angelegt, und die preußische Artillerie schoß sich auf Ziele in der Stadt ein. Vergeblich wartete Friedrich Wilhelm indessen auf die versprochene russische Hilfe. Stattdessen setzten die polnischen Partisanen den preußischen Verbänden mächtig zu, überfielen die Lager bei Nacht, schnitten die Zufuhr ab, so daß die Versorgung mit Munition und Lebensmitteln gefährdet schien.

Nur zögernd näherte sich die russische Armee unter Suworow, dem die Polen an der Weichsel entgegengetreten waren, um eine Vereinigung der beiden verbündeten Armeen zu verhindern. Am 10. Oktober kam es bei Maciejowice zur Schlacht, in der sich Kusciuszko mit dem ganzen Mut der Verzweiflung ins dichteste Getümmel stürzte, aber bald schwerverwundet mit dem Ruf »Finis Poloniae« vom Pferde sank und in Gefangenschaft geriet. Am 4. November setzte dann Suworow zum Sturm auf Warschau an. Um zwei Uhr in der Nacht überstiegen 22 000 Russen die Festungswerke und drangen ins Innere der Stadt ein. 13 000 Polen mußten an diesem Schreckenstag ihr Leben lassen, 14 000 wurden in die Gefangenschaft geführt, und nur 8 000 konnten sich retten. Wenige Tage darauf hatte die polnische Armee aufgehört zu existieren.

Mit der darauf erfolgenden dritten Teilung Polens war das Schicksal dieses Landes endgültig besiegelt. Friedrich Wilhelm mußte bei den nun einsetzenden Verhandlungen seine ganze Energie aufwenden, um nicht von seinen Partnern übervorteilt zu werden. Rußland und Österreich hatten nämlich unterdessen einen Geheimvertrag abgeschlossen, in dem sie vereinbart hatten, Preußen zu zwingen, die von ihnen vorgeschlagenen Regelungen konzessionslos zu akzeptieren. Sie versuchten sogar, den preußischen König mit Gewaltandrohung einzuschüchtern. Nur der Standhaftigkeit Friedrich Wilhelms war es am Ende zu verdanken, daß für Preußen doch noch ein befriedigendes Ergebnis bei den Verhandlungen heraussprang.

Preußen erhielt damals zwei völlig neue polnische Landesteile, Südpreußen und Posen und Neuostpreußen mit Warschau als Hauptstadt. Damit war fast das gesamte Kernpolen zu Preußen geschlagen worden. Österreich, das mit den Polen nicht die Waffen gekreuzt hatte, erntete, was es nicht gesät hatte, und mußte sich mit Kleinpolen abfinden. Rußland ergatterte den Löwenanteil, nämlich das gesamte Litauen, immerhin ein Areal von 120 000 Quadratmeilen. Mit der neuen Annexion war die Bevölkerungsziffer Preußens um zwei Millionen Seelen angewachsen.

Man hat es dem König später ankreiden wollen, daß er sich unbedenklich auf diesen Kuhhandel mit preußischem Territorium eingelassen hatte. Dagegen ist festzustellen, daß es von nationalen Empfindungen der Polen damals noch keine Rede sein konnte. Der Nationalgedanke wurde in der Französischen Revolution geboren und durch die napoleonischen Kriege überhaupt erst für Europa akut. Bis dahin trieben nur die Dynastien ihre Interessenpolitik und bestimmten über die Köpfe der Völker hinweg, welcher Souverän über ein bestimmtes Territorium die Herrschaft ausüben sollte.

Für die Polen handelte es sich bei allem nur darum, möglichst nicht an Rußland zu fallen. Für sie hatte indessen der alte Spruch nicht an Gültigkeit verloren: »Niemand wird Preuße ohne Not, Ist er's geworden, dankt er Gott.«

Von der sprichwörtlichen preußischen Tüchtigkeit profitierten am Ende alle ethnischen Minderheiten dieses Staatsverbandes. Man hatte schließlich mit den Jahren gelernt, ein so feines Flair zu entwickeln, daß man in dieser Hinsicht sensibel zu differenzieren wußte.

Es ist demnach betont geschichtswidrig, Friedrich Wilhelm II. und seine Maßnahmen, die stets dem natürlichen Interesse seines Staates dienten, mit der ideologischen Elle unserer Zeit zu messen. Wenn daher moderne Sozialutopisten die Teilnahme an den verschiedenen polnischen Teilungen dem Schuldregister Preußens zuschreiben möchten, so beweisen sie damit bestenfalls, wie unfähig sie sind, geschichtskonform zu denken.

Von Friedrich Wilhelm II. läßt sich zumindest das eine mit Gewißheit sagen, daß er sich als Kind seiner Zeit ganz auf der Höhe seiner Epoche bewegte und durchaus realistische Entscheidungen traf. Wäre es ihm beschieden gewesen, noch länger zu leben, hätte er sicher ein umfassendes soziales Reformwerk von oben her mit der gleichen Konsequenz durchgesetzt, wie er alle anderen politischen Intentionen zum Wohle seines Volkes verwirklicht hat. Er befand sich in allem, was er unternahm, in völliger Übereinstimmung mit dem Generaltrend seiner Zeit.

Späte Passion

Die große Passion für Sophie von Bethmann, die den alternden König noch einmal in seinem Innersten erschüttert hatte, verklang erst nach Jahren. Und doch: als der Einundfünzigjährige, von den Strapazen seiner Feldzüge sichtbar gezeichnet und körperlich schwer angeschlagen, aus Polen heimkehrt, hat er seine Rolle als Galan noch keineswegs ausgespielt. Er ist nun einmal nicht zum Asketen geboren. Die unfreiwillige »schreckliche Keuschheit« seiner Kriegsjahre hat ihn augenscheinlich seelisch nicht unberührt gelassen. Wieder treibt ihn sein gefühlvolles Naturell zum Umgang mit Frauen, die ihm ein wenig Glanz in seinen belastenden Alltag bringen könnten.

Zwar fühlt er sich längst nicht mehr als der jugendliche Held seiner Frankfurter Tage, als er in hochgespannter euphorischer Stimmung einer soviel jüngeren Geliebten seine militärischen Erfolge zu Füßen legen wollte. Die Zeiten, in denen sein Herz noch unversehens in Flammen geraten konnte, sind vorüber. Und dann fällt doch wieder sein Blick wie zufällig auf eine junge Frau, »mit der er glücklich sein kann«, wie er meint. In jugendlichem Elan berichtet er Wilhelmine in gewohnter Treuherzigkeit, daß die neue Erwählte »schwarzbraun, gewachsen wie ein Licht, gut, bieder, ehrlich« ist. Im gleichen Brief läßt er sie wissen, er habe nun endgültig die Affäre mit Sophie Bethmann begraben - »wegen ihres kalten Betragens«, wie er ein wenig verärgert hinzufügt.

Bei seiner neuen Eroberung handelt es sich um die neunzehnjährige Opernstatistin Sophie Schulzki, der sich der erfahrene Frauenkenner nun mit immer noch überraschender Scheu und Zurückhaltung nähert. »Gottlob habe ich mein schwarzes Mädchen bloß geküßt«, gesteht er offenherzig in einem Schreiben an Wilhelmine, »und zum Glück sind dringend Ursachen vorhanden, daß es von beiden vernünftig wäre, vor Ende des Karnevals ordentlich zusammenleben zu wollen. Darf ich es nicht, so wird es mir freilich etwas drückend sein«. Die Erlaubnis dazu erwaret der unverbesserliche Geisterseher von jener fiktiven Gestalt, die Wilhelmine erfunden hat, um mit ihren Direktiven das Leben des Königs, dem sie sich wie am ersten Tag verbunden fühlt, in beruhigendere Bahnen zu lenken.

Durch eine längere Abwesenheit Wilhelmines können wir heute an Hand des vorliegenden Briefwechsels den weiteren Verlauf dieser letzten Passion des Königs bis in alle Einzelheiten verfolgen. Am 13. März 1795 war Wilhelmine nämlich in aller Form vom König zu einer Italienreise verabschiedet worden. In ihrer ungebrochenen Kunstbegeisterung hatte sie alles darangesetzt, sich in diesem südlichen Lande ein wenig umzutun, um dann als Leiterin der architektonischen Unternehmungen des Königs mit neuen Anregungen wieder heimzukehren. Und da es zu jener Zeit um ihre Gesundheit nicht zum Besten bestellt war, testiert ihr Geheimrat Brown, der königliche Leibarzt, sie wäre eine Kandidatin des Todes, würde sie nicht so bald wie möglich von den Bädern von Pisa Gebrauch machen.

Wie eine gekrönte Königin begab sie sich an diesem Vorfrühlingstag mit dem Hofpoeten Filistri de Caramondari, der die Rolle des Reisemarschalls und Cicerone übernommen hatte, und einer ansehnlichen Suite, darunter auch Johanne Margarete Chappuis und der Schreiblehrer Steinberg, auf dieses gewagte Unternehmen. Der König, wie stets rührend um ihr Wohlergehen besorgt, schickte ihr »Lellchen«, den Sohn, nach dem sie Sehnsucht hatte, nach Dresden nach. Nur widerstrebend hatte er sich damit abgefunden, so lange Zeit auf die Gefährtin seines Lebens verzichten zu müssen, deren Nähe er angesichts seiner kritischen körperlichen Verfassung immer weniger entbehren konnte.

Für Friedrich Wilhelm war es eine Frage seines königlichen Prestiges, seine Mätresse, auf die alle Welt nicht ohne Bewunderung blickte, so reichlich mit Mitteln auszustatten, daß sie Preußen draußen in der großen Welt würdig repräsentieren konnte. So stellte er ihr eine »Carte blanche« an die namhaftesten Bankhäuser in Mailand, Florenz, Livorno, Rom und Neapel aus, von der Wilhelmine jedoch keinen Gebrauch machte, obwohl das später böswillig behauptet wurde. Die ihr zugedachten Reisegelder reichten nicht nur für den Lebensunterhalt, sondern auch noch für den Ankauf wertvoller Statuen, Bilder und anderer Kunstwerke.

Wahrscheinlich war die Italienreise die glücklichste und unbeschwerteste Zeit im Leben dieser bemerkenswerten Frau überhaupt. Eine ganze Welt lag ihr damals zu Füßen. Leider sind ihre Reisetagebücher in der Zeit ihrer Verfolgung vernichtet worden. Sie wären nicht nur ein kulturhistorisches Dokument von hohem Rang gewesen, sondern hätten auch etwas über das geistige Format dieser vielumstrittenen Frau aussagen können.

Immer neue Gestalten tauchen während dieser Reise im Lebensbereich der kontaktfreudigen Lichtenau auf, so etwa der Engländer Lovel, die Gräfin Leiningen und schließlich bei ihrem Züricher Aufenthalt sogar der berühmte Lavater, der diese so ganz anders geartete Frau wie eine ihm geistig Ebenbürtige begrüßt. Von ihren Begegnungen, mit den Großen der Zeit, mit Künstlern, Dichtern, Gelehrten und Diplomaten berichten ihre Briefe, die sie laufend an den König nach Potsdam sendet. Er braucht gerade in dieser Zeit so dringend ihren Rat, der sich vor allem auf seine neue Liebschaft mit der kleinen Schulzki vom Ballett bezieht. Wilhelmines Bruder unterhält zu diesen Zwecken einen besonderen Stafettendienst zwischen Potsdam und Rom, der den König mit ständigen Informationen aus Italien versorgt.

»Ich bin im Grunde meines Herzens in alles Entsagen ergeben«, äußert er sich über seine Beziehung zu seiner neuen Sophie.«Aber freilich ist es mir etwas peinlich, da nun Karneval halb zu Ende. Wenn ich denke, was ich jetzt mit dem guten Mädchen anfangen soll, da alles schon präpariert ist, daß sie ihren Stand und ihre Wohnung verläßt. Ich erzählte ihr öfters, daß ich in kurzem nach Warschau müßte, und tue dieses, um nur eine Ursache zu haben, unsere nähere Verbindung noch aufrechtzuerhalten. Ich werde dem Mädchen täglich güter, sie hat solch aufrichtigen, sicheren Charakter.

Wie bin ich erfreut und gerührt gewesen, als der liebe Freund (Wilhelmines Geist) durch Ihnen schrieb, sie wäre im Grunde gut! Ach, soll oder darf ich mit ihr zusammenkommen, so werde ich es mir ernst zur Pflicht machen, sie nach allen meinen Kräften noch besser zu machen, das versichern Sie unserem Freund! Wie glücklich, daß dieses gute Mädchen nur Fehler und Schwachheiten, aber keine Laster hat, wie rar zur jetzigen Zeit und in dem Stande.

Von Stolz habe ich fast nichts an ihr gemerkt, und ich lobe sie immer dafür. Ich hoffe, das wird guten Eindruck machen... Was die Liebe zur Pracht betrifft, so freut sie sich freilich, wenn sie ein hübsches Kleid bekommt, und putzt sich gern, sonst habe ich nichts Übertriebenes bemerkt. Ich habe ihr einige hübsche Kleider gegeben..., aber nichts Prächtiges, einige Ringe, wo der teuerste hundertzwanzig Taler kostet, und eine goldene Kette. Die Unzelmann und Baraniussen tragen ja auch welche. Doch ist es ein ernstes, braves, liebes Mädchen. Fehler hat sie gewiß, sonst wäre sie kein Mensch... Aber jämmerlich und auffallend war es mir, daß unser würdiger Freund mit einem Male den Charakter dieses armen obskuren Mädchens abbildet bis auf seine verborgensten Züge. Ich kann Ihnen nicht beschreiben, wie mir das rührt!«

Eine ordentliche Verlobung, denke ich, ist hier gar nicht nötig. Wir geben uns unser Wort vor Gott, der alles sieht, uns bis in den Tod treu zu sein, und damit gut. Zum wenigsten glaube ich es so; sollte es anders nötig sein, so werde ich es wohl noch erfahren, aber freilich wünsche ich nach meinem menschlichen Verstande sehnlichst, daß wir bald verbunden wären, und tue diesen Wunsch nicht sowohl aus fleischlichem Triebe, als weil ich mir so ängstige, was ich dem guten Mädchen sagen soll, wenn ich zögere... In vierzehn Tagen ist Karneval aus und geht meine Angst an.«

Erstaunlich, unbegreiflich sogar, wie intensiv seine Liebschaften diesen vielbeschäftigen Mann, auf dessen Schultern eine gewaltige Last von Verantwortung liegt, im tiefsten Grunde seiner Seele bewegen. Ohne letztes inneres Engagement hat sich Friedrich Wilhelm in der Tat nie einer Frau genähert. In dieser Hinsicht unterschied er sich wohltuend von anderen Potentaten seiner Zeit, wie Trenck richtig bemerkte, als er ihnen unterstellte, daß diese »nur ihre tierische Wollust befriedigten, indem sie sich der Töchter ihrer Untertanen bedienten.«

Ritterlichkeit, aber auch Anhänglichkeit und Dankbarkeit gehörten zu den Tugenden, die dieser Kavalier durchaus zu schätzen wußte. Der Moralist in ihm brauchte immer wieder neue Bestätigungen höherer Instanzen für die Legalität seines Denkens und Handelns. Immer wieder kreisen seine Gedanken um den unverdorbenen Charakter dieses Mädchens, dessen Einfalt ihn offenbar mehr bestiеht als ihre körperlichen Reize.

Indessen hat Wilhelmine Rom erreicht und bewegt sich mit lässiger Sicherheit in der High-Society der ewigen Stadt wie die ungekrönte Königin Preußens. Sie verbringt ihre Zeit damit, eifrig Kunstschätze zu besichtigen, durchstreift den Vatikan und setzt sogar Experten bei der Beurteilung einzelner Kunstobjekte durch ihr frappierend sicheres Urteil in Verwunderung und Erstaunen. Aber sie bewegt sich auch systematisch auf den Spuren der antiken Geschichte, läßt sich auf dem Kapitol die Stelle zeigen, an der Caesar ermordet wurde, findet die Statue der Löwin, die Romus und Remulus säugte, und bemerkt scharfsinnig in ihrer unnachahmbaren Orthographie dazu in einem Brief nach Potsdam: »Einen großen Fehler habe ich gefunden, das ist, daß die beiden Kinder ganz klein, so wie sie auf die Welt gekommen sind, unter der Löwin stehen, welches außer der Natur der Dinge ist. Ich teilte meine Gedanken den Römern mit, die mit mir waren, und sie gaben mir Recht. In derselben Stube ist die Büste des Brutus und die Gänse, die einst das Kapitol retteten, als Brennus Rom überfiel. Aber sie sind in Form zweier Enten gemacht, welche ich auch erinnerte, da die Geschichte ausdrücklich sagt, daß es Gänse waren.«

Wegen einer Erkältung, die sie sich bei Besichtigung der Kunstschätze des Vatikans zugezogen hatte, wechselt Wilhelmine ihren Standort und begibt sich in das erträglchere Klima von Neapel, dessen Schönheiten sie in vollen Zügen mit der ganzen Inbrunst eines Augenmenschen genießt. Ihrem Begleiter Chapuis diktiert sie ihre Eindrükke von der Aussicht am Fenster ihres Gasthauses so in die Feder: »Wir standen am Fenster und genossen die prächtige Aussicht. Vor uns das Meer und im Hintergrund die Insel Capri, rechts das Kap de Misene und Lausilipp, links das Castell Ovo und in der Ferne der in Nebel gehüllte Vesuv. Das Meer war stürmisch, und das stimmte uns zu melancholischen Phantasien über die Zukunft.«

Das Hauptereignis ihres Neapelaufenthalts blieb für Wilhelmine jedoch ihre Begegnung mit einer der berühmtesten

Frauen ihrer Zeit, der Lady Hamilton, der Gemahlin des englischen Botschafters am Hof von Neapel und der späteren Geliebten des großen Seehelden Nelson. Sie konnte ebenfalls auf einen meteorhaften Aufstieg und auf ein abenteuerliches Leben zurückblicken.

»Sie ist ein Engel«, berichtet Wilhelmine über diese neue Freundin nach Berlin. »Nicht allein ihr Äußeres, welches schön ist, sondern ihre Seele, welche ganz dem Körper ähnlich ist. Voller Talente, singt sie wie ein Engel, macht die schönsten und reizendsten Attitüden alle nach den Figuren, welche man in Herculanum gefunden hat.« In der Tat waren die gestellten lebenden Bilder, die diese Lady antiken Plastiken und Gemmen nachahmte, eine Attraktion, von der damals alle Welt sprach.

Friedrich Wilhelm zeigte sich von der Freunschaft Wilhelmines zu einer solchen Berühmtheit natürlich entzückt und schrieb ihr am 23. März 1796: »Ich danke Ihnen für alle die so interessanten Details, die Sie mir von Neapel geschrieben... Die Lady Hamilton muß eine charmante Frau sein; ich habe sie immer geliebt und liebe sie jetzt noch mehr. Rehberg in Rom hat sie in verschiedenen Attitüden gemalt und mir solche ganz kürzlich geschickt. Es muß eine herrliche Frau sein, die in allen Stücken würdig ist, Ihre Freundin zu sein.«

Diese neue Bekanntschaft hatte Wilhelmine übrigens dem Lord Bristol... zu verdanken, der ebenso wie der Chavelier de Saxe, ein natürlicher Sohn eines Sachsenprinzen und späteren Gouverneur von Neapel, zum Schwarm ihrer internationalen Verehrer gehörte. Als Bischof von Londonderry bekleidete Bristol ein hochdotiertes Kirchenamt, das es ihm erlaubte, sein Leben in Italien zu verbringen und als Mäzen der Künstler in Rom eine beherrschende gesellschaftliche Stellung zu beziehen.

Lord Bristol bestürmte Wilhelmine mit seinen Werbungen und versprach ihr ein Schloß in England für den Fall, daß der König sterben und sie einer kaum zweifelhaften katastrophalen Zukunft entgegensteuern würde. Wilhelmine widerstand jedoch allen Werbungen dieses unermeßlich reichen Mannes, der ihr trotz seiner zahlreichen Spleens imponierte. Sie ließ von ihrem Vorsatz nicht ab, bis zum letzten Atemzug dem Freund ihres Lebens die Treue zu wahren, wie sie es ihm vor langen Jahren geschworen hatte.

Die Trennung von Neapel wird ihr nicht leicht gefallen sein. Nach ihrem Abschied schrieb ihr Lady Hamilton nach Rom noch die bewegenden Worte: »Der gute, wohltätige Lord Bristol ist ganz verzweifelt ohne Sie. Er erwartet Sie mit derselben Sehnsucht, mit der die Juden auf den Erlöser warteten. Denis (Lord Hamilton) spricht von nichts anderem als von Ihnen und umarmt Sie im Geiste.«

Die Briefe des Königs aus dem fernen Potsdam befassen sich indessen mit kaum nachlassender Intensität mit den körperlichen und menschlichen Vorzügen der kleinen Schulzki, die inzwischen bei ihm wohnt. Da aber Wilhelmines geheimisvoller Geist ihnen noch keine Erlaubnis für einen intimeren Umgang erteilt hat, leben sie, wie der König glaubhaft versichert, noch brav wie Bruder und Schwester zusammen.

»Meine Freundin habe ich nun seit einigen Tagen bei mir«, schildert Friedrich Wilhelm den neuesten Stand der so delikaten Dinge.

»Ich konnte ihr gar keine Ursache mehr angeben, weshalb ich sie nicht genommen hätte. Wir sind tags und nachts beieinander, aber wie Bruder und Schwester, obwohl wir uns auch herzlich lieb haben... Diese Lebensart ist sehr peinigend, doch werde ich nie klagen; machen Sie doch, daß es nur nicht Jahr und Tag dauert.«

Im übrigen spielt der König auch immer wieder mit dem Gedanken, Wilhelmine nach Italien entgegenzureisen, aber er fühlt sich den Strapazen einer so langen Reise nicht mehr recht gewachsen.

»So sehr ich wohl die Reise gern sähe«, klagt er, »so fühle ich wohl, daß es nie geschehen wird und für mich ein ohnmögliches Glück ist... Glauben Sie, es quält mich sehr, das Mädchen ist so gut und hübsch, und es ist mir nicht verboten. Helfen Sie mir doch! Des Mädchens Vater ist gestern in Charlottenburg gewesen, und wie er abends zurückfährt, stirbt er schleunig im Wagen. Mein Mädchen hat sich sehr gut und reserviert dabei benommen... Ich habe keinen Schlaf, öfter Flußfieber und, was das Übelste ist, kurzen Atem, besonders beim Treppensteigen, und dicke Füße; sonst verging die Geschwulst immer die Nacht, aber nun ist auf des Morgens die Geschwulst noch da. Wünschte, die loszuwerden, wenn man noch in Campagne soll.«

Die Anhänglichkeit an Wilhelmine hat auch während ihrer Italienreise keinerlei Trübung erfahren. »Da ich Sophie verzählt habe, wieviel Gutes und Einnehmendes Sie von ihr geschrieben haben«, läßt er sie wissen, »so hat sich das arme Mädchen bedanken wollen, und hier bekommen Sie im Einschluß einen Brief von ihrer Hand. Sie schätzt und liebt Ihnen sehr! Sonnabend bin ich mit Rikchen nach Charlottenburg gewesen. Wir haben in Ihrem Hause im roten Zimmer, wo sonst Ihr Bett steht, zu Mittag gegessen. Sophie kam auch hin, wir gingen etwas spazieren, aber es sollte mir da ohne Ihnen gar nicht behagen..«

Im übrigen nimmt Friedrich Wilhelm sich trotz gespannter politischer Verhältnisse nach wie vor rührend der kleinen Tänzerin an und versucht, sie zu einer »serieusen Lektüre« zu bewegen. »Sie ist ganz kindisch«, gibt er zu bedenken. »Ich hoffe aber, daß sie bald die allgemeine Weltgeschichte anfangen kann... Die Nachricht, daß ich sie überall mitnehmen will, scheint einen guten Effekt zu machen, daß sie sich mehr ausbilden will. Ihre Religionsbegriffe sind etwas konfuse, aber nichts weniger als leichtsinnig, au contraire, sie hat Abscheu für Leute, so den Unglauben affektieren.«

Hohe Menschlichkeit verrät auch die Art und Weise, wie Friedrich Wilhelm seine Rolle als Familienvater spielt, so etwa, wenn er vom Besuch seiner Tochter Friederike in Berlin berichtet: »Meine Tochter aus Holland ist mit Mann und Kind da. Das Kind hat das ganze Wesen von unserem Seligen (Alexander), nur daß es schwächlicher ist. Es spricht Holländisch, Englisch und Deutsch, alles durcheinander und drückte mir fest um den Hals, als es mich zum ersten Mal sah und schrie: »Großvater!«

Während Wilhelmines Aufenthalt in Neapel wurden dann auch endlich Pläne zu ihrer Nobilitierung aufgegriffen. Wahrscheinlich wäre sie selbstsicher genug gewesen, auch ohne besonderes Adelsprädikat durch ihre überlegene Persönlichkeit in der hohen und höchsten Gesellschaft bestehen zu können. Aber als »Madame Rietz« war sie, wie sich immer mehr herausstellte, eben doch nur eine wenig überzeugende Repräsentantin des Königs einer Großmacht.

Als Namenlose hatte diese ungewöhnliche Frau den Zugang zu den Herzen derer gefunden, denen es zur Ehre gereichte, ihre Bekanntschaft zu machen. Nunmehr aber wandte sie sich an ihren »wohlaffektionierten« König mit folgender Bitte: »Ew. Majestät wissen sehr wohl, daß ich für meine Person auf die törichten Eitelkeiten der Hofetikette keinen Wert lege. Allein es bringt mich in eine schiefe Stellung, daß meine Kinder durch die Gnade Ew. Majestät in den Grafenstand erhoben sind, während ich immer noch dem einfachsten Bürgerstand angehöre. Sie erinnern sich wohl, daß ich nie etwas für mich verlangt und nie daran gedacht habe, mir Vermögen zu erwerben. Ihr Wohlergehen war meine einzige Sorge.«

Man nimmt Wilhelmine die hier ausgesprochene Beteuerung sehr wohl ab. Auch Friedrich Wilhelm scheinen ihre Argumente für ihre Erhebung in den Adelsstand durchaus eingeleuchtet zu haben. Jedenfalls zögerte er keinen Augenblick, ihr die ihm vorgetragene Bitte zu erfüllen. Unter dem 27. April 1796 schrieb er ihr daher, er hätte beim zuständigen Departement schon alles wegen ihres neuen Ranges und der daraus resultierenden Namensänderung eingeleitet.

Bei seinen Überlegungen hat er sich für den Titel einer Gräfin Lichtenau entschieden, bereits ein Wappen für sie entworfen und das Diplom auf das Jahr 1794 zurückdatieren lassen. »Ob ich zwar überzeugt bin vom wenigen Wert, so Sie auf diese weltliche Torheiten setzen«, fügt er verständnisvoll hinzu, »so begreife ich wohl, daß es in ihrer weltlichen Lage sehr nötig war, auch wegen des guten Riekchen...«

Die Nobilitierung Wilhelmines wird offiziell mit der beabsichtigten Verlobung ihrer Tochter, der Gräfin von der Mark, mit dem Sohn des reichen Lord Bristol motiviert. Daher heißt es in der Ernennungsurkunde, die ihr der Bruder im Mai 1796 nach Italien überbrachte, wörtlich: »Seine Majestät in Preußen haben eine vorteilhafte Verbindung für Deren Tochter, der Gräfin von der Mark, und aus dem Grunde beschlossen, ihrer Frau Mutter den Namen und Titel einer Gräfin Lichtenau beizulegen. Allerhöchstdieselben befehlen daher, das Diplom und Wappen so bald wie möglich auszufertigen, ersteres jedoch, ohne darin die Verlobung (ihrer Tochter) zu erwähnen, vom heutigen dato ab um zwei Jahre antidatieren lassen.« Wilhelmines bürgerlicher Name war damit erloschen und ihre Interimsehe mit dem inzwischen zum Geheimkämmerer des Königs avancierten Rietz, die wegen eines juristischen Formfehlers eigentlich nie gültig war, als geschieden betrachtet.

Als Gräfin Lichtenau betritt Wilhelmine Encke gegen Ende März dann zum zweiten Male Rom, um in den nächsten Wochen hier einer der sorglosesten Tage ihres ganzen Lebens zu verbringen. Am 5. April gibt der spanische Geschäftsträger der neu ernannten Gräfin zu Ehren einen pompösen Empfang, und am folgenden Tag kann der preußische Gesandte von ungewöhnlichen gesellschaftlichen Erfolgen der Gräfin Lichtenau in der ewigen Stadt nach Berlin berichten.

Da Wilhelmines Konversationstalent beachtlich gewesen sein muß, macht ihr die römische Hocharistokratie ihre Aufwartung. Sogar der Kardinalstaatssekretär sucht sie als Beauftragter des Papstes »trotz Überbürdung mit Geschäften« auf.

Im übrigen ist die Gräfin unablässig tätig, Beziehungen zu den Künstlern Roms anzuknüpfen, das damals als die Metropole der europäischen Kunst schlechthin gilt. Sie nimmt Kontakte zu Hackert auf, dessen Landschaftsbilder sie für das Marmorpalais aufkauft. Die bekannte Malerin Angelika Kaufmann hat damals eines der eindrucksstärksten Bilder der Gräfin Lichtenau gemalt.

Mit vollem Bewußtsein genießt die Lichtenau in ungebrochener Lebensfreude diese unbeschwerten römischen Tage, als ahnte sie schon, daß ihr nur noch eine Gnadenfrist vergönnt ist und es vielleicht schon bald ein schreckliches Erwachen aus ihrer euphorischen Stimmung geben wird.

Sie kann sich in diesen Tagen vor Heiratsanträgen von Mitgliedern der römischen Nobilität kaum retten; denn noch hat die im fünften Jahrzehnt stehende Freundin des preußischen Königs nichts von ihrer Faszination und Ausstrahlung eingebüßt. Gleichwohl bleibt sie dem in Potsdam schwer erkrankten König zutiefst verbunden. Fast täglich erreichen sie die Briefe des Kranken aus seinem Idyll am Heiligen See, das er immer noch mit der kleinen Tänzerin teilt. Doch als sich die Gerüchte von seiner lebensbedrohenden Krankheit immer mehr verdichten, hält es die Lichtenau nicht länger in ihrem südlichen Dorado. Sie beschließt den jähen Abbruch ihrer traumhaften Reise und eilt, so schnell sie nur kann, mit Kurierpferden nach Potsdam zurück - einem kaum noch zweifelhaften Schicksal entgegen.

Ein Haus wird bestellt

Am 26. September 1794, nur einen Tag nach seinem 50. Geburtstag, war Friedrich Wilhlem vom Polenfeldzug in seine Residenz zurückgekehrt. Grund zum Feiern bestand angesichts seiner angeschlagenen Gesundheit jedoch kaum. Alle Empfänge hatte er absagen lassen. In den »Berlinischen Nachrichten« erschien an diesem Tage übrigens zum ersten Mal das gutgemeinte Poem eines Lübeckers namens Schuhmacher, jenes ominöse »Heil Dir im Siegerkranz«, das, von der allgemeinen Hochstimmung angesichts des erfolgreichen Kriegsendes inspiriert, später zur Hymne der preußischen Könige und darauf der deutschen Kaiser aus dem Hause Hohenzollern aufrückte.

Mit Bestürzung nahmen alle, die den König nach so vielen Jahren seiner Abwesenheit zum ersten Male wiedersahen, seine schlechte körperliche Verfassung wahr. Man begann zu begreifen, daß sich hinter dem robusten Äußeren und der imponierenden Gestalt dieses Mannes, der im Interesse des Staates nie mit seinen Kräften gerade haushälterisch umgegangen war, ein innerlich Vereinsamter verborgen gehalten hatte, der nur noch im christlichen Glauben seinen Seelenfrieden finden konnte.

Das jahrelange Lagerleben hatte augenscheinlich seine berserkerhaften Reserven doch aufgezehrt. Da er realistisch genug war, sein nahes Ende ins Auge zu fassen, machte er sich gänzlich unsentimental ans Werk, die Spuren des Krieges zu verwischen und die neuerworbenen Gebiete seinem Land zu integrieren.

Wird er den Lohn seiner Mühen in der Zeit, die ihm noch zugemessen ist, unter Dach und Fach bringen können? Keinen Augenblick gibt er sich geschlagen. Keinen Augenblick auch ist er bereit, die Fäden der Macht aus seinen Händen zu legen und zu resignieren, weil ihm so manche Träume seiner Jugend nicht in Erfüllung gingen. Da er nicht daran denkt, die ihn erdrückende Arbeitslast an andere zu deligieren, trägt er das ihm zugemessene Pensum mit preußischem Pflichtgefühl Tag für Tag.

In dem guten Jahrzehnt seiner Herrschaft, zeigt sich nun rückblickend, hat sich die politische Konstellation entscheidend gewandelt. Aber schon spürt er, spürt es die Welt, daß der letzte Schlagaustausch mit den aufgeputschten Massen im Westen dieses Kontinents erst noch bevorsteht. Immerhin kann er es sich selbst als Verdienst anrechnen, die französische Dampfwalze jenseits des Rheins vorläufig zum Stehen gebracht zu haben.

Der Ruhm seines Namens aber wird sich vor allem an die beträchtlichen Gebietserweiterungen im Osten knüpfen. Unter seiner Regierung hat Preußen einen gewaltigen Schritt nach vorn gemacht. Selbst den Erwerb von Ansbach und Bayreuth, das 1791 durch den Verzicht des letzten kinderlosen Markgrafen, der sich mit seiner englischen Mätresse nach England zurückgezogen hatte, an Preußen fiel, wird man einst auf die Habenseite seiner politischen Aktivitäten zu verbuchen haben. Hardenberg, der spätere Staatskanzler der preußischen Reformzeit, war damals gerade in preußische Dienste getreten und hatte die Administration dieser süddeutschen Gebietsteile übernommen.

Probleme über Probleme also, wohin man sieht, wo immer es sich darum handelte, das preußische Staatsgebiet, das inzwischen auf ein Areal von 320 000 Quadratkilometern gewachsen war und fast neun Millionen Menschen umfaßte, sinnvoll zu verwalten. In den wenigen Monaten, die ihm nach Abschluß seiner Feldzüge noch blieben, setzte Friedrich Wilhelm alle seine Energie daran, trotz der erschöpften Staatsfinanzen, die er mit allen Mitteln zu sanieren sich bemühte, mit dem Neuaufbau des Staates im Inneren zu beginnen. In der Tat ist die Zahl seiner Erlasse und Verordnungen, die allein in dem einzigen Jahr 1795 der Öffentlichkeit unterbreitet wurden, ein Beweis mehr für den nie nachlassenden Arbeitseifer und Reformwillen des Königs, der es strikt ablehnte, wie sein Vorgänger gefälschtes Geld in Umlauf zu bringen oder wie sein Nachfolger Papiergeld anfertigen zu lassen, um das Staatsdefizit auszugleichen. Immerhin hatte die Schuldenlast durch die Kriegsausgaben eine Höhe von 48 Millionen Mark erreicht.

Gleich nach dem Baseler Frieden versuchte Friedrich Wilhelm mit einer letzten heroischen Anstrengung, die gesamte Staatsmaschinerie noch einmal zu aktivieren. Daher erging damals die folgende Order an seine Beamten, die während seiner häufigen Abwesenheit in Apathie versunken zu sein schienen.

»Auf meiner letzten Reise sind mir viele Beschwerden zugegangen, besonders über zu langsamen Geschäftsgang«, heißt es da. »Bei meiner so oft erklärten Willensmeinung, daß jeder Untertan gehöret, ohne durch Verschleppung und ohne durch Sporteln ermüdet und mutlos gemacht zu werden, hatte ich erwartet, daß die Beamten und jeder Minister die Klagen, besonders der niederen und hilfsbedürftigen Volksklassen zum Gegenstand ihrer Aufmerksamkeit gemacht haben würden. Nun sind so viele Resolutiones ohnehin und nichtssagend abgefaßt, auf Aufschub oder Verschleppung hinauslaufend. Ich will solches durchaus nicht länger dulden und erinnere die Etats-Minister an ihre Pflicht, nach der jeder sich um die Geschäfte in seinem Ressort sorgfältig zu kümmern, in fleißiger und gründlicher Arbeit sich den Beamten zum Muster vorstellen und die trägen Offizianten mehr zum Fleiß antreiben soll.

Ich befehle ihnen, daß meine Untertanen für ungebührliche Behandlung, für Beeinträchtigung geschützt, klaglos gestellt und beruhigt werden. Ich werde selbst mit Ernst darüber wachen, und damit die Minister ihren Beruf umsomehr wahrnehmen, wünsche ich, daß sie künftig ihre Urlaubsgesuche einschränken.«

Seine forcierten innenpolitischen Aktivitäten konzentrierte der König in den letzten Jahren seiner Regierungszeit betont auf den Abschluß der Arbeiten für ein allgemein gültiges preußisches Landrecht. Seit 1780 hatte eine von Friedrich dem Großen eingesetzte Kommission unter dem Vorsitz des Großkanzlers von Carmer den Entwurf eines allgemeinen Gesetzbuches für die preußischen Staaten, dessen eigentliche Impulse dem Juristen Karl Gottlieb Suarez zu verdanken sind, bearbeitet und seit 1787 stückweise veröffentlicht. Immer wieder auftauchende Bedenken aber führten zu einer Hinauszögerung des Einführungstermins. Schließlich trieb Friedrich Wilhelm durch seinen persönlichen Einsatz die stagnierenden Arbeiten zügig voran. Immer wieder strich er ganze Passagen, veränderte er vieles und fügte anderes hinzu, so daß Suarez manche Teile gänzlich neu abfassen mußte.

Acht Jahre nach seinem Regierungsantritt war es dann endlich soweit: Am 5. Februar 1794 konnte Friedrich Wilhelm die Einführung des »Allgemeinen Landrechts für die preußischen Staaten« anordnen. Vielleicht ahnte er damals selbst noch nicht, welche Verdienste er sich damit um die deutsche und die preußische Rechtssprechung im Besonderen erworben hatte. Immerhin bestätigte schon bald darauf ein Gutachten, daß »soweit die Geschichte reicht, noch nie ein so umfangreiches Werk zustande gebracht ist.«

Welt und Nachwelt verdanken diesem König in der Tat viel: Er war der erste, der eine eindeutige deutsche Gesetzessprache geschaffen und unter Verzicht auf Anklänge an das römische Recht aus urdeutschem Empfinden heraus ein spezifisch deutsches Rechtsgefühl entwickelt hatte.

Zwar war dieses Gesetzwerk primär auf die preußischen Staaten beschränkt, doch wurde sein Geltungsbereich später immer weiter ausgedehnt. Preußen war damit zum ersten Rechtsstaat auf deutschem Boden emporgestiegen. In diesem Land wurde von nun an jedem Bürger Rechtsschutz gewährt, von der auch die nationalen Minderheiten des Staatsverbandes wie etwa die Polen profitierten.

Fast zur gleichen Zeit erschien auf eine Anregung des Königs hin auch zum ersten Mal ein Staatshandbuch, das Daten der verschiedenen Behörden des Landes und ihre wichtigsten Mitarbeiter enthielt. 1795 zum ersten Mal publiziert, erlebte es dann in folgenden Jahren unzählige neue Auflagen.

Nach der Rückkehr des Königs aus Polen war die Kriegsbegeisterung im Lande erheblich gedämpft. Überall erhoben sich die Stimmen der Kritiker, die zu bedenken geben, ob der Landgewinn im Osten überhaupt auf der Habenseite der politischen Aktivitäten des Königs zu buchen wäre oder ob am Ende nicht doch eine Erhaltung Polens als Pufferstaat einem weitsichtigeren politischen Konzept entsprochen hätte.

Selbst im Offizierskorps läßt die anfänglich noch vorhandene Kriegsbegeisterung, bedenklich nach. Man war dessen überdrüssig geworden, sich mit jedem Gegner zu messen, vor allem wenn es sich um Phantomgegner handelte, deren effektive Offensivkraft man nicht recht einschätzen konnte. Schließlich setzte sich auch immer mehr die Auffassung durch, man hätte im Grunde nur für die Interessen des österreichischen Verbündeten die Knochen der preußischen Grenadiere geopfert.

Allerdings, die Tatsache der großen französischen Revolution, unter deren Keulenschlägen das Ancien régime wie ein Kartenhaus zusammengestürzt war, kann niemand aus der Welt schaffen. Nicht zu leugnen ist auch die wachsende Isolierung Preußens, sein hoch explosives Verhältnis zu Österreich vor allem und die zunehmende Reserve der Seemächte England und Holland gegenüber einem Land, das sich nicht mehr als Festlandsdegen mißbrauchen lassen will und nichts dringender als den Frieden braucht, um sich zu regenerieren, und das daher nichts unterläßt, sich mit mehr oder weniger diplomatischem Geschick aus den kriegerischen Verflechtungen zu lösen.

Alle einflußreichen Politiker in Berlin plädieren daher in erstaunlicher Einmütigkeit für einen Frieden im Westen. Wieder einmal erhebt Prinz Heinrich, der immer schon der Wortführer der Frankophilen im Lande gewesen war, eindringlich seine Stimme. Im Oktober 1794 überreicht er dem König eine Denkschrift, in der er diesem einen Sonderfrieden mit Frankreich dringend ans Herz legt. Inzwischen tragen aber auch Minister wie Alvensleben, Haugwitz, Finckenstein, Struensee und selbst Bischoffswerder ihre Bedenken gegen ein Fortsetzen der Feindseligkeit im Westen vor. Keiner von ihnen allen kann sich mehr irgendeinen Nutzen von einer Fortsetzung dieser enervierenden Kraftproben versprechen.

Hardenberg, dessen Stern eben leuchtend im Aufgehen ist, verfertigt ein Memorandum, in dem er für eine noch engere Kooperation mit Österreich plädiert, um das Land, wie er es formuliert, aus »der politischen Not des Tages« herauszulavieren. Er sieht die künftige Mission Preußens in der Rolle eines Vorkämpfers für den allgemeinen Frieden in diesem Erdteil, der nicht zur Ruhe kommen will. Selbst Haugwitz macht sich zum Anwalt dieser Friedensbewegung, die durch geschicktes diplomatisches Taktieren den Waffenstillstand herbeiführen soll. Sicher artikuliert er die geheime Sehnsucht der meisten Preußen, wenn er schreibt: »Frieden müssen wir haben, und auf jeden Fall muß man des Elends ein Ende machen. Der Winter muß den Frieden ins Land bringen.«

Der König steht all diesen gutgemeinten Vorschlägen zunächst mit einiger Skepsis gegenüber. Vor allem ist er im Oktober 1794 noch keineswegs bereit, den Vorwurf mangelnder Bündnistreue zu riskieren und ohne Rücksicht auf seine Verbündeten aus den kriegerischen Aktionen, die Europa in Atem halten, auszuscheren. Den entscheidenen Ausschlag gibt dann allerdings die finanzielle Misere Preussens, dessen Kassen ein so alarmierendes Defizit aufweisen, daß er sich schließlich doch noch zu dem unpopulären Entschluß durchringen mußte, das verhaßte Tabakmonopol wieder einzuführen. Eine Kommission, die Friedrich Wilhelm zur Erschließung neuer Geldquellen beruft, gelangt zu dem deprimierenden Ergebnis, daß nur ein schneller Friedensschluß mit Frankreich das Land vor dem Staatsbankrott retten kann.

Noch einmal versucht der König auch, seine letzte Karte auszuspielen. Beim Neujahrsempfang zieht er sich mit dem englischen Gesandten Lord Malmesbury in sein Arbeitszimmer zurück und erklärt ihm, der von seinem Vorgänger übernommene Kriegsfonds sei aufgebraucht und er sei daher gezwungen, seine Streitmächte im Westen auf 20 000 Mann zu reduzieren, falls er keine Subsidien erhalte. Um hunderttausend Mann unter den Waffen zu halten, fordert er von den Engländern daher 22 Millionen Taler für das beginnende Jahr.

Der Lord überbringt seiner Regierung dieses maßvolle Angebot. Doch die Verhandlungen darüber geraten bald ins Stocken, obwohl man in London durchaus der Meinung ist, ohne Preußen wäre der Krieg gegen die Revolution einfach nicht zu gewinnen. Daher erteilt Friedrich Wilhelm seinem Oberbefehlshaber der Rheinarmee den Befehl, sich nach Westfalen zurückzuziehen. Die Bestürzung der Verbündeten auf diese unzweifelhafte Reaktion des als gutmütig bekannten Königs ist groß; vor allem bemächtigt sich der

Bewohner der westlichen Region eine wahre Panik in Hinblick auf neue Operationen der französischen Revolutionstruppen.

Auf diesen Schock hin setzt man sich in Haag sogleich zu Verhandlungen zusammen. Ihr Ergebnis ist mager: Preußen soll sofort 300 000 Pfund und fortlaufend jährlich 50 000 Pfund für seine Kriegsdienste erhalten. Dafür stellt es 60 000 Mann im Westen bereit. Da sich Möllendorf jedoch weigert, preußische Truppen zum Schutze von Belgien in die Niederlande zu entsenden, stellen England und Holland ihre Zahlungen ein.

Der preußische König zieht dann auch sogleich die Konsequenzen und kündigt das Haager Abkommen, zumal ihn die Probleme im Osten immer intensiver zu beschäftigen beginnen. Auch wehrt er mit letzter Entschiedenheit das Ansinnen der Engländer ab, seine Truppen in ihrem Solde kämpfen zu lassen. »Es ist ganz gegen die Natur des Staates und die Liebe, die ich zu meinen Untertanen hege, sie an andere Mächte zu verkaufen«, lautet seine Maxime. »Das mag der Landgraf von Hessen oder der Herzog von Braunschweig tun; aber es wäre eine Schmach für den König von Preußen.«

Noch ist er bereit, der revolutionären Bewegung, die über den Rhein herüberzufluten und den ganzen Kontinent in Verwirrung und Chaos zu stürzen droht, seinen entschiedenen militärischen Widerstand entgegenzusetzen. Er beauftragt daher seinen Finanzminister Struensee, eine Inlandanleihe aufzunehmen, während er gleichzeitig Friedensverhandlungen mit den Franzosen führt. Doch erst als der spätere Staatskanzler Hardenberg den verstorbenen Grafen von der Goltz, Preußens Gesandten in Paris, ablöst, kommen die Verhandlungen zügig zum Abschluß. Am 5. April 1795 wird in Basel der Frieden zwischen den beiden Parteien geschlossen. Preußen erkennt in dem Friedensvertrag die neue französische Republik an und findet sich mit der Besetzung des linken Rheinufers ab. Damit hat der König vorerst die Hände frei für eine Konsolidierung der Verhältnisse im Osten. Durch eine klug ausgehandelte Demarkationslinie wird Norddeutschland neutrales Gebiet und die preußische Interessensphäre vor weiteren Kriegshandlungen geschützt.

Dieser Baseler Friede bot sicher keinen Anlaß zum Triumph; er wurde geschlossen, um dem preußischen Volk endlich die Ruhe zu verschaffen, die es so dringend brauchte. Durch den horrenden Gebietszuwachs bei der dritten polnischen Teilung hatte sich dieser Schachzug des Königs aber voll ausgezahlt.

Die Unbefangenheit und Keckheit, aber auch die für Preussen ungewohnte Elastizität und Flexibilität, mit der dieser Preußenkönig seine Politik betrieb, die nichts als die »Erhebung Preußens zur Großmacht« beabsichtigte, die schon sein Vorgänger eingeleitet hatte, erwiesen sich als Garanten für den endgültigen Erfolg. Friedrich Wilhelm hatte oft bis an die Granze der Tollkühnheit improvisiert und vielleicht sogar ein wenig vabanque gespielt, aber er hatte sich dabei keinswegs als Dilettant ausgewiesen. Nie hatte er sich mit einem oberflächlichen Wunschdenken über die harten Realitäten, die er vorfand, hinweggesetzt. Er hatte es damit weiter als sein Vorgänger gebracht. Von nun an wurde in ganz Europa nichts mehr entschieden, ohne vorher den preußischen König mit ins Einvernehmen gesetzt zu haben.

Alles, was dieser nun einfädelte und ebenso klug wie konsequent ausführte, verriet ein klares Konzept und eine sichere Hand, obwohl man gerade diesem König sehr zu Unrecht die nötige Konsequenz bei der Durchsetzung seiner Absichten abgesprochen hat.

Das Gegenteil war der Fall. Bei genauem Zusehen stellt sich nämlich heraus, daß dieser Neffe des großen Königs sich keineswegs beizeiten aufs Altenteil begeben hatte, um sich auf den Lorbeeren des Onkels auszuruhen. Er hatte die Flucht nach vorn gewagt und dabei nur gewonnen. Auch er blieb, wenn es angesichts der Lässigkeit seines ganzen Habitus oft nicht den Anschein hatte, »toujours en vedette« und erfüllte damit das zwingende Urgesetz preußischer Erfolge wie nur wenige.

Nach dem Baseler Frieden trat Preußen immer mehr als mitentscheidende Großmacht vor aller Welt ins Rampenlicht der Geschichte. Der große Durchbruch, den Friedrich nach all den Anstrengungen seiner Kriege noch nicht gewagt hatte, war seinem Nachfolger voll und ganz gelungen. Dieser erwies sich als gescheit und agil genug, um auf jede Modifikation der politischen Lage blitzschnell durch Veränderung seiner Positionen und Alliancen zu reagieren, sobald die Staatsräson ihm einen Stellungswechsel oder eine Kurskorrektur vorschrieb.

Mit dem Baseler Friedensschluß aber hatte er praktisch eine Volte geschlagen, ohne dabei irgendwelche lebensbedrohenden Risiken einzugehen. Preußen verfügte nach dieser Entscheidung zum ersten Mal über eine kompakte Landmasse, von der aus sich ungleich besser als vorher Großmachtpolitik betreiben ließ. Der Staat reichte nun praktisch von Köln bis Warschau, von der Weichsel bis hin zum Rhein und Main und schloß die gesamte norddeutsche Tiefebene als preußische Einflußzone in sich ein. Außerdem hatte man sich damit die Partnerschaft Frankreichs und Rußlands eingehandelt und befand sich nicht mehr wie bei Friedrichs Tode in Europa in völliger Isolation. Statt dessen war Österreich in eine nicht unbedenkliche Abseitsstellung gedrängt worden. Durch dieses diplomatische Meisterstück Friedrich Wilhems II. stand die endgültige Einbeziehung Schlesiens in den preußischen Staatsverband nicht mehr zur Diskussion.

Die Bilanz seiner kurzen Regierungszeit konnte sich sehen lassen: Friedrich Wilhelm hatte dem Staat 1910 Quadratkilometer an Boden hinzugewonnen, während sich die Bevölkerungszahl von 5 380 000 auf 8 700 000 Menschen erhöhte. Die Einkünfte konnte er verdoppeln, und die Kapazität der Armee steigerte er von 200 000 auf 235 000 Mann.

Daß dieser Zustand dann nicht von langer Dauer war und die von Friedrich Wilhelm eingebrachte Landmasse bald wieder auseinandergerissen wurde, fällt nun ganz gewiß nicht auf das Schuldkonto dieses Königs, der noch vor seinem Tode alle nur erdenklichen diplomatischen Rückversicherungen zur Stabilisierung der erworbenen Gebiete eingegangen war. Die Tatsache, daß die Geschichte dann einen so wesentlich anderen und gänzlich unerwarteten Verlauf nahm, gehört in das Kapitel jener Imponderabilien, die den vorauskalkulierbaren Ablauf geschichtlicher Vorgänge immer wieder stört.

Erst unter Friedrich Wilhelm III. kam der auf Hochtouren gebrachte und reibungslos ablaufende Staatsapparat in einen bedenklichen Zustand der Stagnation und schließlich sogar zum Stillstand. Der befeuernde Impetus fehlte, der ausgereicht hätte, das Erworbene gegenüber der Dynamik eines vom Weltgeist berufenen charismatischen Tatmenschen wie Napoleon Bonaparte behaupten zu können. Seitdem war die vorprogrammierte Katastrophe nicht mehr aufzuhalten. Nach den Tagen von Jena und Auerstedt sank Preußen wieder in den Status einer zweitrangigen Macht zurück, der jedes Mitspracherecht in der Weltpolitik entzogen wurde. Es sah sich sicher nicht ohne eigene Schuld wieder an die Peripherie der Geschichte versetzt.

Während die sich ständig ändernde politische Konstellation in Europa die höchste Alarmstufe für Staatsmänner signalisiert, kämpft Friedrich Wilhelm II. verzweifelt gegen seine Krankheit an. Seine letzten versagenden Kräfte konzentriert er darauf, die so lange schon anstehenden inneren Probleme des Landes zu lösen, die Staatsfinanzen zu sanieren und die neu erworbenen Provinzen wirtschaftlich zu erschließen. Er unternimmt alle nur erdenklichen Anstrengungen, den Staatsschatz wieder aufzufüllen. Schon 1796 weist das Budget Rücklagen von mehr als einer Million Taler auf.

Die Furcht, das begonnene Werk nun doch nicht zu Ende führen zu können, peinigt den König ungemein. Immer mehr zieht er sich in sein Refugium am Heiligen See zurück, dessen Wellen sich an der Terrasse seines Palais brechen. Unversehens wächst er in dieser Zeit in die Attitüde seines Onkels hinein, der sich auch nach Sanssouci verzog, um ein übermenschliches Arbeitsvolumen seinen versagenden Kräften abzufordern und das Leben eines Einsiedlers zu führen. Nur zum Misanthropen fehlte seinem Neffen so gut wie alles.

Auch Friedrich Wilhelm pflegte seine Vormittage bei konzentrierter Arbeit zu verbringen, Aktenberge abtragend und Minister empfangend. Manchmal auch erging er sich im einfachen Rock ohne Orden und Ehrenzeichen im Park, nur von seinen Hunden begleitet. Der Nachmittag gehörte meist seinen musischen Interessen, seinem Cellospiel und seiner Lektüre. Von der deutschen Literatur nahm er allerdings kaum mehr Notiz als sein Vorgänger, der sich selbst als Homme de lettres verstand. Von Goethe dürfte er kaum etwas gelesen haben, obwohl er mit seinem Schwager, dem Weimarer Herzog Karl August, bis zuletzt in ständigem geistigen Austausch stand.

Die tägliche Gegenwart Wilhelmines war ihm ein elementares Bedürfnis. Ihre Abwesenheit während ihrer Italienreise empfand er daher auch als einen schmerzlichen Verzicht. Zwar riß der Briefwechsel mit ihr in diesen

Monaten nicht ab. Als er dann aber einsah, daß die Ärzte vergeblich ihren Kampf gegen seine Erkrankung kämpften, schrieb er im April 1796 resigniert an sie:

»Die Krankheit hat bei mir Oberhand gewonnen. Schreckliches Kopfweh, alltägliches Fieber... Tropfen und Pulver helfen nicht mehr. Und immer traurig war ich und blieb ich, ich mochte anfangen, was ich wollte. Das üble Wetter der diesjährigen Exerzierzeit hat mir den Rest gegeben... Ich bete nebst Besserung um Geduld. Heute schreibe ich sehr undeutlich, weil ich immer einschlafe beim Schreiben. Gott gebe, daß wir uns bald gesund wiedersehen.«

Dieser Brief muß wie ein Alarmruf auf die Lichtenau gewirkt haben. Von nun an hält es sie keine Stunde länger in Rom. Mit Eilpost reist sie nach Potsdam. Das offizielle »Diario ordinario« bemerkt zu ihrer Abreise teilnahmsvoll, »daß sich die Frau Gräfin Rietz aus Preußen voll höchster Genugtuung über die Aufmerksamkeiten und Aufnahme, die sie in der hiesigen Gesellschaft erfahren hat, am Morgen des vergangenen Freitags in Richtung Florenz auf die Reise begeben hat, von wo sie nach Berlin, ihrer Heimatstadt, weiterfahren wird.«

Die Erwartung, die Freundin seiner Jugend bald wieder »an seinem Herzen zu drücken«, erfüllt den König noch einmal mit neuem Elan. »Ach, was werde ich alles mit Ihnen zu besprechen haben«, schreibt er ihr auf halbem Wege entgegen. »Wenn wir allein sind, nehmen wir das Wichtigste vor, und bei Tische vor Leuten sprechen wir von den weltlichen Merkwürdigkeiten, die Sie gesehen haben. Ach, wie freu ich mich! Gottlob, daß ich noch solche Freude erlebe. Gott segne Ihnen!«

In der Tat: Wilhelmine war dem König nach ihrer Reise noch unentbehrlicher als vorher geworden. Schon ihre Gegenwart wirkte belebend auf ihn. In der klaren Erkenntnis, daß es mit ihm dem Ende zuging, unterließ sie nichts, um ihm seine Qualen zu erleichtern. Als die Ärzte sich noch etwas von einer Kur in Pyrmont versprechen, bezieht sie mit dem König das fürstliche Schloß in dem damals so mondänen Badeort, das aber angesichts der hohen Verschuldung des Waldecker Fürsten sich in einem wenig komfortablen Zustand befindet, so daß die Räume erst notdürftig ausgestaltet werden müssen.

Der Empfang für den König und die Gräfin Lichtenau, die nun im Zenit ihres Lebens steht, ist geradezu triumphal. Mehr als zwanzig Reichsfürsten, die sich versammelt haben, bringen beiden in diesem Juni 1797 ihre Huldigung dar. Ein Fest zu Ehren des Königs und seiner Mätresse jagt das andere. Von Krankheit gezeichnet und bereits stark abgemagert, genießt Friedrich Wilhelm noch einmal den ganzen Zauber der vergehenden galanten Welt, die er so sehr liebte.

Um ihn von seinen Leiden abzulenken, reist die Lichtenau mit ihm nach Kassel, wo man gemeinsam die Gemäldegalerie besichtigt und der König sich den Dienern gegenüber von seiner spendablen Seite zeigt. Aber auch französische Schauspieler läßt Wilhelmine von Hamburg kommen, um den König ein wenig abzulenken. Man merkt ihr an, daß die Italienreise ihr natürliches Selbstgefühl mächtig gestärkt hat. Männer von höchstem Ansehen waren ihrer Faszination erlegen und hatten ihr den Hof gemacht.

Auch in Pyrmont fliegen ihr die Herzen zu. Der Fürst von Waldeck, der sich von ihr tief beeindruckt zeigt, bietet dem König die Grafschaft Pyrmont als »Witwensitz« für die Lichtenau an. Das Projekt, das den Fürsten ein wenig finanziell sanieren soll, zerschlägt sich schließlich wegen der schlechten Finanzlage Preußens. Zudem zeigt sich Wilhelmine nur wenig geneigt, sich vom König angesichts seines beklagenswerten Zustandes zu trennen.

Auch in Berlin selbst spielt Wilhelmine in diesen letzten Monaten, in denen sie in der Sonne ihres Königs glänzen kann, noch einmal all ihre hohen gesellschaftlichen Fähigkeiten voll aus. Sie wagt immer mehr, aus dem Schatten, in dem sie sich so lange Zeit bewegen mußte, kühn herauszutreten. Nachdem sie hoffähig geworden ist, genießt sie mit vollem Bewußtsein ihre Schlußapotheose als ungekrönte Königin einer Großmacht, ehe der Vorhang sich mit dem Tode des Königs auch über ihr Leben senkt. Am 18. September wird sie mit allen Finessen des Zeremoniells dem Hof vorgestellt, und so heißt es dann auch in dem Bericht der Oberhofmeisterin von Voß von diesem denkwürdigen Ereignis: »Heute Abend waren wir im Neuen Garten, wo uns der König mit Liebenswürdigkeiten überhäufte. Die Gräfin Lichtenau, frühere Rietz, wurde von der Gräfin Hacke vorgestellt. Sie war sehr zuvorkommend; ihre Tochter, die Gräfin von der Mark, war auch dort, auch der kleine Ingenheim erschien. Es dauerte bis elf Uhr.«

Von nun an verzeichnen die Tagebücher der Frau Voß die gesellschaftlichen Arrangements der Lichtenau, die es sich sogar erlauben kann, die Mitglieder des Herrscherhauses zu empfangen. Am 6. Dezember wird sie dann aber auch in aller Form von der Königin selbst, der keine andere Wahl bleibt, als gute Miene zum bösen Spiel zu machen, in deren Gemächer empfangen. Bei dieser Gelegenheit erhält sie von ihr einen wertvollen Schmuck mit der Inschrift »Gabe der Freundschaft« und ein Ölgemälde überreicht. Die ehemalige Trompeterstochter beherrscht die höfische Etikette souverän. Ihr Leben spielt sich in dieser Zeit zwischen Empfängen, Konzerten, Bällen und Diners ab.

In den letzten Monaten hat sich die Lichtenau zweifellos große Verdienste um die Pflege einer gehobenen Geselligkeit, für die Berlin eigentlich nie das geeignete Pflaster gewesen ist, erworben. Ihre gesellschaftlichen Talente müssen nach dem allgemeinen Urteil beachtenswert gewesen sein. Sie besaß eine natürliche Gabe der Konversation und der leichten Causerie und verstand, wie besonders betont wurde, alle anwesenden Personen in den jeweiligen geselligen Kreis geschickt mit einzubeziehen. Selbst ein so weltgewandter Engländer wie Lord Bristol schrieb ihr nach einem Besuch in Berlin während einer Italienreise: »Wissen Sie, daß ich heute morgen zwei Stunden damit zugebracht habe, mit wahrem Entzücken ihr superbes Theater, ihr elegantes Bett, in dem nichts als die Schläferin fehlte, um es vollkommen zu machen, und ganz besonders Ihren prachtvollen Salon zu betrachten? Alles trägt den Stempel des wahren Geschmacks, und nichts bleibt in diesem Feenpalast zu bewundern übrig als die Gegenwart seiner Herrin.«

Zu ihrem 43. Geburtstag hat die Gräfin dann noch einmal den gesamten Hof zu sich in ihr Palais unter den Linden eingeladen. Obwohl die schwere Krankheit des Königs drückend über allem lastet, brilliert dieses Kind aus dem Volke in einer stupenden Weise als Gastgeberin der preußischen Hofgesellschaft. Ihr zuliebe hat sich Friedrich Wilhelm aufgerafft und gibt sich sichtliche Mühe, über seinen beängstigenden Zustand hinwegzutäuschen. Er versucht zu lachen und wirft Süßigkeiten in die Ranglogen des Haustheaters, in denen sich seine natürlichen Kinder versammelt haben.

Selbstredend ist auch die getreue Christine Voß wieder zur Stelle und gibt ihre Kommentare zu diesem ebenso turbulenten wie makabren Geschehen: »Der König war auch da. Gott allein weiß, wie sehr mich das um seinetwillen bedrückt. Der zynische Prinz Heinrich aber beobachtet mit süffisantem Lächeln das Treiben an diesem Abend, bei dem niemand so recht froh werden kann, indem er sich mit dem Ausruf Luft verschafft: ›Es ist alles infam in dieser Budike hier.‹

Auch das Kronprinzenpaar ist herbeizitiert worden und führt sich wie auf Verabredung brüskierend zurückhaltend auf. Schließlich unterläuft der sonst so sicheren Lichtenau doch noch ein Regiefehler, als sie die Oper »Cleopatra« von Nasolini aufführen läßt. Als Oktavia die Untreue ihres Marc Anton in hellen und schmetternden Tönen beklagt, richten sich unwillkürlich mitleidige Blicke auf die Königin, die dann auch Mühe hat, ihre Tränen zu verbergen. Der Kronprinz aber, so wird erzählt, soll nur mit Gewalt davon zurückgehalten worden sein, seinen Degen gegen diese »Kreatur« zu ziehen.

Unter dem 19. Dezember meldet die Voß abermals eine Soirée bei der Lichtenau. Wieder wird eine Oper aufgeführt, aber diesmal hat die Oberhofmeisterin keinen ihrer sonst so treffenden Kommentare zu bieten. Sie vermerkt in ihren Aufzeichnungen nur lapidar: »Unsere Hofdamen und Kavaliere gingen hin, ich aber nicht. Sie gab sich großes Air bei diesem Fest, wie man uns hernach erzählte. Der König war auch dort. Gott weiß, wie mich dies alles für ihn kümmert und betrübt.«

Während der König vor aller Augen merklich dahinsiecht, trifft ihn um Weihnachten 1796 ein neuer schwerer Schicksalsschlag: Seine beiden ältesten Söhne erkranken gleichzeitig so schwer an Diphterie, daß er täglich in größter Sorge viele Stunden an ihrem Krankenbett verbringt. Lange schwebt der Kronprinz in Lebensgefahr, und nur mühsam kann er sich wieder erholen. Seinen Bruder Ludwig aber, eben erst vermählt, rafft die mörderische Krankheit gnadenlos dahin.

Vierzehn Tage darauf stirbt auch die Witwe Friedrichs des Großen, die Tante des Königs, die ihm besonders nahe gestanden hat. Von all dem Sterben um sich herum bessert sich die depressive Stimmung des Königs ganz und gar nicht. »Nun komme ich dran«, äußert er sich elegisch. Schon bereitet er sich auf den Tod vor, und da er bei seinem Tode keinen besonderen Aufwand wünscht, vereinfacht er das Trauer-Reglement entsprechend.

Am 13. Februar 1797 vermählt sich Prinzessin Auguste, seine zweite Tochter, mit dem Kurprinzen von Hessen. Wieder muß er sich, obwohl er sich nur mühsam auf den Beinen halten kann, in das »schreckliche Gedränge« begeben. Als dann einen Moment darauf auch seine sechzehnjährige Tochter, Marianne von der Mark, mit dem Erbgrafen von Stolberg getraut wird, steht er wieder seinen Mann. An diesem 22. März wurde übrigens auch die Kronprinzessin Luise von einem Knaben entbunden, dem späteren Kaiser Wilhelm I.

Die Kräfte Friedrich Wilhelms sind inzwischen so erschöpft, daß er nur noch die dringendsten Amtsgeschäfte ausüben kann. Weit hinter ihm liegen die Zeiten, in denen er an den Manövern teilnehmen konnte. Aber noch einmal rafft er alle Kräfte zusammen, um eine Reise zur Kur nach Pyrmont anzutreten. Wilhelmine ist ihm eilends vorausgereist, um alles nach seinen Wünschen einzurichten. Als er dann am 21. Juni den Reisewagen besteigt, muß Bischoffswerder einen Todgeweihten stützen.

Berlin feiert den König bei seiner Rückkehr mit der gewohnten Herzlichkeit. Man freut sich ehrlich über die vermeintliche Besserung seines Befindens. Den ganzen Tag über sind die Berliner auf den Beinen, um dem immer noch populären »Vielgeliebten« zu huldigen. Die Kirchenglocken läuten dann noch einmal seinen letzten Geburtstag ein, Posaunenchöre blasen von den Türmen, und mittags finden überall große Festessen statt. Schließlich verklingt dieser Festtag mit einem Feuerwerk, mit Oper und Bällen.

Marwitz, der dieses Ereignis miterleben durfte, berichtet in seinen Memoiren über den Heroismus des Königs, der noch unter Schmerzen zu lächeln versuchte und für jeden ein gutes Wort hatte.

»Er sah aus wie ein Schatten«, kann man bei Marwitz nachlesen, »konnte kaum die kurze Strecke durch einige Zimmer gehen, bis er zu einem Sofa im Tanzzimmer gelangte. Jedermann fürchtete, daß er hier verscheiden würde. Er blieb aber wohl eine Stunde und unterhielt sich wie gewöhnlich, aber sehr matt, mit seinen Schwiegertöchtern.«

Während der allgemeinen Illumination ließ sich der König noch einmal durch die Straßen fahren und grüßte seine Berliner, die ihm wie eh und je zujubelten. Die Königin hatte sich wegen Unwohlseins entschuldigen lassen, dafür aber erschien die Gräfin Lichtenau zum abendlichen Empfang in einem griechischen Gewand mit goldenem Diadem im vollen Haar als Polyhymnia und ließ sich von Hofrat Hirsch in gestelzten Versen als Berliner Sappho feiern. Sie genoß diesen letzten Auftritt an der Seite des sichtlich leidenden Königs wie einen Triumph. Selbst der Kronprinz mußte ihr huldigen. Er hat ihr diese demütigende Szene nie verzeihen können.

Nun, da sich das Glück ihres so überaus bewegten Lebens einem kaum noch zweifelhaften Ende zuneigte, trat diese sonst so instinktsichere und kluge Frau, die sich ein Menschenalter lang äußerste Zurückhaltung auferlegt hatte, allzu impulsiv aus ihrer Reserve heraus. Hat sie damals wirklich nicht geahnt, welche Gefahren sie damit über sich heraufbeschwor? Sicher ist nur: Das Volk dieses Landes hat ihr diese allzu pompösen Schaustellungen nie vergessen. Alle Mißstände, die man in diesem Staat ausfindig machen kann, selbst die Wiedereinführung des Tabakmonopols, werden ihr angelastet. Diese Maßnahme sollte übrigens die letzte größere Regierungshandlung Friedrich Wilhelms II. bleiben. Zur Durchführung der anderen Reformen, die auf seinem Regierungsprogramm standen, fehlte ihm damals leider die Kraft. Er war gezwungen, dieses Werk seinem Nachfolger zu hinterlassen.

Der Tod im Marmorpalais

Der körperliche Verfall des Königs war nicht mehr aufzuhalten. Gegen die Brustwassersucht, die ihn befallen hatte, ein Erbübel der Familie Hohenzollern, versagte alle medizinische Kunst. Seine Leibärzte, die Geheimräte Brown und Selle, hatten bereits vor der Übergewalt des Todes kapituliert. Damit waren nach der Gewohnheit jener wundergläubigen Zeit die Magier an der Reihe, den Kampf um das Leben des Königs aufzunehmen. Gleichwohl hörte die Öffentlichkeit nicht auf, oft obskure Vermutungen über die wahren Krankheitsursachen anzustellen.

Ein Pamphlet dieser Zeit, der unter dem Namen Baranius eine phantasievolle Biographie der Lichtenau auf den Buchmarkt brachte, hatte sogar die Stirn, der Gräfin selbst die volle Schuld am hoffnungslosen Zustand des immer noch allgemein geliebten Königs zuzuschreiben. Vielleicht gab dieser Skribent die Meinung weiter Teile des Volkes wieder, wenn er munter drauflosfabulierte: »Schuld dran war ohne Zweifel die Gräfin und die Geisterclique. Jene hatte seiner Sinnlichkeit geschmeichelt, ihm alles zugeführt, was der feinsten und ausgesuchtesten Wollust frönte, diese hatte ihm narkotische Säfte beigebracht, seine Phantasie zerrüttet, beide also sein Nervensystem aufs äußerste erschlafft und herabgestimmt. Um den Abgang an Kräften zu ersetzen, nahm man zu Roborantien seine Zuflucht. Der König speiste frühmorgens Sahne, beinahe ein Quart, welche sehr fett und feist war, hierauf eine starke Bouillon, und dann mittags derbe, kraftvolle Speisen. Mitunter wurden auch medizinische Ingredienzien gebraucht.«

Natürlich blies auch der wegen seines gepfefferten Sarkasmus besonders gefürchtete Kriegsrat von Cölln in das gleiche Horn, wenn er schrieb: »Der König dachte im Neuen Garten in Potsdam nur daran, wie er seinem einzigen Triebe, der Wollust, genügen wolle. Die kräftige Natur in ihm war nicht mehr imstande, hinlänglich Stoff zu bereiten, um seinen Genüssen Reiz zu verschaffen. Alle künstlichen Reizmittel wurden zuletzt vergebens verschwendet, und endlich, wie alle Spannkraft der Nerven erschlafft war, lösten sich die Säfte in Wasser auf, und der Tod war nicht mehr aufzuhalten.«

Die Wahrheit sah allerdings völlig anders aus. Wilhelmine zeigt sich während dieser letzten Krankheit Tag und Nacht in selbstloser Aufopferung um den Sterbenden bemüht. Vom 26. September bis zum 16. November, seinem Todestage, verläßt sie das Krankenzimmer nur zweimal, um in Berlin Arznei zu besorgen. Da es während dieser Zeit dem König nicht entgeht, wie hemmungslos der Haß gegen Wilhelmine von seinen Gegnern draußen im Lande und vornehmlich in Berlin geschürt wird, und eine wahre Flut von gegen sie gerichteten Pamphleten in Berlin und anderswo kursiert, ist er ernsthaft um das Leben seiner Freundin besorgt, die von einer unübersehbaren Meute von Skribenten diffamiert wird. Er beschwört sie daher sogar, nicht ungeprüft Lebensmittel von Händlern zu beziehen, da er einen Giftanschlag auf sie befürchtet.

Überhaupt macht er sich in diesen Tagen über die Zukunft seiner Lebensgefährtin Gedanken. Er bietet ihr für ihre Häuser in Berlin und ihre Güter Lichtenau, Roßwiese und Breitenwerder eine Summe von zwei Millionen Taler in englischen Banknoten an, mit denen sie sich sofort in Ruhe und Geborgenheit nach England zurückziehen könnte. Doch auch diesmal lehnt Wilhelmine ab, ihn allein seinem kaum noch zweifelhaften Schicksal zu überlassen, obwohl sie sich keinen Augenblick auch nur die geringsten

Illusionen darüber macht, was sie nach seinem Tode zu erwarten hat.

»An die Möglichkeit seines Todes und zugleich an mein künftiges Schicksal denkend«, schreibt Wilhelmine später in ihrer »Apologie«, »äußerte der König eines Tages gegen mich, es sei nun die höchste Zeit, daß er mein Sort mache. Zu dem Ende gab er mir das wahrhaft königliche Geschenk von 500 000 Talern in holländischen Banknoten, wobei er hinzufügte: »Ich will, daß du nach meinem Tode so lebest, wie zu meinen Lebzeiten; damit hoffe ich dich in den Stand zu setzen, um deinem Range gemäß leben zu können.« In Wirklichkeit erhielt die Lichtenau diese Summe jedoch niemals. Die Banknoten waren zwar durch den Finanzminister Struensee zur Kontrollsignation nach Holland geschickt worden, dann aber in fünf Paketen dort liegen geblieben.

Ohne Zweifel hat der sterbende König sein Los ganz ergeben in Wilhelmines Hände gelegt. Er hatte das sichere Gefühl, zeit seines Lebens von niemandem besser verstanden worden zu sein als von ihr. Ihre Seelengemeinschaft hatte über so viele Höhen und Tiefen der Jahre hinweg alle Belastungsproben bestanden. »Sie muß in der Tat kein gewöhnliches Weib gewesen sein«, heißt es daher auch in dem anonymen Bericht »Die preußischen Staaten vor und nach dem 16. November 1797«. »Sie war dem König das, was Voltaire und der Marquis d'Argens Friedrich dem Großen gewesen waren.«

Niemand war daher auch so sehr in der Lage, ihn in diesen Tagen seines langsamen und qualvollen Verlöschens vor seelischen Erschütterungen zu bewahren und ihn mit Liebe zu umgeben. Sie hat ihn bis zuletzt vor unliebsamen Besuchern geschützt, aber sie hat keineswegs, wie ihr später bösartig nachgesagt wurde, seine Angehörigen von seinem Lager ferngehalten. Die Königin, der Kronprinz und dessen junge Frau Luise haben ihn immer wieder aufgesucht.

»Der Kronprinz fuhr mit der Königin und der Prinzessin von Baden zum König«, vermerkt die Gräfin Voß unter dem 18. Oktober in ihren Aufzeichnungen. »Der Kronprinz kehrte um acht Uhr zurück und sagte, er hätte seinen Vater besser befunden. Er war den ganzen Tag beim König, und dieser hatte den Wunsch geäußert, die Kronprinzessin zu sehen.«

Ein Augenzeuge, der noch in den letzten Oktobertagen das Krankenzimmer betreten durfte, schildert die verzweifelten Anstrengungen seiner Umgebung, das Leben des Königs zu erhalten und ihm wenigstens seine Qualen zu erleichtern: »Der Salon war durch den sanften, aber melancholischen Schein von in Alabasterschalen gestellten Wachslichtern erhellt. Im Hintergrund saß der König, die geschwollenen Füße in Kissen gehüllt, abgemagert, mit beängstigendem Atem, die erstorbenen Augen mit unstetem Blick hierhin und dorthin gerichtet. Neben ihm zur Rechten die Gräfin Lichtenau, ihm die geschwollene Hand streichelnd, zur Linken die Marquise von Nadaillac, deren geistreiche Liebenswürdigkeit ihm wohltat. Es fanden sich der Abbé d'Audelard, der Prinz Moritz von Broglie, Saint-Paterne und Saint Ygnon ein; der letztere war Vorleser, ein jovialer Possenreißer, dem es mehr darauf anzukommen schien, die gelangweilten Landsmänner und Damen zu amüsieren, als dem kranken König seine Leiden vergessen zu machen.

Am Kamine spielten die Kinder der Gräfin Dönhoff, der Graf und die Gräfin Brandenburg, deren Erziehung der König der Gräfin Lichtenau anvertraut hatte. Zuweilen sank der hohe Kranke in einen unruhigen Schlaf, aus dem ihn böse Träume aufschreckten. Der Vorleser ließ sich dadurch nicht unterbrechen, und es machte einen erschütternden Eindruck, am Schmerzenslager eines zum Tode erkrankten Königs Molières Lustspiel »La malade imaginaire« vorlesen zu hören.«

In der äußersten Verzweiflung versuchte der König schließlich sein Heil bei den Quacksalbern, Adepten, Magnetiseuren und sonstigen Wunderdoktoren, deren Metier in jener wundergläubigen Zeit in voller Blüte stand. Sogar der Pariser Magnetiseur de Beaunoir war herbeizitiert worden, um seine Künste an dem Kranken, dessen Lebenskraft erschöpft war, zu erproben.

»Ich sehe in dem Zustand des Königs überhaupt keine Krankheitszeichen«, verkündet dieser Franzose großsprecherisch, ohne sich zuvor vom wahren Befinden des Königs überzeugt zu haben, »sondern einfach eine Abnahme der Kräfte, einen Mangel an Lebenssäften und Lebensenergien. Ich bin überzeugt, daß die ärztliche Wissenschaft, die ich vom Standpunkt des Philosophen aus studiert habe, nur Hilfsmittel kennt, die seinem Zustand völlig unangemessen sind. Die Natur allein kann ihm wieder aufbauende und erhaltende Mittel in die Hand geben. Das ist alles, was er braucht und nur was er braucht. Darum muß er, um sein Leben zu erhalten, zu verlängern und zu verjüngen, nachfolgendes beachten:

1. Seine Majestät möge während eines vollen Monats vergessen, daß er König ist und sich nur mit der Erhaltung des für Preußen und ganz Europa wichtigen Mannes befassen. Während dieses Monats möge er sich jeder ermüdenden Beschäftigung, jeder Regierungstätigkeit enthalten.
2. Man lasse ihn täglich zwei elektrische Bäder von je einer Stunde Dauer nehmen, eines vor Sonnenaufgang, das andere vor dem Schlafengehen. Während dieser Bäder soll er das Auflegen einer magnetischen Hand gestatten, sei es der meinigen oder der

des Grafen Moritz von Brühl, den ich als sehr erfahren kenne. Man könnte auch Herrn von Puységur, der einer unserer besten Adepten ist, aus Braunschweig, wo er augenblicklich sein soll, rufen lassen.

3. Man unterhalte in seinem Zimmer ein sehr großes offenes Feuer, benütze aber keinen Ofen oder Heizrohr, dabei sollen die Fenster des Zimmers beständig offen stehen, vorausgesetzt, daß keine regnerische und feuchte Witterung herrscht. Er soll jeden Strahl der Sonne ausnutzen, um ihre schöpferische Wirkung aufzunehmen.
4. Aus einem anstoßenden Raume soll fortwährend eine sanfte, gedämpfte Musik von Blasinstrumenten ertönen; ich untersage alle Saiteninstrumente.
5. Seine Majestät soll sehr wenig sprechen. Man suche ihn durch kleine Spiele, Sprichwörter, sehr wenig Lektüre und den Anblick miteinander spielender Kinder und Hunde zu zerstreuen. Alle diese Unterhaltungen dürfen keine Anstrengungen machen, seine Aufmerksamkeit erfordern und weder Wünsche noch Ekel erregen. Sie sollen kurz und abwechselungsreich sein.
6. Man wähle zwei gesunde, heitere Kinder zwischen acht und neun Jahren aus, die zur Seite des Königs schlafen sollen. Ihre frische und reine Ausdünstung wird ihn mit einer heilkräftigen Atmosphäre umgeben.
7. Während dieses ersten Monats darf sich Seine Majestät nur von Reis, zubereitet mit Honig, Safran und Salbei, ernähren. Falls die Eintönigkeit dieser Kost ihm widerstehen sollte, so würde ich Sülze aus dem Fleisch von Ochsen und alten Hähnen, auch halb gar gebratene Lende zulassen, aber keine Ragouts, kein

Kalbfleisch, nicht einmal Geflügel und noch weniger Fische. Bloß Rindsbraten mit Reis in jeder Form, ohne andere Würze als Safran, Zucker, Honig und Salbei. Er soll wenig auf einmal, aber zu jeder Stunde ein wenig essen.

8. Als Getränk soll Seine Majestät nur spanischen Wein, keinen anderen nehmen. Wenn in der Frühe Schokolade, in kleineren Dosen genommen, kein Aufstoßen und keine Magensäure erzeugt, so wäre das ein göttlicher Balsam. Ich zähle zwei Lustren mehr als Seine Majestät und habe bei weitem nicht seinen starken und schönen Körperbau. Ich war vor anderthalb Jahren in Hamburg in einer ähnlichen Verfassung wie er. Schokolade, Reis, Zucker und Salbei haben mich gerettet.
9. Ich möchte ferner, daß Seine Majestät für einige Zeit russische Kleidung trägt; der Kopf müßte immer bis unter die Ohren mit einer pelzgefütterten Mütze bedeckt sein. Er solle einen, den Leib nicht beengenden Pelz tragen, der, ohne die Hautausdünstung zu behindern, eine gelinde Feuchtigkeit hielte. Das, worauf ich aber hauptsächlich aufmerksam mache, ist die Fußbekleidung. Beine und Füße, besonders letztere, müssen gut eingehüllt und immer warm gehalten werden. Vor allem keine Kissen gegen den Krampf, keine Tropfen, keine Elixiere, keine Arzneimittel. Sie verdienen keinen besseren Namen als Gift, Sie zu gebrauchen, hieße eine Feuersbrunst mit Öl löschen zu wollen.

Wenn Seine Majestät sich dazu entschließt, genau und buchstäblich zu befolgen, was ich angegeben habe, stehe ich mit meinem Kopfe für seine Genesung ein.«

Der damals als Wunderheiler bekannte Chemiker Hermbstädt wurde ebenfalls hinzugezogen und versuchte die

Heilung des Königs durch sogenannte »reine Lebensluft«, die er aus der Haut und den Gedärmen ungeborener Kälber in gefertigte Kissen pumpte. Außerdem wurde das ganze Zimmer mit dieser obskuren »Lebensluft« gefüllt. In der Tat soll dieser erhöhte Sauerstoffgehalt dem König einige Erleichterung verschafft haben.

Allein, die Tage dieses unbehaglichen Herbstes verstrichen, ohne daß irgendeine all dieser Anweisungen Friedrich Wilhelm eine Heilung oder auch nur eine wesentliche Linderung seiner Leiden gebracht hätte. Immer bleibt aber die Gräfin Lichtenau all diese Wochen rührend um ihn besorgt und hält alle störenden Einflüsse der Außenwelt von ihm fern. Nur einmal am Tage begibt sich der schon vom Tode gezeichnete König an die gemeinsame Tafel, an der sich seine Freunde nur im Flüsterton unterhalten können, da seine Nerven durch die dauernden Schmerzen nun bis zur Unerträglichkeit angespannt sind. Einmal soll er sogar beim Öffnen einer Sektflasche in Ohnmacht gefallen sein. Am 8. November kann er noch den russischen Botschafter, den Grafen Panin, in Audienz empfangen. Aber dann nehmen seine Atembeschwerden so rapide zu, daß er nur noch im Lehnstuhl sitzt und nach Atem ringt.

Eine Woche später ist es dann soweit, daß er auf Anraten seiner Ärzte Abschied von der Königin und dem Kronprinzen nimmt, der knieend seinen Segen empfängt, während die Gräfin Lichtenau den König mühsam in ihren Armen aufrichtet. Mit tränenerstickter Stimme bittet er die Gattin um Verzeihung für alles, was er ihr angetan hat. Im Nebenzimmer kommt es dann aber zu einer rührenden Szene, als die Königin, von Schmerz überwältigt, ihrer Rivalin fassungslos um den Hals fällt und ihr für ihre unermüdliche Mühe dankt. Der Kronprinz hingegen würdigt diese nicht eines Blickes. In der Sterbenacht seines Vaters begibt er sich sogar demonstrativ ins Theater.

Da sich der König über das Verhalten des Kronprinzen der Lichtenau gegenüber äußerst ungehalten zeigt, verfügt er, fortan keinen seiner Angehörigen mehr bei ihm vorzulassen. Als die Gräfin diesen letzten Willen des Sterbenden im Vorzimmer ausrichtet, entfernt sich die königliche Familie in betretenem Schweigen.

Von nun an spielt sich der Todeskampf des Königs im Marmorpalais hinter verschlossenen Türen ab. Von furchtbaren Schmerzen gepeinigt, findet der König kaum noch Schlaf. Mit schmerzverzerrtem Gesicht zerfetzt er das Leder seiner Stuhllehne. »Einen solchen Tod habe ich nicht verdient«, hört man ihn stöhnen. »Ich habe es immer gut mit meinem Volk gemeint. Die vielen Kampagnen haben mich ruiniert.«

Der Anblick des unter so entsetzlichen Qualen sterbenden Königs geht über die Kraft aller. Selbst Wilhelmine, von den vielen Nachtwachen erschöpft, hat sich zurückgezogen, um neue Kräfte zu sammeln. So sind nur einige Diener bei ihm, als der König am frühen Morgen des 16. November 1797 von seinem Leiden erlöst wird.

In seiner »Reise nach Preußen« beschreibt Beaunoir die letzte Stunde des Königs so: »Friedrich Wilhelm II., der so gut und edel gesinnt war, mußte alle Bitterkeiten des Sterbens erdulden, die ihn umso härter betrafen, als ihm in den letzten Augenblicken noch die volle Besinnung wiederkam. Er suchte da mit unsteten Blicken nach irgendeiner teilnehmenden Seele, aber kein Verwandter, kein Freund, kein Priester mit tröstlichem Wort war um ihn, nur Rietz, der gemeinste aller Seelen, und gedungene Diener, von denen ein Franzose die Roheit so weit trieb, die Äußerung zu tun: »Cela ne finira-t-il pas, il ne veut pas crever?« Der König hatte recht wohl seiner Hilflosigkeit sich erinnert; er sagte zu einem der drei Kammerdiener, indem er ihm die Hand gab: »Mon cher Offel, ne m'abandonnez pas.«

An diesem grauen Novembermorgen also war König Friedrich Wilhelm II., den sie den Vielgeliebten genannt hatten, in der blaulackierten Kammer seines Palais auf seinem Lehnstuhl verschieden, den man dann noch lange den Besuchern des Schlosses vorzeigte. Bischoffswerder war der erste, der auf die Nachricht vom Tode des Königs im Marmorpalais eintraf und die ersten notwendigen Formalitäten erledigte. Er ließ die Eingänge zum Neuen Garten besetzen. Dann warf er sich aufs Pferd und raste nach Berlin, um als erster dem Kronprinzen die Todesnachricht zu überbringen. Um elf Uhr erschien dann auch Haugwitz und zwei Stunden darauf der neue König in Begleitung seines Adjutanten von Köckeritz.

Die Nachricht vom Tode des Königs, dem Preußen so viel zu verdanken hatte, verbreitete sich wie ein Lauffeuer in Potsdam und Berlin. Die Masse reagierte ein wenig konsterniert auf diese Nachricht, die niemanden eigentlich überraschen konnte. Selbst die größten Lästermäuler verstummten nun angesichts der Allgewalt des Todes. In Berlin ließ der Stadtkommandant sogleich die Tore schließen, um jede Desertion zu verhindern. Der soldatische Eid war nämlich nur an die Person des Königs gebunden. Mit dessen Tod verlor er seine Wirksamkeit. Das Militär mußte daher auch noch am gleichen Tage den Eid auf den neuen König ablegen.

Friedrich August Ludwig von der Marwitz, der diesen 16. November in Berlin erlebte, schildert in seinen Memoiren die Ereignisse dieses Tages: »Mit einem Male kam der General von Götze von seiner Wohnung her, bloß mit einer Ordonanz, nach den Linden gejagt, bog hier in die Promenade für Fußgänger ein, und so ging es in voller Karriere nach dem Brandenburger Tor ein. Spaziergänger stoben natürlich auseinander und redeten viel, was es zu bedeuten habe. Ich merkte es wohl und schaute bloß nach dem Tore.

Kaum war der Kommandant daselbst angekommen, so gingen die fünf großen Tore zu. Niemand kam mehr herein, und die Spazierenden im Tiergarten kamen um ihr Mittagsbrot. Der Kommandant kam nicht zurück, sondern ritt an der Kommunikation herum nach dem Potsdamer Tor. Vermutlich hatte er den Platzmajor nach den Toren an der anderen Seite der Spree geschickt; denn in einer Viertelstunde war die Stadt vollkommen gesperrt, und jedermann wußte nun, daß der König tot sei.«

Friedrich Wilhelm II. war in der Paradeuniform seines ersten Bataillons Garde in den Sarg gelegt und in den Thronsaal des Stadtschlosses überführt worden. Einen Tag darauf wurde er im Berliner Schloß aufgebahrt.

Das Leichenbegräbnis am 11. Dezember gestaltete sich trotz des neuen vereinfachten Beerdigungs-Reglements zu einer pomphaften Feier, die ganz Berlin noch einmal auf die Straßen lockte. Um neun Uhr in der Frühe begannen in der ganzen Stadt die Glocken zu läuten. Auf dieses Signal hin zogen die Regimenter der Garnison von allen Seiten herbei, um von der Langen Brücke über den Schloßplatz, die Schloßfreiheit und den Lustgarten hin bis zum Dom Spalier zu bilden. Eine Stunde darauf wurde der Sarg von acht Obersten in den inneren Schloßhof getragen und auf den Leichenwagen gehoben. Unter den Klängen des Chorals »Jesus, meine Zuversicht« setzte sich der Trauerzug durch das Spalier der Truppen zum Dom hin in Bewegung. An seiner Spitze marschierte die Königliche Garde, gefolgt von einem Musikkorps, der Domgeistlichkeit und den Trägern der preußischen Reichsinsignien. Hinter dem Sarge folgte die königliche Familie, danach die Minister, die Spitzen der Behörden und die Abordnungen der Residenzstädte.

Überall, wo der Leichenwagen vorbeifuhr, präsentierten die Soldaten das Gewehr. Vor dem Dom hoben acht Generalmajore den Sarg vom Wagen, trugen ihn ins Innere und setzten ihn auf einen Katafalk. Der Dom selbst war mit Kronleuchtern aus dem Schloß geschmückt, jede der vierundzwanzig korinthischen Säulen mit Zypressenzweigen umwunden. Dahinter waren Lampenpyramiden, mit weißem Taft verhüllt, errichtet worden. Unter dem Läuten sämtlicher Glocken der Stadt und Salvenschüssen aus vierundzwanzig Kanonen wurde der Sarg von Stabsoffizieren der Gruft übergeben. Als das Zeichen zur Versenkung gegeben wurde, trat Bischoffswerder mit sicherem Instinkt für theatralische Wirkungen neben den Sarg seines Herrn, dem er so lange Jahre treu zur Seite gestanden hatte, und ließ sich mit ihm in die letzte Kammer versenken.

Eine kirchliche Trauerfeier mit einer Grabrede fand an diesem Tage nicht statt. Der König hatte sich für den Fall seines Ablebens jeden besonderen Aufwand verbeten; aber eine Woche darauf hielt Hofprediger Sack im Rahmen des üblichen Sonntagsgottesdienstes, an dem auch der Hof teilnahm, eine ergreifende Gedenkpredigt.

Der letzte Ritter einer großen Zeit war von der Bühne des Lebens abgetreten. Verwandte und Fürstlichkeiten waren von fernher zusammengekommen, um diesem Grandseigneur mit dem großen Herzen, der sich seinem Staat und seinem Volke klaglos geopfert hatte, ihre letzte Reverenz zu erweisen.

Kurtisanenlos

Beim Tode Friedrich Wilhelms II. stand die Gräfin Lichtenau im 45. Lebensjahr. Getreu dem Eid, den sie dem Freund vor so vielen Jahren geschworen hatte, war ihr bisheriges Leben ganz dem König geweiht. Ihr meteorhafter Aufstieg zur ungekrönten Königin in Preußen ließ nicht nur ihre zwischen Bewunderung und Neid schwankenden Landsleute, sondern eine ganze Welt aufhorchen. Nun hatte das Leben dieser »preußischen Pompadour«, die sie nie war, da sie keinen politischen Ambitionen gefrönt hatte, durch den Tod ihres Königs einen entscheidende Wendung erfahren. Man suchte nach einem Sündenbock für mancherlei Versäumnisse, die seine Gegner ihm vorrechneten, und glaubte ihn nunmehr in dieser Frau gefunden zu haben, die bis zuletzt bei dem Sterbenden ausgeharrt hatte, obwohl sie keinen Augenblick daran zweifelte, welches Schicksal sie nach seinem Tode erwarten mußte.

Durch eine Reihe kostspieliger Feldzüge hatte der König seinem Nachfolger verständlicherweise einen unausgeglichenen Etat hinterlassen. Aber der Berliner Stadtklatsch griff das Gerücht vom verschwenderischen König, der das Geld seiner Untertanen für seine Mätresse vergeudet hätte, völlig unmotiviert auf. Als er am Ende noch dazu gezwungen war, die Tabakregie wieder einzuführen, richtete sich der Sturm der Entrüstung vor allem gegen die Lichtenau. Nach dem Tode Friedrich Wilhelms erreichte diese Hetzkampagne gegen eine völlig schutzlose Frau dann ihren Höhepunkt.

Die zu jedem Spott auf Kosten anderer aufgelegten Berliner hatten nun endlich ein Objekt gefunden, an dem sie ihr ständiges Unbehagen an der Obrigkeit abreagieren konnten. Ihr Hohn schlug in pure Schadenfreude um, als in den Tagen, da der Zustand des Königs zu den schlimmsten Vermutungen Anlaß bot, gerade Kotzebues trivialer Reißer »Silberne Hochzeit«, der vom Aufstieg und Fall einer Kurtisane handelte, in Berlin über die Bretter ging. Damit war dieser erfolgreiche Trivialdramatiker der erste, der vom sinkenden Gestirn der Lichtenau profitierte. Der frenetische Beifall der Berliner war ihm sicher. Diese hatten über Wochen hin ihr billiges Amüsement, obwohl sich schon bald herausstellte, daß dieses Kind des Volkes, das von einer Welle des Glücks emporgetragen worden war, aber auch teuer dafür bezahlen mußte, alles andere als eine berechnende Kurtisane war.

Trotzdem war der weiteren Legendenbildung nun keine Grenze mehr gesetzt. Die verhaltene Volkswut machte sich natürlich auch publizistisch Luft. Schon zu Lebzeiten des Königs zirkulierte das Pamphlet »Warnung an die Gräfin Lichtenau, vor Zeiten Zitronen- und Kienäpfel-Trägerin« in der Stadt. Unmißverständlich legte man ihr darin nahe, die Flucht zu ergreifen, noch ehe der Donner der Rache ihr »geiles, jetzt hochgeborenes Ohr« erschüttern würde. Man schwelgte schon damals geradezu in der Vorstellung, irgendein Blitz würde diese »Vaterlandsschätze-Vergeuderin« zerschmettern. Die obszöne Phantasie der Massen entzündete sich an der Vorstellung, wie sehr diese von der Natur so bevorzugte Frau ihre Künste hatte spielen lassen, um den gutmütigen König als willenloses Geschöpf für ihre Zwecke gefügig zu machen und ihn auf Abwege zu führen. Schließlich, so hieß es, habe sie damit seinen frühen Tod verschuldet.

Dieser hochgeputschten Stimmung des Volkes von Berlin und seinen eigenen Haßinstinkten folgend, überschlug sich Friedrich Wilhelm III., sonst nicht gerade ein Mann schneller Entschlüsse, mit der Gegnerin, von der er sich so oft zutiefst gedemütigt gefühlt hatte, schleunigst abzurechnen. Von der langen und aufopfernden Pflege erschöpft, erfuhr diese von des Königs Tod erst, als ihre Mutter mit tränenüberströmtem Gesicht an ihr Bett trat. Von draußen vernahm man bereits den Marschtritt der Kolonnen, die zur Totenwache aufzogen. Nun gab es für sie keinen Zweifel mehr, ihr Schicksal war besiegelt. Vom Nachfolger ihres Königs hatte sie jedenfalls keine Gnade zu erwarten. Und wirklich: Kurz darauf schon wurde ihr der Oberst von Zastrow gemeldet, der ihr die Weisung des Königs zu überbringen hatte: »Im Namen des Königs, Frau Gräfin, Sie sind verhaftet!«

Wilhelmine wurde mit Mutter und Sohn im sogenannten Kavaliershaus im Neuen Garten in strengem Gewahrsam gehalten. Da sie sich aber keiner Schuld bewußt war, konnte sie mit äußerster Gelassenheit dem weiteren Fortgang der Farce entgegensehen, in der man ihr eine Hauptrolle zugedacht hatte.

Auf Befehl des neuen Königs wurde ihr gesamter Besitz konfisziert. Ihre Wohnungen in Berlin, Potsdam und Charlottenburg versiegelte man unverzüglich; sogar ihre Briefschaften beschlagnahmte man, um sie des Hochverrats zu überführen. Aber man fand nur harmlose Briefe und Aufzeichnungen in ihrer Schatulle, die man dann leider ebenso wie Wilhelmines Reisetagebuch ihrer Italienreise vernichtete. Es stellte sich heraus, daß sie weder Geld noch Juwelen veruntreut hatte. Eine Mappe, in der man wichtige Staatsdokumente vermutete, enthielt nichts als ihre Korrespondenz mit dem König über achtundzwanzig Jahre hin.

Anstatt die Delinquentin einem ordentlichen Gericht zu überantworten, übertrug Friedrich Wilhelm III. die Untersuchung ihres Falles einer Kommission, die aus dem Minister von der Reck, dem Kammerpräsidenten von Kircheisen, dem Geheimrat Pitschel, dem Kabinettsrat Beyme und dem Major von Lützow bestand. Ein besonderer Rechtsbeistand wurde der Gräfin verweigert.

Bereits im Januar 1798 wurde die Lichtenau elf Tage lang von dieser Kommission einem strengen Verhör unterzogen. Noch einmal rollte für alle Beteiligten in einem peinlichen Frage- und Antwortspiel das Leben dieser Frau über alle Höhen und Tiefen hinweg ab. Dabei zwang ihre untadelige und mutige Haltung ihren Richtern den höchsten Respekt ab. Es stellt diesen dann auch ein gutes Zeugnis aus, daß sie ins Protokoll den folgenden Passus aufnehmen ließen: »Die Kommission hält sich für verpflichtet, zu bemerken, daß die Gräfin mit anscheinend vollkommener Gemütsruhe und Unbefangenheit sich ausgelassen, sich nie widersprochen oder geändert hat.«

Elf Tage muß diese vom Schicksal ohnehin gezeichnete Frau um ihre elementarsten Rechte kämpfen, dann erstatten die Mitglieder der Kommission, von ihrer Unschuld überzeugt, auf siebzig Folioseiten dem König den abschließenden Bericht, der mit der völligen Rehabilitation der Angeschuldigten endet.

Es spricht nun freilich nicht gerade für die Großmut des Königs, daß er sich über das sicher gerechte Urteil der Kommission und ebenfalls über den letzten Willen seines Vaters bedenkenlos hinwegsetzte. Dieser hatte ihm nämlich nur elf Tage vor seinem Tode in banger Erwartung kommender Ereignisse das Schicksal der Frau ans Herz gelegt, die seinem Herzen zeit seines Lebens am nächsten gestanden hatte, indem er schrieb: »Schließlich empfehlen Wir Unserem geliebten Sohne und Thronerben von Preußen Liebden, diese mit geprüfter Ergebenheit Unserer Höchsten Person stets zugetan befundene Gräfin von Lichtenau zur Milde und Wohlwollen. Wir hegen das Vertrauen zu dessen Uns bekannter Liebe, es werde Unser geliebter Sohn Unser Andenken auch in denjenigen ehren, die Unseres vorzüglichen Vertrauens und Unserer Königlichen Gnade gewürdigt werden.«

In einer Kabinettsorder vom 17. Februar desavouiert Friedrich Wilhelm III. das Urteil der Kommissionsmitglieder und betreibt damit eine Kabinettsjustiz, die ernsthafte Zweifel an seinem Gerechtigkeitssinn aufkommen lassen. »Seine Königliche Majestät in Preußen haben aus den beiden Berichten mit der größten Indignation die betrügerischen Mittel kennen gelernt, wodurch die Gräfin sich des unbegrenzten Vertrauens zu bemeistern gewußt und die wichtigsten wie die geringsten Regierungsangelegenheiten von ihrem landesverräterischen Einfluß abhängig gemacht hat. Die staatsverderblichen Folgen des Einflusses haben zwar nicht ins helle Licht gesetzt werden können, weil die Gräfin selber die wichtigsten Beweisstücke vertilgt hat; aber schon nur die Handlung, verbunden mit den verabscheuungswürdigsten Mitteln, würden S.M. nötigen, mit der äußersten Strenge zu verfahren, wenn nicht die Achtung und das große Vertrauen selbst, welches die Gräfin achtundzwanzig Jahre hindurch, obschon unverdienterweise, genossen, Allerhöchstdieselben zur Schonung aufforderten. Nur diese Stimme der Natur, die es dem Sohne zur Pflicht macht, das Andenken des Vaters, der durch Mißbrauch seines einer vermeintlichen Freundin geschenkten Vertrauens irregeleitet wurde, selbst im Irrtum zu ehren, könnte eine gelindere Behandlung rechtfertigen. Solche aber bis zur gänzlichen Begnadigung zu treiben, würde in gänzlicher Verspottung der allgemeinen Volksstimme ausarten.«

Der König beugt sich demnach dem Druck des Straße und verfügt trotz richterlichen Freispruchs, »der Gräfin die Stadt und Festung Glogau dergestalt zum beständigen Aufenthalt anzuweisen, daß sie selbst zwar alle persönliche Freiheit genießen, sich aber nie aus den Ringmauern dieser

Stadt entfernen und in dieser Rücksicht unter der Aufsicht des dasigen Kommandanten stehen soll.

Zu dem Ende befehlen S.M., daß sie am 15. d.M. gegen Abend in aller Stille in Begleitung eines Kapitäns der Potsdamschen Garnison aus dem Neuen Garten abreisen und hier in Berlin in ihrem Hause einem Kapitän der hiesigen Garnison abgeliefert werden soll, daß sie aber in des letzteren Begleitung den 16. d.M. in der größten Stille die Reise fortsetzen und ihr nur diese Zwischenzeit gestattet sein soll, um diejenigen Effekten, deren Eigentum derselben zur freien Disposition überlassen worden, einzusehen und sich mit dem von ihr zur Wahrnehmung ihrer ferneren Gerechtsame zu bestallenden Mandantarius zu besprechen.

Obgleich nun das gesamte Vermögen, da sie solches, wenn schon nicht unmittelbar durch Anwendung strafbarer Mittel auf Kosten des Staates erworben hat, eingezogen werden müßte, so wollen S.M. dennoch derselben das Haus in der Mohrenstraße allhier und das sämtliche Mobilar in allen ihren Grundstücken (außer im Lindenpalais und in Charlottenburg) und mit Vorbehalt des Silbers und Juwelen zu ihrer freien Disposition überlassen und derselben nach außerdem eine jährliche Pension auf Lebenszeit von 4 000 Taler accordieren. Alles übrige Vermögen ohne Ausnahme soll eingezogen und zu gemeinnützigen Anstalten verwendet werden. Besonders aber sind sofort die Obligationen abzuliefern. Die vorgefundenen Bankobligationen sind, insofern solche auf den Namen des Geheimkämmerers Rietz oder dessen Sohn oder Graf Stolberg lauten, vorderhand auf die Banque ab depositum zu legen.«

Der damit verbriefte Rechtsbruch Friedrich Wilhelms III., der in der Geschichte als der »Gerechte« figuriert, bewog den Kammergerichtspräsidenten von Kircheisen dann auch, unmißverständliche Worte gegen die unerträgliche Kabinettsjustiz des neuen Königs mit bemerkenswerter Zivilcourage zu wagen. In diesem Falle hatte dieser sich in der Tat rücksichtslos über geltendes und gesprochenes Recht hinweggesetzt und die Einziehung von Gütern verfügt, die nur im Falle eines eklatanten Hochverrats gerechtfertigt sein konnte.

Allerdings muß dem König zugute gehalten werden, daß er später seine Fehlentscheidung einzusehen begann und er mit der Rückgabe der konfiszierten Güter der Lichtenau begangenes Unrecht wieder gutzumachen versuchte. Kircheisen ließ ihm dann auch Gerechtigkeit widerfahren, wenn er feststellte: »Wenn das Wort Ungerechtigkeit jemals auf den König Friedrich Wilhelm III. angewandt werden dürfte, so wäre dies in dem Fall der ersten Behandlung der Gräfin Lichtenau der Fall. Der König selbst fühlte Reue darüber und klagte sich an, seinen Vater im Grabe nicht mehr respektiert zu haben. Die späteren Unglücksfälle sah er als eine Strafe des Himmels an, der seinen Mangel an Pietät rächen wollte.«

Doch auch ihre tiefste Erniedrigung wußte Wilhelmine mit Anstand und staunenswerter Haltung zu tragen. Sie erwarb in Glogau ein repräsentables Haus, richtete sich darin geschmackvoll ein und war schon bald der erklärte Mittelpunkt der Glogauer Gesellschaft. Wer in dieser Stadt geistige Ambitionen besaß, konnte am Zirkel der Gräfin, die nach wie vor in der Kunst ungezwungener Unterhaltung brillierte, nicht vorübergehen.

Als diese im Jahre 1802 der Wiener Theaterdichter Franz von Holbein zu heiraten beabsichtigte, bat sie den König um Erlaubnis zu dieser Ehe. Auffallend wohlwollend antwortete dieser auf ihr Gesuch am 24. April: »Besonders Liebe! Ich will Euch die eheliche Verbindung, welche Ihr mit einem Herrn von Holbein einzugehen beabsichtigt, mit dem Wunsche erlauben, daß solche zu Eurer

Zufriedenheit ausschlagen möge. Zu einer Reise nach Karlsbad bewillige ich die erbetene Haftentlassung. Ich habe mich von dem Ungrunde der in den letzten Jahren zu Eurem Nachteile verbreiteten Gerüchte überzeugt und hoffe, daß Ihr auch jetzt zu meiner Zufriedenheit Euch benehmen werdet. Ich bin Euer gnädiger König Friedrich Wilhelm.«

Im Jahre 1808, nachdem Holbein, mit dem sie nach Breslau übergesiedelt war, sie wieder verlassen hatte, verfertigte Wilhelmine ihre zweibändige »Apologie«. Später wandte sie sich durch die Vermittlung ihr bekannter französischer Offiziere an Napoleon, der sich für sie einsetzte und von der Krone Preußens eine Entschädigung für die ihr widerrechtlich entzogenen Güter verlangte. 1811 gewährte ihr der Monarch während eines Aufenthaltes in Paris, wo sie zu Besuch bei ihrer Tochter weilte, in St. Cloud eine Audienz.

Noch damals erregte ihre Erscheinung in der Lichterstadt berechtigtes Aufsehen. Einer ihrer Verehrer, der an der preußischen Gesandtschaft tätige Wilhelm Dorow, zeichnete bei dieser Gelegenheit ihres Parisbesuches ein sicher lebensechtes Porträt dieser immer noch ungewöhnlichen Frau: »Die interessante und in vieler Hinsicht verkannte Frau gewann bei näherer Bekanntschaft mehr und mehr. Über die Zeit Friedrich Wilhelms II. blieb sie verschwiegen wie das Grab. Ein Zug tiefer Trauer, wahrhaften Schmerzes sprach aus ihren schönen Zügen, wenn auch nur die entfernteste Andeutung dahin gemacht wurde.

Ihre Gestalt war reizend. Ihr Hals, ihr Nacken, ihr Gesicht erschienen noch wahrhaft jugendlich schön. Reich an Gedanken, entwickelte sie diese in dem gewähltesten, wohlklingendsten Redefluß. Aber schreiben konnte sie nicht. Ihre Briefe sind beinahe unverständlich und die Buchstaben den Hieroglyphen zu vergleichen. Doch nimmt man sich die Mühe, ihre Briefe in ordentliches Deutsch umzuschreiben, so sind die Gedanken, die Wendungen anregend und vortrefflich...«

Nach dieser Parisreise verließ die Gräfin Lichtenau kaum noch einmal Berlin, das ihre großen Triumphe erlebt hatte. Sie wohnte in ihrem Palais Unter den Linden, übrigens dem späteren Wohnsitz Kaiser Wilhelms I. mit dem berühmt gewordenen Eckfenster. Sie war damit eine unmittelbare Nachbarin des Königs, der nur wenige Schritte von ihr entfernt im »Kronprinzenpalais« abzusteigen pflegte, wenn er in Berlin weilte.

In aller Abgeschiedenheit zehrte sie von den Erinnerungen an die große Zeit ihres Lebens, in der sie als ungekrönte Königin Preußens eine Figur von europäischem Rang gewesen war. Als sie im Jahre 1820 starb, hatte eine neue Zeit sie fast schon vergessen. In aller Stille wurde sie neben vielen anderen berühmten Toten in der Hedwigskirche beigesetzt. Damit war der letzte Vorhang über eines der großen Kapitel preußischer Geschichte gefallen.

Zeittafel

1744	25. September: Friedrich Wilhelm II. als Sohn des Prinzen August Wilhelm und der Prinzessin Luise von Braunschweig-Wolfenbüttel geboren
1750	Beguelin zum Erzieher des Prinzen ernannt
1751	Major von Borcke wird militärischer Gouverneur des Prinzen
	24. September: Übergabe der Erziehungsdirektiven des Königs
1752	29. Dezember: Wilhelmine Encke geboren
1757	23. Oktober: Übersiedlung des Hofes nach Magdeburg
1758	12. Juli: Tod des Vaters. Friedrich Wilhelm Thronfolger
1762	ab 21. Januar im Winterquartier zu Breslau
1764	Erste Begegnung mit der zwölfjährigen Wilhelmine Encke
1765	14. Juli: Vermählung mit Elisabeth von Braunschweig-Wolfenbüttel
1766	Wilhelmine Encke in Paris
1767	Tod des Bruders Heinrich
1769	18. April: Scheidung der ersten Ehe 14. Juli: Vermählung mit Friederike Luise von Hessen-Darmstadt
1770	3. August: Geburt des Thronfolgers, des späteren Königs Friedrich Wilhelms III.
1778	Teilnahme am Bayerischen Erbfolgekrieg 21. September: Vision in Schatzlar

1779	Beförderung zum Generalleutnant
1780	6. September bis 13. Oktober: Diplomatische Mission in Petersburg
1781	8. August: Aufnahme in den Rosenkreuzerorden
1783	Januar bis Mai: Wilhelmine Rietz in Dessau
1786	17. August: Tod Friedrichs des Großen. Regierungsantritt Friedrich Wilhelms II.
1787	26. Mai: Morganatische Ehe mit Julie von Voß 13. bis 18. September: Militärische Intervention in Holland
1788	9. Juli: Erlaß des Religionsediktes 23. Dezember: Einführung des Abiturientenexamens
1789	25. März: Tod der Gräfin Ingenheim 14. Juli: Sturm auf die Bastille. Ausbruch der Französischen Revolution 19. Dezember: Erlaß des Zensurdiktates
1790	11. April: Morganatische Ehe mit der Gräfin Dönhoff 27. Juli: Kongreß zu Reichenbach
1791	1. Juni: Erwerb von Ansbach und Bayreuth 25. bis 27. August: Zusammenkunft mit Kaiser Leopold II. in Pillnitz Fertigstellung des Brandenburger Tores in Berlin
1792	7. Februar: Vertrag von Wien. Militärbündnis mit Österreich gegen das revolutionäre Frankreich 20. April: Frankreich erklärt Österreich den Krieg 20. September: Kanonade von Valmy 2. Dezember: Rückeroberung von Frankfurt am Main

1793	6. Januar: Begegnung mit Sophie von Bethmann 23. Januar: Zweite polnische Teilung 23. Juli: Kapitulation von Mainz 24. Dezember: Vermählung des Kronprinzen mit der Prinzessin Luise von Mecklenburg-Strelitz
1794	19. April: Haager Subsidienvertrag mit den Seemächten 12. Mai: Abreise des Königs zum polnischen Kriegsschauplatz 1. Juni: Einführung des Allgemeinen Landrechts in Preußen 6. November: Eroberung von Warschau
1795	5. April: Baseler Frieden 24. Oktober: Dritte polnische Teilung
1796	Wilhelmines Italienreise. Ernennung zur Gräfin Lichtenau
1797	16. November: Tod Friedrich Wilhelms II. im Potsdamer Marmorpalais 11. Dezember: Beisetzung im Berliner Dom Ermittlungsverfahren gegen die Gräfin Lichtenau
1820	9. Juli: Tod der Gräfin Lichtenau